Karol Kłodziński
Tomasz Krzemiński

Poznać przeszłość
Europa i świat

Podręcznik do historii i społeczeństwa dla liceum ogólnokształcącego i technikum

Twoje mocne strony

Poznać przeszłość
Europa i świat

Podręcznik dopuszczony do użytku szkolnego przez ministra właściwego do spraw oświaty i wychowania i wpisany do wykazu podręczników przeznaczonych do kształcenia ogólnego do nauczania historii i społeczeństwa, na podstawie opinii rzeczoznawców: **prof. dr. hab. Wojciecha Jakubowskiego, prof. dr. hab. Zdzisława Nogi, dr. Henryka Palkija, mgr Krystyny Misiorowskiej, prof. dr. hab. Dariusza Rotta.**

Etap edukacyjny: IV.
Typ szkoły: szkoły ponadgimnazjalne.

Rok dopuszczenia: 2015.

Numer ewidencyjny w wykazie MEN: 659/4/2015

Rok wpisania do wykazu podręczników do użytku szkolnego, przeznaczonych do kształcenia ogólnego, dostosowanych do wieloletniego użytku: 2015.

Podręcznik został opracowany na podstawie *Programu nauczania historii i społeczeństwa dla liceum ogólnokształcącego i technikum*, autorstwa Katarzyny Panimasz.

© Copyright by Nowa Era Sp. z o.o. 2015
ISBN 978-83-267-2198-4

Wydanie trzecie
Warszawa 2020

Koordynacja prac: Michał Błaut. Redakcja merytoryczna: Michał Błaut.
Redakcja językowa: Aleksandra Bednarska, Monika Krzywoszyńska.
Współpraca redakcyjna: Tomasz Bach, Stefan Horak, Bartosz Januszewski, Pamela Sierla-Próchnicka, Arkadiusz Wasilewski, Magdalena Zimerman.
Projekt okładki: Marcin Koziełło, Wojtek Urbanek. Opracowanie graficzne: Maciej Galiński, Marcin Koziełło, Wojtek Urbanek.
Nadzór artystyczny: Kaia Juszczak. Ilustracje: Ewelina Baran, Wioleta Przybylska, Marta Tarkowska.
Mapy: Zespół kartograficzny – Wrocław. Fotoedycja: Magdalena Dzwonkowska.
Realizacja projektu graficznego: Mariusz Trzaskalski.

Nowa Era Sp. z o.o.
Aleje Jerozolimskie 146 D, 02-305 Warszawa,
www.nowaera.pl, e-mail: nowaera@nowaera.pl
Centrum Kontaktu: 801 88 10 10, 58 721 48 00

Druk i oprawa: Drukarnia Orthdruk

SPIS TREŚCI

JAK KORZYSTAĆ Z PODRĘCZNIKA?

W podręczniku do historii i społeczeństwa *Europa i świat* przedstawiono kształtowanie się kulturowej i politycznej tożsamości Europy w ciągu wieków oraz ukazano zmiany relacji jej mieszkańców z przedstawicielami innych kręgów cywilizacyjnych. Książka zawiera liczne materiały źródłowe, fotografie, ilustracje, biogramy i mapy, a także rozbudowane infografiki. Pytania i polecenia, jakimi zostały opatrzone te elementy, pozwalają rozwijać umiejętności takie jak analiza źródeł historycznych, wnioskowanie i łączenie faktów.

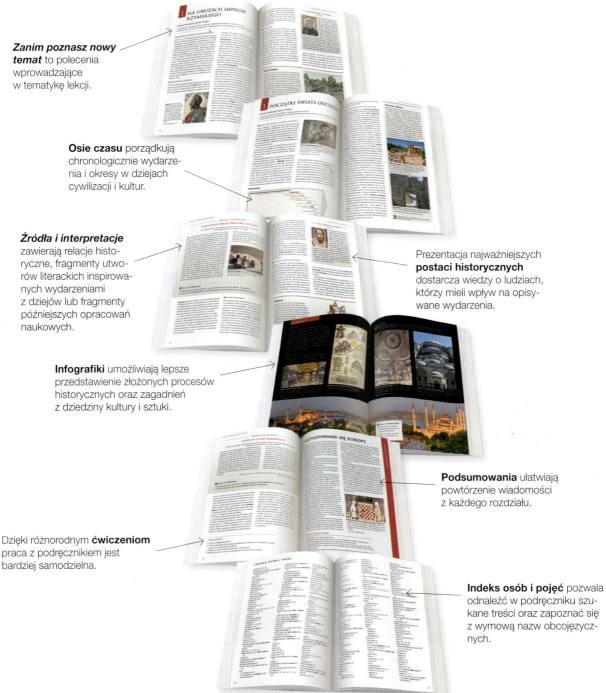

Zanim poznasz nowy temat to polecenia wprowadzające w tematykę lekcji.

Osie czasu porządkują chronologicznie wydarzenia i okresy w dziejach cywilizacji i kultur.

Źródła i interpretacje zawierają relacje historyczne, fragmenty utworów literackich inspirowanych wydarzeniami z dziejów lub fragmenty późniejszych opracowań naukowych.

Prezentacja najważniejszych **postaci historycznych** dostarcza wiedzy o ludziach, którzy mieli wpływ na opisywane wydarzenia.

Infografiki umożliwiają lepsze przedstawienie złożonych procesów historycznych oraz zagadnień z dziedziny kultury i sztuki.

Podsumowania ułatwiają powtórzenie wiadomości z każdego rozdziału.

Dzięki różnorodnym **ćwiczeniom** praca z podręcznikiem jest bardziej samodzielna.

Indeks osób i pojęć pozwala odnaleźć w podręczniku szukane treści oraz zapoznać się z wymową nazw obcojęzycznych.

I

ŚWIAT ŚRÓDZIEMNOMORSKI

1 POCZĄTKI ŚWIATA GRECKIEGO

ZANIM POZNASZ NOWY TEMAT

1. Wymień najważniejsze konflikty w dziejach starożytnej Grecji.
2. Odpowiedz, którego bohatera *Iliady* lub *Odysei* Homera uważasz za wzór wojownika. Uzasadnij swoje zdanie.

■ SKĄD SIĘ WZIĘŁA NAZWA „EUROPA"?

Słowo „Europa" w języku semickim, używanym przed wiekami na Bliskim Wschodzie, oznaczało 'wieczór' lub 'zachód słońca'. Z regionem tym jest związany grecki mit o Europie, stanowiący jeden z najstarszych elementów dziedzictwa kulturowego Starego Kontynentu. Według mitologicznych podań córka fenickiego króla Tyru o imieniu **Europa** została porwana przez **Zeusa**, który przybrał postać byka. Zakochany bóg podstępnie uprowadził ją na Kretę.

W VIII w. p.n.e. pojęcie „Europa" stało się terminem geograficznym. Początkowo określano nim środkową oraz północną Grecję. Pierwszym Grekiem, który nazwał tak jedną z części świata, był Hekatajos z Miletu (VI w. p.n.e.).

Nad zagadkowością mitu o Europie oraz niejasnym wówczas znaczeniem tego terminu zastanawiał się najsłynniejszy historyk grecki – **Herodot**. Napisał on w *Dziejach*: *O Europie zaś nie tylko żaden człowiek nie wie, czy jest wkoło oblana morzem, lecz także skąd otrzymała swą nazwę; a i ten nie jest, kto jej nazwę nadał; chyba że przyjmiemy, iż ląd ten nazwano od Europy z Tyru: przedtem więc byłby bezimienny, podobnie jak i inne części ziemi. Ale wiadomą jest rzeczą, że owa Europa pochodziła z Azji, i wcale nie przybyła na ląd, który Hellenowie zwą dziś Europą, tylko z Fenicji dostała się na Kretę.* Zgodnie z jego koncepcją Europa

Scena porwania Europy przez Zeusa stała się jednym z popularnych motywów mitologicznych w sztuce greckiej, a potem także rzymskiej. Wzorowane na mozaice antycznej przedstawienie tego epizodu współcześnie znalazło się na rewersie monety greckiej o nominale 2 euro.

■ *mozaika rzymska, Liban, III w. n.e.*

obejmowała Grecję właściwą oraz kraje z nią sąsiadujące. W III w. p.n.e. inny uczony, **Eratostenes**, twierdził, że świat jest otoczony oceanem i podzielony na trzy kontynenty: Europę, Azję oraz Afrykę. **Strabon**, geograf i podróżnik żyjący na przełomie er, zaliczył do Europy Hiszpanię, Galię, Wyspy Brytyjskie, Italię z Sycylią, Półwysep Bałkański (w tym Trację, Macedonię, Epir) oraz wyspy Morza Egejskiego. Około 100 lat później Klaudiusz Ptolemeusz, geograf i astronom, uznał za terytoria europejskie także Germanię oraz zachodnią Sarmację. Przyjęty przez niego zakres pojęcia był więc zbliżony do współczesnego.

Dzieje Grecji

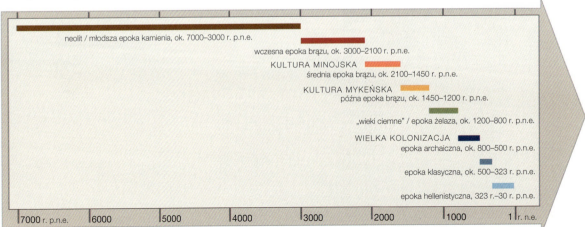

neolit / młodsza epoka kamienia, ok. 7000–3000 r. p.n.e.

wczesna epoka brązu, ok. 3000–2100 r. p.n.e.

KULTURA MINOJSKA
średnia epoka brązu, ok. 2100–1450 r. p.n.e.

KULTURA MYKEŃSKA
późna epoka brązu, ok. 1450–1200 r. p.n.e.

„wieki ciemne" / epoka żelaza, ok. 1200–800 r. p.n.e.

WIELKA KOLONIZACJA
epoka archaiczna, ok. 800–500 r. p.n.e.

epoka klasyczna, ok. 500–323 r. p.n.e.

epoka hellenistyczna, 323 r.–30 p.n.e.

7000 r. p.n.e. 6000 5000 4000 3000 2000 1000 1 r. n.e.

■ POCZĄTKI CYWILIZACJI GRECKIEJ

Według mitów jednym z synów **księżniczki Europy** miał być **Minos**, wybitny władca Krety. Właśnie od jego imienia cywilizację, która w latach **2100–1450 p.n.e.** rozwinęła się na tej wyspie, nazwano minojską. Wywarła ona ogromny wpływ na późniejszy rozwój kultury greckiej. Sami Kreteńczycy prawdopodobnie nie byli spokrewnieni z Grekami. Prowadzili wymianę handlową z okolicznymi ludami, dlatego zabytki minojskie – przede wszystkim ceramika – są znajdowane nie tylko na terenach leżących nad Morzem Egejskim, lecz także w Syrii, Italii i na Sycylii. Około 1450 r. p.n.e. większość pałaców wzniesionych na Krecie została zniszczona podczas najazdu Mykeńczyków. Przetrwał jedynie kompleks w Knossos, który stał się ośrodkiem władzy najeźdźców. Kultura mykeńska rozwijała się na Peloponezie, w Beocji (w Tebach) oraz Attyce (w Atenach).

Mykeńczycy przejęli od Kreteńczyków **pismo linearne**. Początkowo wykorzystywali je jedynie w administracji. Zachowane zabytki piśmiennictwa z tamtych czasów to przede wszystkim tabliczki rachunkowe. Kiedy odczytano pismo linearne B, okazało się, że Mykeńczycy – w odróżnieniu od przedstawicieli cywilizacji minojskiej – posługiwali się archaiczną odmianą języka greckiego, zwaną dialektem mykeńskim. Odkrycie to pozwoliło włączyć ich historię do dziejów starożytnej Grecji.

W niespokojnym II tysiącleciu p.n.e. w następstwie mieszania się miejscowej ludności z przybyszami indoeuropejskimi ukształtowała się grecka wspólnota etniczna. Kres państwa rządzonego przez władcę Myken oraz poszczególnych organizmów pałacowych należy łączyć z kryzysem społeczno-politycznym z XIII i XII w. p.n.e. Doprowadziły do niego nadmierne obciążenia nakładane na ludność przez administrację pałacową, a także spory pomiędzy władcami, nie zaś – jak wcześniej sądzono – najazdy „ludów morza" (XII w. p.n.e.) czy Dorów (XII–X w. p.n.e.), które mogły jedynie przyspieszyć upadek cywilizacji mykeńskiej. W okresie od XI do IX w. p.n.e., zwanym „**wiekami ciemnymi**", została zerwana ciągłość historyczna pomiędzy kulturą mykeńską a późniejszą Grecją archaiczną. Pod koniec „wieków ciemnych" ukształtował się nowy model organizacji społeczno-politycznej – miasto-państwo, czyli *polis* (l. mn. *poleis*). Ta koncepcja z czasem upowszechniła się w całym świecie greckim. *Poleis* powstały w Grecji właściwej, na wyspach Morza Śródziemnego, wybrzeżach Azji Mniejszej, Wielkiej Grecji, Cyrenajki oraz nad Morzem Czarnym.

■ Knossos i Mykeny

Mieszkańcy Krety wznosili charakterystyczne wielofunkcyjne pałace, będące zarówno siedzibami władców, jak i ośrodkami produkcji rzemieślniczej. W największym z nich, usytuowanym w Knossos, według legendy miał znajdować się labirynt, w którym uwięziono potwora Minotaura – syna króla Minosa. W rzeczywistości najniższa kondygnacja tego budynku, o wyjątkowo zawiłej strukturze korytarzy i pomieszczeń, była przeznaczona na warsztaty rzemieślnicze oraz magazyny. W przeciwieństwie do pałacu w Knossos twierdza w Mykenach, leżących na Peloponezie, miała charakter obronny. Budowlę tę otaczały umocnienia, a dostępu do jej najściślej chronionej części broniły potężne mury cyklopie i Lwia Brama. Z Myken pochodził Agamemnon – bohater *Iliady*, której autorstwo przypisuje się Homerowi. Wiele zabytków kultur: minojskiej i mykeńskiej zachowało się do czasów obecnych.

Pałac w Knossos był rezydencją władcy Krety w epoce mykeńskiej. Ściany tej budowli ozdobiono barwnymi malowidłami. Nie miała ona elementów obronnych. Oznaczało to, że Kreteńczycy nie obawiali się najazdu wrogów.

■ *pałac, Kreta, 2000–1400 r. p.n.e.*

Lwia Brama stanowiła najważniejsze wejście do cytadeli mykeńskiej. Zdobiły ją płaskorzeźby przedstawiające dwie lwice.

■ *brama kamienna, Mykeny, 1500–1400 r. p.n.e.*

? Dlaczego Kreteńczycy i Mykeńczycy mieli odmienne podejście do kwestii wznoszenia umocnień?

■ MORZE W ŚWIECIE GRECKIM

Morze nie tylko dostarczało Grekom ryb i owoców morza oraz soli, lecz także – z uwagi na brak dogodnych dróg lądowych w państwie – stanowiło dla nich najważniejszy szlak komunikacyjny. Ułatwiało im wymianę towarów, myśli, technik, idei oraz kultów religijnych. Dla mieszkańców Hellady oddalenie danych ludów od morza było jednoznaczne z ich obcością cywilizacyjną. Grecy stali się najlepszymi obok Fenicjan antycznymi żeglarzami. Podróż morska wiązała się wówczas z wielkimi trudami oraz niebezpieczeństwem. Podróżowano jedynie od maja do października, kiedy rzadko wiały niesprzyjające wiatry. Dla bezpieczeństwa żeglarze pływali głównie **systemem kabotażowym** – od portu do portu, wzdłuż wybrzeży. Z reguły nie zapuszczali się na otwarte morza. Cyple oraz przylądki w razie konieczności dawały osłonę statkom i umożliwiały ich załogom spędzanie nocy na lądzie.

Handel morski, który po okresie świetności w czasach minojskich i mykeńskich podupadł w „wiekach ciemnych", w epoce archaicznej odrodził się ze względu na wielką kolonizację. Większość Greków zajmowała się wówczas uprawą roli. W V w. p.n.e. na wybrzeżach Morza Śródziemnego oraz Morza Czarnego powstały liczne **porty** i **faktorie** greckie. Do najważniejszych ośrodków handlowych należały: Korynt, Ateny i Egina

Statki i żegluga były chętnie podejmowanymi tematami dzieł sztuki greckiej. Zachowane na wyspie Therze freski z czasów kultury mykeńskiej dostarczają cennych informacji na temat sposobów żeglugi i nawigacji z II tysiąclecia p.n.e.

■ *fresk, Santorini, ok. 1400–1300 r. p.n.e.*

w Grecji właściwej, Byzantion nad Bosforem, Milet w Azji Mniejszej oraz Naukratis w Egipcie. Szczególne znaczenie w handlu morskim miało sprowadzane głównie z terenów leżących nad Morzem Czarnym zboże, które w antycznej Grecji było **towarem deficytowym** – na obszarze Attyki tylko jedna trzecia ziem nadawała się do jego uprawy. Importowano także metale, drewno, niewolników i papirus, eksportowano zaś przede wszystkim wino, oliwę, wełnę oraz wyroby ceramiczne.

ŹRÓDŁA I INTERPRETACJE
PORADY DLA ŻEGLARZY

Poeta grecki Hezjod (VIII–VII w. p.n.e.) w poemacie *Prace i dnie* opisał, jak w jego czasach wyglądały żegluga oraz handel morski.

Czekaj na porę właściwą, dla morskiej podróży wskazaną.
Wtedy na wodę spuść łódź swą i towar obfity włóż na nią,
Żebyś powrócił do domu z zyskiem po pewnym okresie,
Jako mój ojciec i twój przed laty, niemądry Persesie,
Płynął po morzu na łodzi, by znaleźć gdzieś życie łaskawsze.
Przybył więc tutaj przez morze szerokie i tutaj na zawsze
Osiadł ruszywszy z Kumy eolskiej na ciemnym swym statku,
Nie od bogactwa odchodząc, majątku lub nawet dostatku,
Ale od nędzy bolesnej, przez Zeusa zsyłanej.

W Askrze zamieszkał u stóp Helikonu, we wsi opłakanej,
Zimą niewdzięcznej, a latem nieznośnej i wciąż bez uroku.
Ty zaś, Persesie, kolejność prac wszystkich miej zawsze na oku.
Okręt chwal mały, ładunek natomiast na wielki kładź statek,
Zysk ci się przez to powiększy, a zmniejszy się twój niedostatek.
Większy zaiste ładunek też większy zysk ci przyniesie,
Jeśli cię wiatry uchronią od straty na morskim bezkresie.
Skoro bezmyślnie wybrałeś już zawód niepewny żeglarza,
By niedostatku się wyzbyć, co głodem niewdzięcznym zagraża.

Starożytność. Teksty źródłowe, oprac. G. Chomicki, S. Sprawski, Kraków 1999, s. 74.

? **PRACA ZE ŹRÓDŁAMI**

1. Wyjaśnij, dlaczego osadnicy zdecydowali się opuścić Askrę.
2. Przedstaw stosunek Hezjoda do handlu morskiego oraz żeglugi.

MORZE ŚRÓDZIEMNE ORAZ BLISKI WSCHÓD W II I I TYSIĄCLECIU P.N.E.

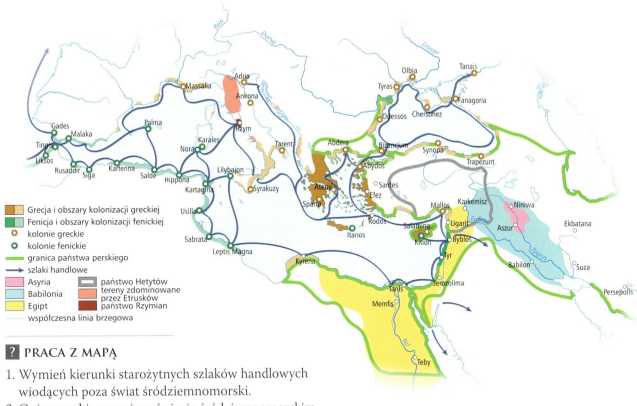

Grecja i obszary kolonizacji greckiej
Fenicja i obszary kolonizacji fenickiej
○ kolonie greckie
○ kolonie fenickie
━━ granica państwa perskiego
➤ szlaki handlowe
Asyria
Babilonia
Egipt
państwo Hetytów
tereny zdominowane przez Etrusków
państwo Rzymian
········ współczesna linia brzegowa

? PRACA Z MAPĄ

1. Wymień kierunki starożytnych szlaków handlowych wiodących poza świat śródziemnomorski.
2. Opisz przebieg granic w świecie śródziemnomorskim. Wyjaśnij przyczyny takiego ich kształtu.

■ KOLONIZACJA GRECKA

U progu epoki archaicznej, trwającej od VIII do VI w. p.n.e., świat grecki nie ograniczał się do obszaru przeważnie górzystej Grecji właściwej. Od końca II tysiąclecia p.n.e. Grecy stopniowo zasiedlali również wyspy Morza Egejskiego i wybrzeża Azji Mniejszej. W wyniku trwającej od VIII do VI w. p.n.e. tzw. **wielkiej kolonizacji** kultura Hellady oraz grecki styl życia rozpowszechniły się na rozległych obszarach leżących nad Morzem Śródziemnym i Morzem Czarnym. Sprzyjały temu: uniwersalny model organizacji obywatelskiej *poleis*, międzynarodowy charakter stosunków politycznych oraz kontaktów handlowych Greków, a także ich ciekawość świata.

Osadnicy uczestniczący w wielkiej kolonizacji kierowali się rozmaitymi powodami. Część z nich po prostu uciekała przed głodem – poszukiwała nowych ziem pod uprawę. Inni chcieli zdobyć bogactwo i władzę albo musieli na stałe opuścić swoją *polis* z uwagi na walki polityczne.

Na wschodzie kolonizacja grecka koncentrowała się na wybrzeżu Morza Czarnego i obszarze Azji Mniejszej. Mieszkańcy Miletu założyli na Krymie m.in. Chersonez oraz Teodozję. Na zachodzie Grecy osiedlali się przede wszystkim na Sycylii i w południowej Italii, zwanej **Wielką Grecją**, oraz – w mniejszym stopniu – w Hiszpanii i Galii. Stosunkowo niewiele kolonii powstało na obszarach Lewantu (Syrii, Palestyny i Libanu), Egiptu oraz północnej Afryki. Na zachodzie grecką żeglugę i osadnictwo utrudniali Fenicjanie, Kartagińczycy, Etruskowie, a później także Rzymianie.

Zasięg kolonizacji greckiej był tak duży, że wybitny filozof grecki **Platon** porównał wybrzeża Morza Śródziemnego i Morza Czarnego do brzegów stawu, a Greków – do zasiedlających je żab. Nowe osady, czyli kolonie, pozostawały niezależnymi *poleis*, ale ich ustrój przypominał ten panujący w metropoliach. Te ostatnie w starożytnej Grecji – w przeciwieństwie do istniejących w czasach nowożytnych – nie ingerowały w sprawy wewnętrzne kolonii i nie były uprzywilejowane w handlu.

Kolonizacja pociągnęła za sobą powstanie nowych szlaków wymiany handlowej w basenie Morza Śródziemnego, jej zwiększenie oraz wzrost zamożności społeczeństwa greckiego. Na handlu bogacili się bowiem zarówno kupcy, jak i rzemieślnicy.

■ GRECY I BARBARZYŃCY

Korzenie późniejszych stereotypów związanych ze Wschodem, ukształtowanych przede wszystkim w wyniku różnic kulturowych oraz wielowiekowych konfliktów politycznych, sięgają starożytności. W tamtych czasach w basenie Morza Śródziemnego to właśnie Grecy jako jeden z niewielu ludów mieli silne poczucie wspólnego pochodzenia. W epoce klasycznej wspólne dla wszystkich Hellenów były nie tylko osiadły tryb życia, uprawa roli czy instytucja *polis*, lecz także kultura, określana jako **pajdeja**. Wydaje się, że najsilniejszy element ich tożsamości stanowił jednak wspólny język.

Początkowo Grecy nazywali barbarzyńcami ludzi, których mowa, potocznie określana jako *bar-bar*, była dla nich niezrozumiała. W czasach Homera (**VIII w. p.n.e.**) słowo „**barbarzyńca**" nie miało jeszcze nacechowania negatywnego. Pierwsi filozofowie greccy prawdopodobnie korzystali z dorobku uczonych egipskich i babilońskich. Herodot pisał o barbarzyńcach z pewnym szacunkiem, a swoje *Dzieje* poświęcił *wielkim i podziwu godnym dziełom, jakich bądź Hellenowie, bądź barbarzyńcy dokonali*. Mimo to w centrum jego rozważań znalazł się konflikt Greków (Europejczyków) z Persami (Azjatami). Spory pomiędzy mieszkańcami Europy i Azji stały się przyczynami późniejszego negatywnego postrzegania barbarzyńców. Od tego czasu traktowano ich z wyższością, uznawano za zniewieściałych, niesprawiedliwych, okrutnych i pozbawionych wolności przez despotycznych władców. Termin **barbaros** coraz częściej pojawiał się w literaturze greckiej.

Po wojnach perskich wzrosło poczucie jedności i odrębności kulturowej Hellenów od innych ludów. Grecy uważali się za wolnych obywateli, których sukcesy militarne wynikały z wyższości kultury (m.in. zapoczątkowanie rozważań filozoficznych) oraz stosowania oryginalnych rozwiązań ustrojowych (m.in. równość praw obywateli). Jednak negatywny obraz barbarzyńców zachował się w źródłach historycznych pochodzących niemal wyłącznie z kręgu kultury ateńskiej, nie musiał więc być przyjmowany przez wszystkich Greków. Taki wizerunek ludów barbarzyńskich miał przede wszystkim uzasadniać konieczność utrzymywania Związku Morskiego i skłaniać sprzymierzeńców do płacenia trybutu Atenom.

Konflikty grecko-perskie

Podporządkowanie sobie przez Persów greckich *poleis* na wybrzeżu Azji Mniejszej, a następnie próby podbicia Grecji właściwej doprowadziły do wojen grecko-perskich. W 490 r. p.n.e. pierwsza wyprawa perska do Grecji została wstrzymana przez władcę Persji po klęsce jego armii pod Maratonem. Kolejna ekspedycja tych wojsk – z lat 480–479 p.n.e. – również zakończyła się zwycięstwem Greków. Następnie Ateńczycy i ich sojusznicy zaczęli odzyskiwać ziemie greckie w Azji Mniejszej zajęte wcześniej przez Persów. W tym celu w 478 r. p.n.e. utworzono Związek Morski, który jednak z czasem stał się jedynie narzędziem służącym do utrzymywania hegemonii ateńskiej w Grecji.

Bitwa pod Maratonem została przedstawiona na płaskorzeźbie rzymskiej wykonanej prawie 700 lat później. Pamięć o zwycięstwie Ateńczyków nad Persami pozostała żywa w starożytności mimo utraty przez greckie *poleis* wpływów, a nawet niepodległości.

■ *płaskorzeźba, Brescia, III w. n.e.*

─ HERODOT ─
ok. 484 – po 421 p.n.e.

Był historykiem greckim. Pochodził z Halikarnasu, leżącego w Azji Mniejszej. Odbył liczne podróże, m.in. do Egiptu, Fenicji oraz Olbii nad Morzem Czarnym. Podczas pobytu w Atenach zaprzyjaźnił się z wybitnym ateńskim przywódcą Peryklesem. Sławę oraz miano „ojca historiografii" zapewniły mu *Dzieje*, w których opisał wojnę Persów z Grekami. W dziele tym zawarł m.in. informacje z zakresu geografii i etnografii.

ĆWICZENIA

1. Porównaj cechy i osiągnięcia cywilizacji: minojskiej oraz mykeńskiej.
2. Omów przyczyny i skutki wielkiej kolonizacji.
3. Opisz stosunek Greków do barbarzyńców.

2 KULTURA GRECKA I JEJ DZIEDZICTWO

ZANIM POZNASZ NOWY TEMAT

1. Omów rolę morza w świecie greckim.
2. Wymień nazwy obszarów, na które dotarli Grecy podczas wielkiej kolonizacji.

■ ZŁOTY WIEK ATEN

Okres klasyczny w historii starożytnej Grecji (V w. p.n.e.) to epoka ważna przede wszystkim dla Aten. Zwycięstwo w wojnach perskich na długie lata zapewniło Ateńczykom bezpieczeństwo i dostatek. Utworzenie w 478/477 r. p.n.e. **Związku Morskiego**, czyli przymierza *poleis* mającego na celu obronę Greków z Azji Mniejszej, dodatkowo wzmocniło pozycję polityczną Aten. Dzięki ogromnym dochodom, których dostarczały port w Pireusie i kopalnie srebra leżące w górach Laurion, jak również składkom sprzymierzeńców, demokratyczna *polis* ateńska szybko się rozwijała. Nastąpił tam również rozkwit kultury – filozofii, literatury, historiografii, architektury oraz sztuki. Do Aten przybywali myśliciele ze wszystkich stron świata greckiego.

Jednym z najważniejszych osiągnięć starożytnych Greków, które odcisnęło wyraźne piętno na całej cywilizacji europejskiej, była **filozofia**. Jej historia sięga VI w. p.n.e. Wybitni filozofowie greccy: **Sokrates** (469–399 r. p.n.e.), **Platon** (ok. 429–348 r. p.n.e.) oraz **Arystoteles** (384–322 r. p.n.e.) stworzyli nowe koncepcje polityczne i edukacyjne. Zadawali pytania, które od zawsze nurtowały ludzkie umysły, m.in. czym jest świat i jak powstał, kim są bogowie oraz jednostki ludzkie. W IV w. p.n.e. w Atenach powstały dwie ważne szkoły filozoficzne: **Akademia Platona** i **Liceum Arystotelesa**. Później ukształtowały się również inne kierunki, m.in. **hedonizm** i **cynizm**. Ci pierwsi uznawali za najważniejszą wartość przyjemność, a drudzy – cnotę (zasadę etyczną).

Sokrates był jednym z najważniejszych filozofów antycznych. Swoje poglądy głosił podczas rozmów z napotkanymi Ateńczykami. Informacje na temat jego koncepcji są znane dzięki przekazom późniejszych filozofów. Głoszone przez niego idee spotykały się z niechęcią ze strony wielu Ateńczyków. Za propagowanie wśród młodzieży treści uznanych za bezbożne został w 399 r. p.n.e. skazany na śmierć.

■ *rzeźba marmurowa, Italia, I–III w. n.e.*

Platon był najwierniejszym uczniem Sokratesa. W ateńskim gaju poświęconym herosowi Akademosowi utworzył własną szkołę filozoficzną – Akademię, w której przekazywał innym swoje idealistyczne poglądy. Uważał, że świat otaczający człowieka jest jedynie odbiciem doskonałego świata idei. Nie cenił demokracji ateńskiej i uważał, że należy ją zastąpić rządami mędrców, czyli filozofów.

■ *rzeźba marmurowa, Italia, I–III w. n.e.*

Arystoteles, uczeń Akademii, jest uważany za jednego z najważniejszych twórców logiki, czyli nauki o zasadach wnioskowania. Zajmował się również metafizyką, poświęconą istocie bytu. W ogrodach Lykeionu utworzył własną szkołę filozofii, zwaną Liceum. Był wychowawcą królewicza macedońskiego Aleksandra – przyszłego twórcy imperium hellenistycznego.

■ *rzeźba marmurowo-alabastrowa, Italia, I w. n.e.*

Twórczość Homera

Iliada i *Odyseja* powstały prawdopodobnie w VIII w. p.n.e. Ich autorstwo przypisuje się Homerowi. Oba eposy często recytowano lub śpiewano. Wpłynęło to na ukształtowanie się tradycji łączącej wszystkich Greków zamieszkujących tereny od wybrzeży Morza Czarnego po południową Galię. Te dwa dzieła stanowią początek europejskiej literatury.

Wraz z ukształtowaniem się demokracji ateńskiej pojawiła się potrzeba odpowiedniego przygotowania społeczeństwa do życia obywatelskiego. Osoby pragnące decydować o losach *polis* musiały posiąść umiejętności dyskutowania, przemawiania i argumentowania, konieczne do aktywnego uczestnictwa w obradach zgromadzenia ludowego czy sądów. Retoryki, czyli sztuki przemawiania, jako pierwsi zaczęli nauczać **sofiści**. Głosili oni fundamentalną dla kultury europejskiej ideę wychowania zasadzającego się na wiedzy. Najwybitniejszymi sofistami z okresu złotego wieku Aten byli **Protagoras** z Abdery i **Gorgiasz** z Leontinoj. U podstaw ich nauk leżała przede wszystkim interpretacja wybranych fragmentów dzieł przypisywanych Homerowi oraz pieśni.

Za „ojca historiografii" uważa się **Herodota** z Halikarnasu, związanego z otoczeniem najsłynniejszego przywódcy ateńskiego z okresu klasycznego – Peryklesa. *Dzieje* Herodota to najstarszy zachowany utwór historyczny napisany prozą artystyczną. Ich autor uważał, że historiografia przewyższa wszystkie inne nauki, ponieważ pozwala – na podstawie faktów znanych z historii – odkryć najgłębszą prawdę o człowieku.

TUKIDYDES
ok. 460 – ok. 400 p.n.e.

Był historykiem ateńskim i dowódcą wojskowym podczas toczonej w latach 431–404 p.n.e. wojny Aten ze Spartą. W *Wojnie peloponeskiej* przedstawił wydarzenia, do których doszło podczas tego konfliktu (do 411 r. p.n.e.). Dzieło to nie zawiera elementów baśniowych, opisów wierzeń i obyczajów – w centrum zainteresowań Tukidydesa znalazły się przebieg wojny i dzieje polityczne Greków.

Do wybitnych historiografów z tamtych czasów zalicza się też m.in. **Tukidydesa** oraz **Ksenofonta**.

Bardzo ważny element życia społecznego, politycznego i religijnego Greków stanowił teatr. Jego rozwój przypadł na okres największego rozkwitu demokracji ateńskiej. Przedstawienia pełniły przede wszystkim funkcje: integrującą i edukacyjną, a w mniejszym stopniu – również rozrywkową. W VI i V w. p.n.e. w Grecji powstały gatunki dramatyczne, które przez stulecia kształtowały teatr europejski: tragedia, komedia oraz jej odmiana – dramat satyrowy. Tragedie tworzyli m.in. **Ajschylos**, **Sofokles** i **Eurypides**, którzy napisali w sumie 300 sztuk (zachowały się jedynie 32 z nich). Słynnym komediopisarzem ateńskim był **Arystofanes**, autor m.in. *Chmur* oraz *Żab*. Sztuki wystawiano podczas Lenajów i Wielkich Dionizjów, czyli świąt ku czci Dionizosa.

■ Teatr w Epidauros

Co cztery lata, podczas igrzysk poświęconych Asklepiosowi, w Epidauros organizowano konkursy literackie, w których trakcie odgrywano przedstawienia teatralne. Gromadziły one tysiące Greków z różnych *poleis*.

Teatr w Epidauros został zbudowany na terenie sanktuarium Asklepiosa w IV w. p.n.e. Obecnie jest jednym z najlepiej zachowanych zabytków tego typu. Ma doskonałą akustykę. Współcześnie również odbywają się w nim przedstawienia teatralne.

▪ *teatr, Grecja, IV w. p.n.e.*

? Jakie elementy antycznego teatru greckiego zachowały się w teatrze do naszych czasów?

■ GRECKIE KORZENIE NAUKI

Pierwszymi Europejczykami, którzy zajmowali się astronomią, fizyką i biologią, byli właśnie Grecy. Początkowo greckie studia naukowe, m.in. **Talesa z Miletu** (VII/VI w. p.n.e.) oraz **Parmenidesa** (VI/V w. p.n.e.), ściśle wiązały się z filozofią. W IV w. p.n.e. za sprawą Arystotelesa doszło do wyodrębnienia się fizyki (studiów nad naturą) oraz matematyki. Filozof ten tworzył wielotomowe dzieła z zakresu różnych dyscyplin naukowych. Opisał m.in. liczne gatunki fauny. Opracował też pojęcia, które do dziś są wykorzystywane w fizyce, biologii czy medycynie. Jego osiągnięcia miały duży wpływ na naukę aż do XVII w. Przełomowych odkryć w dziedzinie matematyki dokonali Pitagoras i Euklides. Najwybitniejszy uczony grecki z III w. p.n.e. – pochodzący z Syrakuz **Archimedes** – dokonał wielu doniosłych odkryć, zwłaszcza w dziedzinie hydrostatyki.

■ ARCHITEKTURA I SZTUKA

Po zakończeniu w 449 r. p.n.e. wojen z Persami Grecy odbudowali zniszczone Ateny. Z inicjatywy Peryklesa zrealizowano tam nowy program architektoniczny, którym objęto przede wszystkim centrum religijne *polis* – **Akropol**. Wzniesiono wówczas m.in. **Partenon**. Wewnątrz świątyni umieszczono posąg patronki miasta – Ateny Partenos, wykonany przez **Fidiasza**,

Partenon jest najbardziej znaną świątynią grecką. Wzniesiono go w stylu jońskim w połowie V w. p.n.e. na szczycie ateńskiego Akropolu. Stał się jednym z symboli złotego wieku Aten.
■ *fotografia współczesna, Ateny*

najwybitniejszego rzeźbiarza z epoki klasycznej. Na Akropolu powstał też m.in. Erechtejon. Budowla ta była poświęcona Erechteuszowi, mitycznemu władcy Aten. Obok Fidiasza, który tworzył posągi bogów i bogiń, w Atenach działali Myron, autor *Dyskobola*, oraz Poliklet. Ten ostatni wyrzeźbił *Doryforosa* po matematycznym wyznaczeniu idealnych proporcji ludzkiego ciała. Artyści ateńscy stworzyli styl zwany **klasycznym**. Jego cechy charakterystyczne to usiłowanie uchwycenia idealnego piękna i dążenie do zachowania umiaru oraz prostoty.

Posąg Ateny Partenos, wykonany przez Fidiasza, miał 12 m wysokości. Zdobił wnętrze ateńskiego Partenonu. Był pokryty złotem i kością słoniową. W prawej dłoni Atena trzymała boginię zwycięstwa – Nike. Posąg uległ zniszczeniu w V w. n.e., a do dziś zachowała się jedynie jego kopia z czasów rzymskich.
■ *rzeźba marmurowa, Rzym, III w. n.e.*

Dyskobol to najsłynniejsza rzeźba Myrona. Mężczyzna rzucający dyskiem został przedstawiony w sposób dynamiczny. Jego harmonijne i proporcjonalne ciało wyrzeźbiono zgodnie z regułami antycznego kanonu piękna.
■ *rzeźba, Italia, ok. I–III w. n.e.*

Wenus z Milo – jedna z najsłynniejszych rzeźb starożytnych – to posąg Afrodyty (rzymskiej Wenus). Boginię przedstawiono prawdopodobnie w mitycznej scenie sądu Parysa. Zanim rzeźba została uszkodzona, Afrodyta trzymała w dłoni jabłko, które wręczył jej królewicz trojański.
■ *rzeźba marmurowa, Grecja, ok. II w. p.n.e.*

■ Grecja kolebką sportu

Dla starożytnych Greków sport był przede wszystkim ważnym elementem edukacji, życia religijnego i rozrywki. W miastach greckich istotną funkcję pełniły gimnazjony – miejsca zarówno ćwiczeń sportowych, jak i spotkań towarzyskich oraz wydarzeń politycznych. Najważniejsze zawody odbywały się z okazji świąt religijnych. Każda grecka *polis* miała własny kalendarz imprez sportowych. W ich trakcie zawodnicy rywalizowali ku czci bogów patronujących danemu miastu. W 776 r. p.n.e. w Grecji odbyły się pierwsze igrzyska olimpijskie poświęcone Zeusowi. Do najpopularniejszych dyscyplin należały biegi, konkurencje lekkoatletyczne (m.in. skok w dal, rzut oszczepem), walki (m.in. zapasy, boks) oraz wyścigi jeźdźców na koniach i rydwanach.

Rzut oszczepem został przedstawiony na jednej z greckich waz. Konkurencja ta cieszyła się popularnością w starożytnej Grecji, a od początku XX w. jest również obecna w programie nowożytnych igrzysk olimpijskich.

■ *naczynie ceramiczne, Grecja, V w. p.n.e.*

 Które spośród starożytnych zwyczajów i dyscyplin sportowych przetrwały do czasów obecnych, a które zanikły?

Zmiany w sztuce greckiej następowały na skutek zachodzących przeobrażeń społecznych w demokratycznych Atenach. Sztuka ta była związana przede wszystkim z miejscami kultu. Mury świątyń zdobiono licznymi płaskorzeźbami. W V w. p.n.e. obok dwóch istniejących już porządków architektonicznych: doryckiego i jońskiego pojawił się trzeci – koryncki. Na wiele stuleci weszły one do kanonu klasycznego piękna.

■ KULTURA HELLENISTYCZNA

W IV w. p.n.e. na skutek podbojów Aleksandra Wielkiego świat grecki znacząco się powiększył – po raz pierwszy od czasów wielkiej kolonizacji. Greckie wpływy na nowych obszarach rządzonych przez wodzów Aleksandra nie zostały jednak zapoczątkowane przez żadną *polis*, lecz przez Macedończyków, których Grecy uważali niegdyś za barbarzyńców. To rozszerzanie się greckich wpływów kulturowych, zwane **hellenizmem**, było charakterystyczne dla okresu od śmierci Aleksandra Wielkiego w 323 r. p.n.e. do śmierci Kleopatry VII w 30 r. p.n.e.

Za pierwszych „obywateli świata" (gr. *kosmopolitai*) można uznać żołnierzy Aleksandra, którzy osiedlali się w zakładanych przez niego miastach. Mimo zetknięcia się z innymi ludami Macedończycy i Grecy zachowywali swoją kulturową odrębność. Do ważnych elementów ich tożsamości należały: posługiwanie się greką, przywiązanie do miejskiej instytucji *polis*, oddawanie czci tradycyjnym bóstwom oraz styl życia (gimnazjony, teatry). Miejscowej ludności – a zwłaszcza jej elitom – szybko zaczęło zależeć na przyswojeniu sobie kultury greckiej. Jej przejmowanie było zazwyczaj spontanicznym procesem, a nie polityką władz. Grekiem stawał się ten, kto mówił i myślał po grecku – bez względu na pochodzenie. Tożsamość kulturowa niegreckich poddanych władców hellenistycznych stopniowo się zmieniała. Lokalne języki oraz obyczaje podlegały wpływom greckim – w nienaruszonej formie przetrwały jedynie na niektórych terenach wiejskich.

Pergamon był stolicą państwa hellenistycznego rządzonego przez dynastię Attalidów. W mieście tym powstała jedna z największych bibliotek starożytnych, ustępująca rozmiarami jedynie Bibliotece Aleksandryjskiej. Najsłynniejszy zachowany tam zabytek to wielki ołtarz, którego rekonstrukcję można oglądać w Muzeum Pergamońskim w Berlinie. W Pergamonie opracowano metodę produkcji materiału piśmienniczego – pergaminu.

■ *fotografia współczesna, Pergamon*

POWSTANIE IMPERIUM ALEKSANDRA WIELKIEGO

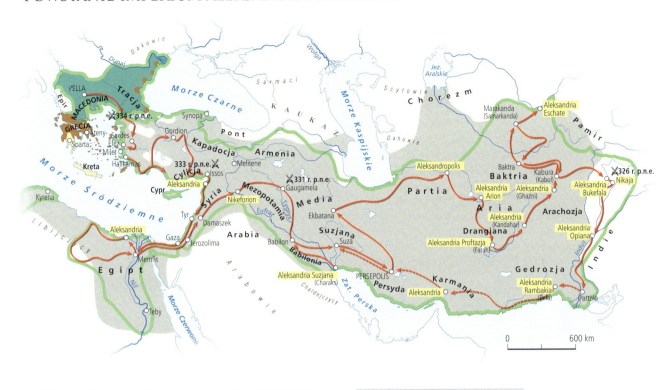

obszar imperium perskiego przed podbojami Aleksandra Wielkiego
Macedonia po objęciu władzy przez Aleksandra Wielkiego
Związek Koryncki sprzymierzony z Aleksandrem Wielkim
państwa neutralne
granice imperium Aleksandra Wielkiego
Aleksandria miasta założone przez Aleksandra Wielkiego
wyprawy i powroty wojsk Aleksandra Wielkiego
ważniejsze bitwy Aleksandra Wielkiego

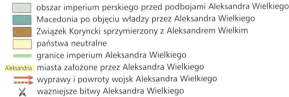

? PRACA Z MAPĄ

1. Porównaj obszary wrogich sobie państw: Persji oraz Macedonii i jej sojuszników.
2. Wymień nazwy mórz i oceanów, nad którymi leżało imperium Aleksandra Macedońskiego.

Proces wymiany osiągnięć kulturowych i technicznych przebiegał w obie strony. Zetknięcie się z kulturami ludów, których ziemie znalazły się w granicach monarchii hellenistycznych, wywarło duży wpływ na Greków i ich wyobrażenia o świecie. Hellenowie przejęli od mieszkańców Wschodu m.in. techniki produkcyjne (rolnicze, rzemieślnicze) oraz nauczyli się irygacji pól.

■ SYNKRETYZM RELIGIJNY

Kultura Wschodu najbardziej oddziaływała na Greków w sferze religii. Darzyli oni szacunkiem lokalne bóstwa. Byli przekonani o jedności boskiego świata, dlatego kiedy znajdowali się daleko od swoich *poleis*, poszukiwali miejscowych bogów, którzy mogliby zapewnić im bezpieczeństwo oraz wysłuchać ich próśb. Po zetknięciu się z bóstwami wschodnimi Grecy odnajdywali ich odpowiedniki we własnej religii i oddawali im cześć. Prowadziło to do **synkretyzmu**, czyli procesu mieszania się wyobrażeń o istotach boskich należących do odmiennych systemów religijnych. Bóstwa synkretyczne pojawiały się na całym Wschodzie. Szczególną

popularnością cieszyły się te egipskie, zwłaszcza Serapis i Izyda. W Serapisie dostrzegano podobieństwo do Zeusa, Dionizosa oraz Asklepiosa, a Izydę identyfikowano z Demeter.

Złoty diadem z wizerunkiem Serapisa pochodzi z czasów rzymskich. Popularność wierzeń synkretycznych wzrosła dzięki podbojom prowadzonym przez armię Rzymu. Poznali je wówczas mieszkańcy najodleglejszych zakątków imperium.

■ *złoty diadem, Egipt, II w. n.e.*

─── ŹRÓDŁA I INTERPRETACJE ───

POLITYKA GREKÓW NA PODBITYM WSCHODZIE

Ewa Wipszycka w eseju poświęconym relacjom Greków z ludami Wschodu z epoki hellenistycznej
przedstawiła m.in. istotę podziałów etnicznych i kulturowych w starożytności.

[...] *nic nie wskazuje, aby władcy macedońscy lub greccy świadomie i zdecydowanie działali na rzecz hellenizacji swych wschodnich poddanych. Nie sprzeciwiali się takiemu procesowi, obiektywnie go wspierali, zwłaszcza w tych środowiskach, które z własnej woli chciały iść za greckimi wzorami, ale subiektywnie pozostawali jemu obojętni. Nie byli świadomymi szermierzami greckiej cywilizacji. Królowie prowadzili politykę wielce pragmatyczną, a jej cel polegał na utrwalaniu własnego panowania przy pomocy wszelkich dostępnych środków. Jednym z najważniejszych było porozumienie się z miejscową elitą, którą w zamian za uległość dopuszczano do rządzenia na niższych szczeblach już w ramach hellenistycznych struktur.*

[...] *Choć Grecy na Wschodzie byli zainteresowani w zachowaniu swej odrębności, gdyż gwarantowała im ona uprzywilejowane miejsce w społeczeństwie, to jednak nie mogli oni nie reagować na nowe otoczenie, odciąć się całkowicie od miejscowych wpływów. Przekonanie o własnej wyższości nie było tak wielkie, by odgrodzić się od miejscowych elit i ich kultury. Nie powinniśmy wyobrażać sobie reakcji Greków na wzór reakcji Europejczyków w dobie kolonialnej ekspansji, gdy od tubylców oddzielała ich nie bariera, ale wręcz przepaść cywilizacyjna. Hellenizm doprowadzał do bezpośredniego zetknięcia cywilizacje różne, ale o mniej więcej tym samym poziomie rozwoju (jeśli będziemy go mierzyć stopniem urbanizacji, rozwoju produkcji rzemieślniczej, typem stosunków społecznych itp.). Oczywiście najłatwiej przejmowali Grecy elementy miejscowej kultury materialnej, która była lepiej dopasowana do lokalnych warunków geograficznych i lokalnych zasobów tak mineralnych, jak naturalnych.*

E. Wipszycka, *O starożytności polemicznie*, Warszawa 1994, s. 76, 78.

? **PRACA ZE ŹRÓDŁAMI**

1. Oceń rezultaty polityki władców hellenistycznych wobec ludności podbitych krain.
2. Wyjaśnij, dlaczego Grecy przejmowali elementy kultury ludów Wschodu.

■ ALEKSANDRIA – STOLICA NAUKI GRECKIEJ W EGIPCIE

W epoce hellenistycznej Aleksandria, założona w Egipcie przez Aleksandra Wielkiego, stała się kulturowym centrum świata greckiego. Ten powstały w 331 r. p.n.e. port szybko zyskał ogromne znaczenie polityczne i gospodarcze. Aleksandria była siedzibą władców Egiptu z dynastii Ptolemeuszy. Handel prowadzony na dużą skalę i rzemiosło, którego jakość znana była w całym świecie śródziemnomorskim, zapewniały mieszkańcom miasta dobrobyt. Z Aleksandrii do wielu miast greckich oraz Rzymu eksportowano przede wszystkim zboże.

W tej wieloetnicznej metropolii, zamieszkanej m.in. przez Egipcjan, Greków oraz Żydów, dynamicznie rozwijała się kultura. Pierwsi Ptolemeusze, ceniący literaturę i naukę, łożyli ogromne środki na Bibliotekę Aleksandryjską, w której zgromadzono kilkaset tysięcy zwojów pochodzących z całego ówczesnego świata. Funkcjonował również **Muzejon**, będący odpowiednikiem dzisiejszej akademii nauk. Obie te instytucje przyciągały licznych pisarzy i uczonych. IV i III w. p.n.e. to okres rozkwitu Aleksandrii. Żyli w niej wówczas m.in. poeci: Kallimach i Teokryt oraz matematycy: Euklides i Eratostenes. W III w. p.n.e. uczeni aleksandryjscy opracowali nowe teorie z dziedziny mechaniki, a Ktesibios zapoczątkował studia nad pneumatyką.

Kilkaset lat później, w czasach późnego cesarstwa rzymskiego, mieszkańcy Aleksandrii poprzez połączenie elementów antycznych z nową religią chrześcijańską ponownie w znaczący sposób wpłynęli na historię kultury europejskiej.

ĆWICZENIA

1. Wymień dokonania z zakresu kultury i nauki, które cywilizacja europejska zawdzięcza starożytnym Grekom.
2. Opisz wpływ kultów wschodnich na religię grecką.
3. Omów rolę Aleksandrii – kulturowego centrum świata hellenistycznego.

3 PODBOJE RZYMSKIE

ZANIM POZNASZ NOWY TEMAT

1. Przypomnij, w jakiej części starożytnego świata śródziemnomorskiego przed II w. p.n.e. powstały wielkie imperia.
2. Wymień nazwy regionów Italii intensywnie kolonizowanych przez Greków.

■ WPŁYWY ETRUSKIE

Początkowo największy wpływ cywilizacyjny na kulturę Półwyspu Apenińskiego mieli **Etruskowie**, twórcy kultury willanowiańskiej (IX–VIII w. p.n.e.), którzy jako pierwsi w Italii znali żelazo. W jej zasięgu znalazły się najbogatsze części półwyspu – Etruria oraz Kampania. Etruskowie słynęli nie tylko z wysoko rozwiniętych: rolnictwa i rzemiosła (zwłaszcza metalurgii), lecz także z budowy miast. Podczas ich wznoszenia zaczęli wykorzystywać osiągnięcia cywilizacji greckiej.

Wpływy etruskie były widoczne również na terenie Lacjum. Jej mieszkańców – Latynów, posługujących się językiem łacińskim – obecnie uznaje się za potomków najstarszej indoeuropejskiej ludności Europy. Pismo łacińskie stanowiło zachodni wariant alfabetu greckiego przejętego przez Etrusków ok. połowy VIII w. p.n.e.

Państwo Etrusków było luźną federacją 12 miast, prowadzących wspólną politykę zagraniczną. To właśnie od tego ludu Rzymianie przejęli instytucję miasta-państwa, związaną z nią kulturę grecką oraz wiele cech ustroju politycznego. Trzej ostatni królowie Rzymu, panujący w VII i VI w. p.n.e., mieli pochodzenie etruskie, a bóstwa czczone w tej kulturze – Tinia, Uni oraz

Chimera z Arezzo to jedna z najsłynniejszych etruskich rzeźb z brązu. Posąg, przedstawiający mityczne stworzenie z głową lwa, ciałem kozła i ogonem węża, wykonano w V w. p.n.e. Obecnie można go podziwiać w muzeum archeologicznym we Florencji.

■ *rzeźba z brązu, Italia, V w. p.n.e.*

Menrwa – były wzorami dla najważniejszych bogów rzymskich: Jowisza, Junony i Minerwy. Geneza organizowanych przez Rzymian igrzysk gladiatorów wiąże się z etruskim rytuałem pogrzebowym. Sposób zakładania miast rzymskich – z centralnie położonym rynkiem (łac. *forum*) – również został zaczerpnięty z rozwiązań Etrusków.

■ Eneasz i założenie Rzymu

Z leżącą w Azji Mniejszej Troją wiążą się mityczne dzieje nie tylko starożytnej Grecji, lecz także Rzymu. To właśnie z niej miał pochodzić Eneasz – legendarny protoplasta Rzymian. Według tradycji wyruszył on z płonącej Troi do Kartaginy, a następnie do Italii. Osiedlił się w Lacjum. Syna Eneasza, Askaniusza zwanego Julusem, Rzymianie uważali za założyciela rodu Juliuszów, z którego pochodził m.in. Juliusz Cezar. Dzięki innym potomkom Julusa, Romulusowi i Remusowi, według przekazów w 753 r. p.n.e. założono Rzym.

Rozmowa Eneasza z władczynią Kartaginy Dydoną to klasycystyczny obraz z początku XIX w. Namalował go Pierre-Narcisse Guérin.

■ *obraz olejny, Francja, 1811 r.*

? Jaki był propagandowy wydźwięk legendy o Eneaszu dla Rzymian? W jakich okolicznościach mogli go oni wykorzystać?

■ Początki Rzymu

Początkowo Rzym nie odgrywał ważnej roli ani w świecie śródziemnomorskim, ani nawet w Italii. Gdy w pierwszej połowie VIII w. p.n.e. Grecy pojawili się na Półwyspie Apenińskim i założyli tam swoje kolonie, albo w ogóle nie istniał, albo był niewiele znaczącym miastem-państwem. Leżał na wzgórzu w pobliżu ujścia Tybru do Morza Tyrreńskiego. Powstanie Rzymu datuje się na ok. 750 r. p.n.e. – informacja ta wciąż stanowi przedmiot naukowej dyskusji, jednak współczesne badania archeologiczne potwierdzają legendarną datę założenia miasta, czyli 753 r. p.n.e.

Wilczyca karmiąca bliźnięta – Romulusa i Remusa – jest ważnym elementem legendy dotyczącej założenia Rzymu. Chłopców skazano na śmierć, ale kat umieścił ich w koszyku, który wrzucił do rzeki. Kosz utknął na mieliźnie, a dziećmi zaopiekowała się wilczyca.

■ *moneta, Rzym, III w. p.n.e.*

? Jakie znaczenie w starożytności miała legendarna data założenia Rzymu dla jego mieszkańców?

■ RZYM – GŁÓWNA POTĘGA ITALII

Od V w. p.n.e. Rzymianie zaczęli rozszerzać granice swojego miasta-państwa kosztem sąsiadów. W ciągu kilku stuleci ciągłych podbojów opanowali niemal cały świat śródziemnomorski. Za swoją ojczyznę uważali Italię – tak określali początkowo Półwysep Apeniński, a następnie całe dzisiejsze Włochy (oprócz wysp). Italia odgrywała zawsze uprzywilejowaną rolę w państwie rzymskim – nawet wtedy, gdy sięgało ono aż do Renu, Dunaju i Eufratu. Z uwagi na położenie geograficzne, zasoby naturalne oraz sprzyjający klimat była najbogatszą oraz najludniejszą krainą świata śródziemnomorskiego, co z pewnością wpłynęło na szybką ekspansję Rzymu i stało się podstawą jego potęgi. Państwu rzymskiemu nie mógł stawić skutecznego oporu żaden starożytny lud. W V i IV w. p.n.e. Rzymianie pokonali sąsiednie ludy: Latynów, Etrusków, Samnitów oraz Galów. Obszar ich kraju wzrósł trzykrotnie, a liczba obywateli przekroczyła 100 tys. Objęcie przez Rzymian władzy w całej Italii nie zawsze wiązało się z aneksją jej terenów i powszechną eksterminacją lub sprzedażą w niewolę ludności. Rzymianie zdawali sobie sprawę z tego, że czasami mogą utrzymać kontrolę nad zdobytymi ziemiami jedynie wówczas, gdy stworzą organizację silnie uzależnionych od Rzymu państewek. Zakładali więc na terytorium Italii kolonie oraz – z reguły – zawierali sojusze z podbitymi ludami. Sprzymierzeńcy mieli pewną autonomię i nie płacili danin, ale oddawali swoje wojska do dyspozycji Rzymian. Nie mogli też zawierać żadnych innych przymierzy. Jednocześnie najważniejszą rolę na półwyspie nadal odgrywał Rzym, którego mieszkańcy jako jedyni mogli korzystać z pełni praw obywatelskich, np. brać bezpośredni udział w zgromadzeniach.

W pierwszej połowie III w. p.n.e. siłom rzymskim nie sprostało nawet wojsko jednego z najlepszych wodzów tamtych czasów – **Pyrrusa**, władcy Epiru, które przybyło do Italii, by wspomóc kolonię grecką Tarent. Do połowy III w. p.n.e. Rzymianie zawładnęli całym Półwyspem Apenińskim. Podboje przynosiły im nie tylko nowe ziemie, lecz także łupy w postaci niewolników, zboża, bydła oraz metali szlachetnych. Wojna i ekspansja stanowiły wówczas najważniejsze źródła dochodów Rzymian.

Dzieje Rzymu

okres królewski, 753–509 r. p.n.e.

okres republikański, 509–27 r. p.n.e.

okres wczesnego cesarstwa rzymskiego, 27 r. p.n.e. – 284 r. n.e.

okres późnego cesarstwa rzymskiego, 284–476 r. n.e.

| 800 r. p.n.e. | 600 | 400 | 200 | 1 r. n.e. | 200 | 400 | 500 r. n.e. |

Legiony rzymskie były najlepiej zorganizowaną i wyposażoną formacją starożytną. Ciężkozbrojni piesi wojownicy mieli żelazne pancerze i hełmy oraz drewniane tarcze. Broń legionisty stanowiły dwa oszczepy (łac. *pilum*) i krótki miecz (łac. *gladius*).

— PUBLIUSZ KORNELIUSZ — SCYPION

236–183 p.n.e.

Był wybitnym wodzem rzymskim. Nazywano go również Scypionem Afrykańskim Starszym. Członkowie jego rodziny wzięli udział w I wojnie punickiej. Podczas II wojny punickiej od 210 r. p.n.e. dowodził wojskami rzymskimi w Hiszpanii. Jego siłom udało się zwyciężyć oddziały kartagińskie. Następnie stanął na czele wyprawy do Afryki. W bitwie pod Zamą (202 r. p.n.e.) jego armia pokonała wojsko Hannibala, co doprowadziło do zakończenia konfliktu. Po powrocie do Rzymu sprawował najwyższe urzędy republikańskie. Rok przed śmiercią został oskarżony o korupcję. Zdecydował się wtedy na dobrowolną emigrację na południe Italii, gdzie zmarł.

■ POWSTANIE IMPERIUM RZYMSKIEGO

Kolejny etap rozwoju terytorialnego Rzymu stanowiła ekspansja na obszarach położonych poza Italią. W połowie III w. p.n.e. doszło do jego konfrontacji zbrojnej z Punijczykami – mieszkańcami założonej w IX w. p.n.e. przez Fenicjan **Kartaginy**. Byli oni doskonałymi żeglarzami i kupcami. Oprócz posiadłości afrykańskich kontrolowali również część Sycylii. Konflikt o tę wyspę zapoczątkował nie tylko I wojnę punicką, wygraną przez Rzymian, lecz także ich zamorską ekspansję. Po pokonaniu Kartaginy w efekcie wyniszczającej i długotrwałej **II wojny punickiej (218–201 r. p.n.e.)**, a następnie jej całkowitym zniszczeniu podczas **III wojny punickiej (149–146 r. p.n.e.)**. Rzymianie przejęli wszystkie afrykańskie i hiszpańskie posiadłości Kartagińczyków. Rzym stał się wówczas najpotężniejszym państwem w całym basenie Morza Śródziemnego.

Następnie Rzymianie podbili kraje rządzone przez władców hellenistycznych: Macedonię, Syrię, Grecję oraz Egipt. Na północy toczyli wojny przede wszystkim z Galami i Germanami. Wszystkie te konflikty, okupione krwią wielu żołnierzy oraz ogromnymi nakładami finansowymi, doprowadziły do utworzenia rozległego Imperium Rzymskiego, obejmującego znaczną część Europy, Azji Mniejszej oraz północnej Afryki. Największy rozwój terytorialny tego państwa przypadł na czasy panowania Trajana na przełomie I i II w. n.e.

Na terytoriach rzymskich leżących poza Italią wprowadzono jednolitą administrację. Podzielono je na prowincje, rządzone przez namiestników. Urzędnikom tym nadano ogromne uprawnienia, m.in. sądownicze. Mieli utrzymywać porządek na podległych sobie obszarach. Ich samowolę oraz grabieże ograniczyli cesarze,

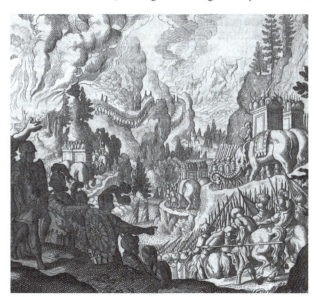

Słonie bojowe zostały użyte przez armię Hannibala w czasie II wojny punickiej. Żołnierze musieli je najpierw przeprowadzić przez Alpy. Z uwagi na trudne warunki przeprawę tę przeżyło zaledwie kilka słoni.

■ *rycina, Francja, XVII w.*

Divide et impera

Zasada: *Divide et impera* (z łac. 'dziel i rządź'), choć sformu-łowana dopiero w średniowieczu, doskonale obrazuje po-stępowanie Rzymian z podbitą ludnością. Antagonizowali oni zwyciężone przez siebie ludy, by zapobiec ich zjednoczeniu się i wspólnemu stawieniu oporu. W razie potrzeby przeprowadzali też interwencje zbrojne czy nawet całkowite podboje (np. zasobnej w złoto Dacji).

którym zależało na utrzymaniu pokoju w prowincjach oddalonych od Rzymu. Leżące w nich miasta, liczące na ogół od kilku do kilkunastu tysięcy mieszkańców, miały znaczną autonomię i często były rządzone przez współpracujące z Rzymianami wspólnoty obywatelskie. Usprawniały one funkcjonowanie administracji pań-stwowej np. poprzez ściąganie podatków czy sądzenie w sprawach cywilnych. Do największych miast Impe-rium Rzymskiego należały oprócz Rzymu: Antiochia i Aleksandria, Kartagina (ok. 300 tys. mieszkańców), a także Efez, Smyrna, Korynt i Puteoli nad Zatoką Ne-apolitańską (po ok. 100 tys. mieszkańców).

■ RZYMIANIE W GRECJI – ZDOBYWCY I UCZNIOWIE

W I w. p.n.e. poeta rzymski **Horacy** napisał: *Zdobyta Grecja pokonała srogiego zdobywcę, by szerzyć kulturę w wieśniaczym Lacjum.* Literatura, sztuka, filozofia i nauka Greków zawsze stanowiły dla Rzymian niedo-ścignione wzorce. To właśnie dzięki Rzymianom kul-tura grecka przetrwała, a następnie rozwinęła się na terenie całego ich państwa. Każdy Rzymianin, który chciał uchodzić za człowieka wykształconego, musiał nauczyć się greki, Grecy zaś, mający świadomość wyż-szości swojej kultury, nie garnęli się do poznawania łaciny.

Pierwsze utwory literackie w języku łacińskim były przekładami dzieł greckich, m.in. *Odysei* oraz dra-matów. Najwybitniejsi twórcy rzymscy – Wergiliusz, Owidiusz, Horacy – naśladowali poetów greckich. Rzymianie udawali się do Grecji, zwłaszcza do Aten, w celu zdobycia wiedzy, ponieważ znajdowały się tam najsłynniejsze szkoły filozoficzne. Najbliższa mental-ności rzymskiej była filozofia stoicka. Rzymianie cenili jej surową moralność oraz praktyczne wskazówki do-tyczące życia w społeczeństwie. Do Rzymu ściągano filozofów, poetów i retorów greckich. Od tych ostatnich często pobierali nauki synowie cesarzy oraz arystokra-tów rzymskich.

— KATON STARSZY —
234 – 149 p.n.e.

Był wybitnym rzymskim po-litykiem i pisarzem. Pocho-dził z rodziny średniozamoż-nych Rzymian – ekwitów. Jako szeregowy legionista brał udział w II wojnie punic-kiej. Szybko piął się po szcze-blach kariery w republice rzymskiej, piastując kolejno wysokie urzędy. Należał do zagorzałych wrogów Karta-giny – swoje wystąpienia publiczne na każdy temat kończył stwierdzeniem: *A poza tym, Kartagina winna być zniszczona.* Zasłynął jako wybitny twórca prozy ła-cińskiej i autor pierwszej rzymskiej encyklopedii.

Kulturę materialną Rzymian również wzorowano na greckiej. Sztuka rzymska – poza portretem i reliefem historycznym z okresu cesarstwa – była w istocie kon-tynuacją dokonań Greków. Domy oraz ogrody bogatych Rzymian zdobiono obrazami i posągami zagrabionymi

Grupa Laokoona należy do najbardziej znanych rzeźb okresu hellenistycznego. Przedstawia ona scenę z *Eneidy* Wergiliusza – kapłan trojański Laokoon i jego synowie są zabijani przez węże morskie. Rzeźba, która zachowała się do czasów współczesnych, to kopia z czasów rzymskich.

■ rzeźba, Rzym, II w. p.n.e. – I w. n.e.

IMPERIUM RZYMSKIE DO II WIEKU N.E.

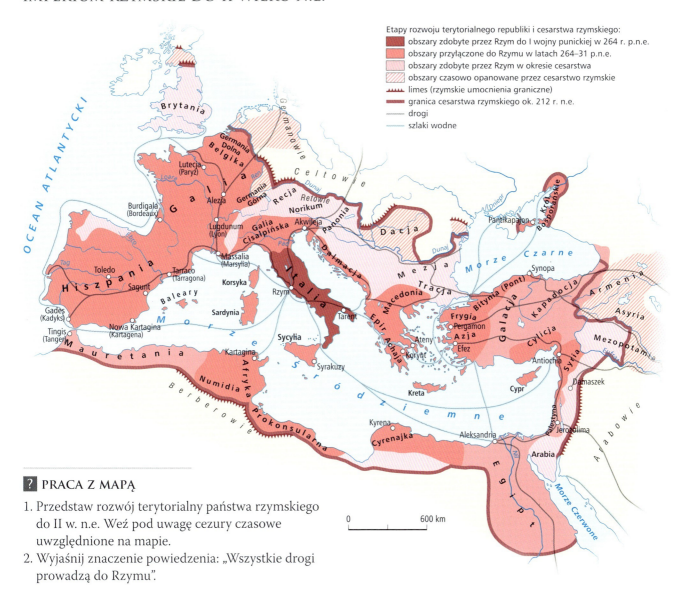

Etapy rozwoju terytorialnego republiki i cesarstwa rzymskiego:

- obszary zdobyte przez Rzym do I wojny punickiej w 264 r. p.n.e.
- obszary przyłączone do Rzymu w latach 264–31 p.n.e.
- obszary zdobyte przez Rzym w okresie cesarstwa
- obszary czasowo opanowane przez cesarstwo rzymskie
- limes (rzymskie umocnienia graniczne)
- granica cesarstwa rzymskiego ok. 212 r. n.e.
- drogi
- szlaki wodne

0   600 km

? PRACA Z MAPĄ

1. Przedstaw rozwój terytorialny państwa rzymskiego do II w. n.e. Weź pod uwagę cezury czasowe uwzględnione na mapie.
2. Wyjaśnij znaczenie powiedzenia: „Wszystkie drogi prowadzą do Rzymu".

w Grecji lub zamówionymi w tamtejszych warsztatach. Eksport do Italii dzieł sztuki – zarówno tych oryginalnych, jak i masowo kopiowanych – stał się jednym z filarów gospodarki prowincji w Grecji właściwej. Część tamtejszych artystów i rzemieślników przeniosła się do Italii, gdzie również powstawały liczne kopie klasycznych dzieł greckich. Niemal wszystkie zachowane do czasów obecnych posągi greckie są właśnie kopiami z okresu rzymskiego. Rzymianie zawdzięczają Grekom również część rozwiązań architektonicznych. Przejęli od nich m.in. portyk, który następnie przekształcili w wielką, zamkniętą bazylikę. Ten typ budowli stał się jednym z najważniejszych w Rzymie.

Rzymianie tworzyli także dzieła w pełni oryginalne. Za epokę rozkwitu ich literatury powszechnie uznaje się I w. p.n.e. W tym okresie działał m.in. **Cyceron** – wybitny mówca i polityk. Jego mowy i pisma stanowiły podstawę europejskiej edukacji retorycznej, a tzw. łacina cycerońska do dziś jest uznawana za idealny klasyczny wzór. Autorzy łacińscy często pisali też dzieła historyczne. W połowie I w. p.n.e. powstały pamiętniki Juliusza Cezara, w których wódz ten przedstawił swoje kampanie wojenne. Spisane w czasie dwóch pierwszych stuleci istnienia cesarstwa dzieła **Tacyta** i **Swetoniusza** stały się przedmiotem zainteresowania wykształconych Europejczyków w późniejszych epokach.

ŹRÓDŁA I INTERPRETACJE

GRECKIE DZIEDZICTWO RZYMIAN

Klaus Bringmann w podręczniku poświęconym dziejom republiki rzymskiej opisuje wpływy greckie na kulturę rzymską.

W historii Rzymu wzorce greckie od samego początku odgrywały niezmiernie istotną rolę. Miasto jako zorganizowana forma życia społecznego, pismo, kodyfikacja prawa jako podstawa pokoju społecznego, święte księgi z przepowiedniami Sybilli z Kume, grecki bóg-uzdrowiciel Apollon oraz formacja walczących w zwartym szyku piechurów, czyli falanga – wszystko to bezpośrednio lub za pośrednictwem Etrusków przejęte zostało ze świata greckiego południowej Italii. Grecy ze swej strony w toku kolonizacji Zachodu włączali ludy i plemiona Italii w ramy swojej mitycznej genealogii, uznając ich za protoplastów legendarnych herosów trojańskich [...]. Rzymska ekspansja na południową Italię i Sycylię, czyli ziemie skolonizowane przez Greków, rozpoczęła nową fazę w kontaktach Rzymu ze światem helleńskim. W dziedzinie kultury cechowało ją zdumiewająco szybkie i wszechstronne przyswojenie sobie form i treści literatury greckiej. Odnosiło się to do dramatu, eposu, jak również historiografii, przy czym od samego początku przejęte od Greków gatunki literackie przenoszone były na rzymski grunt w taki sposób, że utwory dotyczyły rzymskich realiów i pisane były po łacinie (jedynie dzieła historiograficzne powstawały początkowo w języku greckim). Pomijając historiografów, twórcami nowej rzymskiej literatury nie byli w początkowym okresie Rzymianie, lecz Grecy lub pół-Grecy [...].

K. Bringmann, *Historia Republiki Rzymskiej. Od początków do czasów Augusta*, tłum. A. Gierlińska, Poznań 2010, s. 145–146.

? **PRACA ZE ŹRÓDŁAMI**

1. Omów wpływ wzorców greckich na Rzymian.
2. Wyjaśnij, jak dochodziło do kontaktów Rzymian z kulturą grecką.

■ PODZIAŁY ŚWIATA RZYMSKIEGO

Świat (łac. *'orbis terrarum'*) rzymski pod względem geograficznym miał wiele wspólnego z greckim (gr. *'oikumene'*), zdefiniowanym przez Eratostenesa w III w. p.n.e. Jednak geograficzne wyodrębnienie Europy, Azji i Afryki nie było najistotniejsze. Ważniejsze stały się podziały: kulturowy oraz gospodarczy. W sferze kulturowej Imperium Rzymskie tworzyły: łacińskojęzyczne prowincje zachodnie oraz greckojęzyczne wschodnie. Greką posługiwały się nie tylko społeczności, lecz także władze rzymskie we wschodniej części państwa. Z czasem dla greckiej i łacińskiej części imperium utworzono nawet oddzielne sekretariaty kancelarii cesarskiej zajmujące się korespondencją.

Wyraźnie rysował się także podział gospodarczy państwa rzymskiego. Większość jego dochodów pochodziła z najważniejszych południowych prowincji śródziemnomorskich, główne wydatki wiązały się natomiast z utrzymaniem wielkiej armii, stacjonującej przede wszystkim na północnych terenach nadgranicznych – nad Renem i Dunajem. Południowa część imperium ponosiła zatem koszty, północna zaś pochłaniała zyski. Prowincje śródziemnomorskie jeszcze przed okresem panowania rzymskiego były silnie zurbanizowane, miały rozwiniętą kulturę literacką oraz własne systemy monetarne, a północna Galia, Brytania, Germania oraz prowincje naddunajskie prezentowały przez długie lata – także podczas rządów Rzymian – o wiele niższy poziom cywilizacyjny. Został on częściowo zrównany z panującym na południu dopiero pod koniec III w. n.e., na skutek procesu urbanizacji oraz rozwoju technik rolniczych dostosowanych do surowego klimatu i ciężkich gleb Europy Środkowej i Północnej.

ĆWICZENIA

1. Wymień zapożyczenia z kultur: greckiej i etruskiej, które można odnaleźć w kulturze rzymskiej.
2. Przedstaw podziały: kulturowy i gospodarczy Imperium Rzymskiego.
3. Opisz skutki podbojów Rzymian prowadzonych w świecie śródziemnomorskim. Określ czynniki, które wpłynęły na ich trwałość.

4 EUROPA STAJE SIĘ RZYMSKA

ZANIM POZNASZ NOWY TEMAT

1. Podaj, które ludy miały szczególny wpływ na kształtowanie się kultury rzymskiej.
2. Wymień nazwy najodleglejszych od Rzymu krain podbitych przez jego legiony.

■ PAX ROMANA

W połowie I w. n.e., gdy ekspansja terytorialna Rzymu osiągnęła maksymalny zasięg, pojawiła się potrzeba oddzielenia rzymskich mieszkańców prowincji od barbarzyńców spoza terenu imperium. Najlepszymi granicami administracyjnymi, celnymi oraz wojskowymi były rzeki: Ren, Dunaj oraz Eufrat. Na ich brzegach utworzono **limes** (z łac. 'granica', 'pogranicze'), czyli system umocnień granicznych. Umieszczono tam większość oddziałów armii rzymskiej. Fortyfikacje wzniesiono również w Brytanii. **Wał Hadriana**, wybudowany w II w. n.e., podzielił wyspę na dwie części: południową, podlegającą rządom Rzymian, i północną, pozostającą w rękach barbarzyńców.

Stacjonująca na obszarach przygranicznych armia rzymska przez długie lata zapewniała względny spokój w imperium. Dzięki temu jego ludność – oprócz mieszkańców kilku prowincji przygranicznych – zapomniała, czym jest wojna. „**Pokój rzymski**" (łac. *pax Romana*) utrzymywał się przez dwa pierwsze stulecia istnienia **cesarstwa rzymskiego**. Stabilizacja sprzyjała rozwojowi handlu oraz rozbudowie miast, zapewniła mieszkańcom państwa dobrobyt i poczucie bezpieczeństwa, choć z czasem uśpiła także ich czujność. Do drugiej połowy III w. n.e., czyli czasów wzmożonych najazdów barbarzyńców, większość Rzymian znała wojnę jedynie z literatury oraz dzięki widowiskowym walkom gladiatorów.

■ RZYMSCY BUDOWNICZOWIE EUROPY

Poza podbojem nowych terytoriów oraz ich utrzymaniem legioniści rzymscy zajmowali się budowaniem doskonałych dróg. Rozwinięta sieć komunikacyjna połączyła Rzym nawet z odległymi zakątkami imperium. Wykorzystywano ją w celach nie tylko militarnych, lecz także handlowych – dzięki niej kupcy prowadzili wymianę z mieszkańcami większości prowincji. Wykonane z kamienia lub betonu drogi ułatwiały też funkcjonowanie poczty cesarskiej. Z uwagi na przemyślane rozmieszczenie oraz wytrzymałość budulca tych szlaków na ich fundamentach powstało wiele współczesnych arterii. Europejczycy podróżowali po rzymskich drogach jeszcze w XIX w. Dopiero budowa kolei przypieczętowała upadek znaczenia tych traktów.

Amfiteatr rzymski, nazywany Koloseum, został wzniesiony przez cesarzy z dynastii Flawiuszów. Organizowane w nim spektakle mogło oglądać nawet 70 tys. widzów. Do ich dyspozycji oddano również bufety, szatnie i natryski. Do Koloseum prowadziło 80 wejść, dzięki czemu widzowie mogli opuścić amfiteatr w niespełna 10 minut.

■ *fotografia współczesna, Rzym*

Panteon jest najlepiej zachowaną antyczną świątynią rzymską. Został wzniesiony na Polu Marsowym ku czci wszystkich bogów Rzymu. Budowę Panteonu ukończono w 125 r. n.e. – w czasach panowania cesarza Hadriana. Budowlę zwieńczono kopułą betonową o średnicy 42 m. Zabytek uniknął zniszczeń, jakim uległy inne świątynie rzymskie, ponieważ po uznaniu chrześcijaństwa za religię państwową przekształcono go w kościół.

■ *fotografia współczesna, Rzym*

■ Bursztynowy szlak

Najcenniejszym towarem sprowadzanym z północnych rejonów Europy był bursztyn. Aby go pozyskać, organizowano nawet specjalne wyprawy pod nadzorem cesarskim. Bursztynowy szlak przebiegał od Dunaju aż po Bałtyk i prowadził przez terytoria dzisiejszej Polski.

Bursztynowa statuetka aktora powstała w czasach rzymskich w jednym z warsztatów funkcjonujących w Italii. Sprowadzany znad Bałtyku bursztyn wykorzystywano wówczas nie tylko w celach zdobniczych – przypisywano mu również walory lecznicze i magiczne (ze względu na właściwości elektrostatyczne).

▪ *figurka bursztynowa, Italia, ok. II w. n.e.*

? W jakim celu Rzymianie sprowadzali bursztyn znad Bałtyku?

Rzymianie wznosili także mosty – początkowo z drewna, a następnie z kamienia. Budowali je nawet tam, gdzie rzeki (np. Dunaj) miały szerokie koryta. Żołnierze często wykorzystywali też prowizoryczne drewniane mosty, które później demontowali.

Budowniczowie rzymscy stosowali różne techniki i materiały. Potrafili tworzyć łuki, arkady, półokrągłe sklepienia oraz kopuły wieńczące duże budowle, np. Panteon – świątynię ku czci wszystkich bogów. Najtrwalszymi rzymskimi konstrukcjami kamiennymi okazały się akwedukty, doprowadzające wodę do miast. Płynęła ona rurami: ołowianymi lub ceramicznymi dzięki wykorzystaniu przez konstruktorów naturalnych spadków. W razie potrzeby budowniczowie drążyli także tunele. Niektóre akwedukty rzymskie funkcjonują do dziś.

■ ROMANIZACJA

Mieszkańcy prowincji rzadko buntowali się przeciwko Rzymianom. Zrywy wzniecali z reguły reprezentanci pierwszego lub drugiego pokolenia żyjącego po podboju, którzy pamiętali czasy niezależności. Ich potomkowie zazwyczaj już bez oporu poddawali się romanizacji. Obejmowała ona głównie prowincje zachodnie i północne, pierwotnie zamieszkiwane przez barbarzyńców. Polegała na przejmowaniu przez podbitą ludność rzymskiego sposobu myślenia oraz języka łacińskiego, a także kultury, obyczajów i wierzeń Rzymian. W prowincjach zachodnich i wschodnich pojawiły się budynki użyteczności publicznej: termy (łaźnie), łuki triumfalne, fora, cyrki, amfiteatry, świątynie oraz sanktuaria. Romanizacji sprzyjały powierzanie miejscowym elitom sprawowania władzy oraz nadawanie obywatelstwa rzymskiego żołnierzom wojsk posiłkowych, rekrutowanym w prowincjach oddalonych od Rzymu. Dla mieszkańców tych terytoriów romanizacja oznaczała przede wszystkim awans cywilizacyjny. O jej skali w prowincjach zachodnich świadczy to, że od czasów Trajana rodziny wszystkich cesarzy z epoki pryncypatu pochodziły z Hiszpanii, Galii lub Afryki.

Na obszarze rzymskich ośrodków administracyjno-gospodarczych oraz osad otaczających rzymskie obozy wojskowe proces romanizacji przebiegał najszybciej i był związany z urbanizacją. Ośrodki te z czasem przekształciły się w miasta, np. **Londinium** (Londyn),

Amfiteatr w Al-Dżamm powstał w III w. n.e. w północnej Afryce. Zachował się w dobrym stanie. Jest trzecią pod względem wielkości budowlą tego typu wzniesioną w Imperium Rzymskim. Mógł pomieścić ok. 35 tys. widzów.

▪ *fotografia, Tunezja, 1964 r.*

LIMES

Limes to system umocnień budowanych przez Rzymian wzdłuż granic – zwłaszcza tych najbardziej narażonych na ataki. W Europie powstał na terenie Brytanii oraz na linii Renu i Dunaju. Wykorzy-stanie naturalnych barier, takich jak rzeki czy góry, nie zawsze było możliwe, dlatego budowano mury, fosy oraz wały ziemne. W celu zapewnienia ochrony militarnej wzdłuż limesu wznoszono obozy legionowe (łac. *castra*), niewielkie twierdze (łac. *castella*) lub wieże obserwacyjne (burgi). Jak dowodzą współczesne badania prowadzone na terytorium Niemiec, granice nie były tam szczelne – odbywała się przez nie wymiana handlowa, a osadnicy z państwa rzymskiego osiedlali się również po drugiej stronie limesu.

Porta Praetoria to jedna z bram prowadzących do wnętrza obozu legionistów. Widoczny na fotografii most został wzniesiony nad fosą, którą otoczono cały teren. Przed bramą ustawiono posąg cesarza Hadriana.

- *fotografia współczesna, Saalburg*

Budowa umocnień wzdłuż limesu została przedstawiona na kolumnie Trajana. Legioniści rzymscy zajmowali się nie tylko walką i ćwiczeniami we władaniu bronią, lecz także budowaniem obozów warownych.

- *płaskorzeźba, Rzym, II w. n.e.*

Wał Hadriana stanowił ważny element fortyfikacji, które chro-niły ziemie cesarstwa przed najazdami plemion barbarzyńskich zamieszkujących północną część Brytanii. Jego budowę zlecił cesarz Hadrian w czasie pobytu w Brytanii w 122 r.

- *fotografia współczesna, Wielka Brytania*

> **? PRACA Z INFOGRAFIKĄ**
>
> 1. Opisz znaczenie limesu dla Imperium Rzymskiego i są-siadujących z nim ludów.
> 2. Wymień wady oraz zalety umocnień granicznych wznie-sionych przez Rzymian.

ŹRÓDŁA I INTERPRETACJE

WSZYSTKIE DROGI PROWADZĄ DO RZYMU

Jerzy Wielowiejski w monografii poświęconej drogom rzymskim opisał znaczenie arterii
komunikacyjnych dla rozwoju państwa rzymskiego.

*Wielcy poprzednicy Rzymian [...], Fenicjanie, Grecy, Karta-
gińczycy, byli w okresie swej największej aktywności ludami
morskimi, doskonałymi żeglarzami i kupcami, którzy zakładali kolonie [...] w miejscach najdogodniejszych dla żeglugi
i handlu. Przemierzając głównie szlaki morskie i rzeczne,
nie musieli się zbytnio troszczyć o budowę dróg [...]. Inaczej
Rzymianie. Ich państwo, okrzepłe już w okresie wczesnej republiki, było organizacją połączonych gmin rolników i ho-
dowców o charakterze wybitnie lądowym. Duży przyrost naturalny zmuszał do szukania nowych siedzib nie za morzami,
lecz na obszarach sąsiednich ludów italskich prowadzących
podobny tryb życia. Właśnie konieczność zapewnienia stałej
łączności z nowo zakładanymi koloniami powodowała budowę dróg, które początkowo służyły zwykle celom wojskowym. Rozwijająca się coraz bardziej kolonizacja kolejno zdo-
bywanych regionów Italii doprowadziła inżynierię, a potem
także całą służbę drogową do niebywałej w innych państwach
starożytnych perfekcji. [...] Będąc już państwem lądowo-mor-
skim, Rzym jeszcze dalej ciągnął drogi lądowe, gdyż tylko
w ten sposób mógł zapewnić trwałą komunikację z wszystkimi
posiadłościami – zwłaszcza w Europie i Afryce – kolonizowanymi. [...] Trzeba też pamiętać, że drogi [...] same stawały
się z kolei częstym czynnikiem kulturotwórczym, i to nie tylko*

*dzięki swej naturalnej funkcji komunikacyjnej. Liczne osady
i stacje drogowe położone w dogodnych punktach – często na
skrzyżowaniach dróg lub arterii lądowych i wodnych – rozra-
stały się szybko w ważne ośrodki miejskie, nieraz o znaczeniu
administracyjnym i wojskowym.*

J. Wielowiejski, *Na drogach i szlakach Rzymian*, Warszawa 1984, s. 246–247.

Droga i most rzymski nad rzeką Afrin zostały zbudowane przez
żołnierzy stacjonujących niedaleko legionu rzymskiego.

▪ *fotografia współczesna, Syria*

? PRACA ZE ŹRÓDŁAMI

1. Wytłumacz, dlaczego Rzymianie – w przeciwieństwie do Fenicjan i Greków – budowali drogi.
2. Wyjaśnij, w jaki sposób lądowe szlaki komunikacyjne przyczyniły się do rozwoju państwa rzymskiego.

Lugdunum (Lyon), ***Vindobona*** (Wiedeń) czy ***Colonia
Agrippina*** (Kolonia). Wiele z nich jest dzisiaj stolicami
europejskich państw i metropoliami. Na wschodzie ro-
manizację ograniczały dominujące tam wpływy cywilizacji greckiej. Romanizacja tych obszarów miała jedynie
charakter polityczny i ograniczała się do samoidentyfi-
kacji elit greckojęzycznych z państwem rzymskim.

Z czasem romanizacja doprowadziła do ukształtowania się wspólnej świadomości mieszkańców całego
cesarstwa. Utożsamiali oni imperium ze światem cywi-
lizowanym, a ludy żyjące poza jego granicami nazywali
barbarzyńskimi. Jednym ze skutków romanizacji był
również zanik kultur: celtyckiej na kontynencie europejskim oraz punickiej w Afryce. Zostały one wchłonięte
przez cywilizację rzymską.

■ PRAWO RZYMSKIE

Prawo jest dziedziną, w której Rzymianie mieli największe osiągnięcia. Obecnie stanowi ono jeden z fundamentów cywilizacji europejskiej – obok filozofii i nauki
greckiej oraz chrześcijaństwa. Logiczny i spójny zbiór
rzymskich norm stał się podstawą niemal wszystkich późniejszych europejskich systemów prawnych.
Pierwszą kodyfikację praw, czyli **Prawo XII tablic**,
Rzymianie przyjęli już w połowie V w. p.n.e. Wraz
z upływem czasu normy te przestały jednak wystar-
czać. Ekspansja polityczna, ekonomiczna i kulturalna
Rzymu oraz przemiany społeczne pociągnęły za sobą
konieczność uzupełnienia dawnych przepisów prawnych nowymi, uchwalanymi przez zgromadzenia lu-
dowe i senat, a w późniejszym okresie – przez cesarza.

Interpretowaniem oraz poprawianiem norm przez wiele lat zajmowali się pretorzy odpowiedzialni za wymiar sprawiedliwości w Rzymie. W czasach cesarstwa systematycznie umacniała się pozycja jurystów, czyli prawników, których opinie były wiążące przy rozstrzyganiu kontrowersyjnych spraw. Często sprawowali oni wysokie funkcje administracyjne oraz doradzali cesarzom. Prawo kontrolowali profesjonaliści pochodzący zarówno z łacińsko-, jak i greckojęzycznej części imperium. Nauczanie tej dziedziny prowadzono jednak wyłącznie po łacinie.

W pierwszej połowie VI w. n.e., już po upadku cesarstwa zachodniorzymskiego, cesarz Justynian nakazał uporządkować dotychczasową literaturę prawniczą oraz zebrać wszystkie aktualne przepisy i komentarze. Tak powstał **Kodeks Justyniana** (łac. *Codex Iustinianus*), który stanowił wzór dla prawodawców w następnych stuleciach.

■ POCZĄTKI CHRZEŚCIJAŃSTWA

Pomiędzy mieszkańcami Imperium Rzymskiego dochodziło do wymiany nie tylko osiągnięć kulturalnych, lecz także wierzeń. Wśród religii, które występowały lub powstały na terenie tego państwa, szczególne znaczenie zyskało chrześcijaństwo. Jego początki wiążą się z Palestyną, od 63 r. p.n.e. pozostającą w strefie wpływów Rzymian. Rządzeni przez zależnych od Rzymu królów Żydzi nigdy nie pogodzili się z obcym panowaniem. Rzymianie nie mogli zapewnić trwałego spokoju na tych terenach. Oddali je w zarząd prokuratorom rzymskim podległym namiestnikom Syrii. Nastroje antyrzymskie wśród Żydów wzmacniała wiara w szybkie nadejście mesjasza, mającego odbudować królestwo

─── ŚW. PAWEŁ Z TARSU ───
10–67 n.e.

Początkowo nosił imię Szaweł. Był Żydem, ale miał obywatelstwo rzymskie. W młodości należał do gorliwych wyznawców judaizmu i prześladował zwolenników Jezusa. Podczas podróży do Damaszku nawrócił się na chrześcijaństwo i zaczął głosić tę nową religię. Z powodu swojej działalności został uwięziony w Jerozolimie. Powołał się wówczas na obywatelstwo rzymskie, w efekcie czego odesłano go do Rzymu. Prawdopodobnie w 67 r. n.e. został tam skazany na śmierć i ścięty mieczem. Jego listy pisane do członków wspólnot chrześcijańskich działających w różnych częściach Imperium Rzymskiego weszły w skład *Nowego Testamentu*.

Izraela. Niektórzy Żydzi sądzili, że jest nim **Jezus Nazarejczyk**, który urodził się w ostatnich latach panowania króla **Heroda Wielkiego**, w czasie rządów cesarza Oktawiana Augusta.

Jezus głosił, że ludzka dusza jest nieśmiertelna, a wybory dokonywane przez dysponującego wolną wolą człowieka decydują o jego losie po śmierci – zbawieniu lub potępieniu. Zapowiadał bliskie nadejścia Królestwa Bożego, otwartego dla tych, którzy postępują zgodnie z jego naukami. Wzywał do miłosierdzia wobec ubogich i cierpiących. Oczekiwał od swoich wyznawców miłości do Boga i bliźnich, także do nieprzyjaciół. Dzięki

■ Mitraizm

Powracający z wojen z Partami i Persami legioniści rzymscy przywieźli do Rzymu nową religię, mitraizm. Jej wyznawcy wierzyli w boga Mitrę, a praktyki religijne połączone były z kultem solarnym Słońca Niezwyciężonego (łac. *Sol Invictus*). Wyznawcy mitraizmu dostępowali kolejnych stopni wtajemniczenia. Wiele elementów tej religii przeniknęło do chrześcijaństwa, np. święto Bożego Narodzenia obchodzone 25 grudnia, czyli w dniu narodzin Mitry. Pierwotnie również niedziela, Dzień Słońca (stąd angielskie *Sunday* i niemieckie *Sonntag*), była w mitraizmie dniem świętym.

? Odszukaj w dostępnych źródłach informacje na temat podobieństw pomiędzy chrześcijaństwem i mitraizmem.

Mitra zabijający byka to scena najczęściej przedstawiana na dziełach sztuki związanych z mitraizmem. Według wyznawców tej religii krew byka złożonego przez Mitrę w ofierze miała służyć odnowieniu świata.

▪ *rzeźba, Italia, II–III w. n.e.*

tym naukom zyskał nie tylko oddanych zwolenników, lecz także niebezpiecznych przeciwników. Potępiał bowiem pychę i obłudę wynikające z fałszywej pobożności i z tego powodu krytykował kapłanów żydowskich (**saduceuszy**) i uczonych w piśmie (**faryzeuszy**). Z uwagi na wysunięte przez nich oskarżenia namiestnik rzymski Poncjusz Piłat skazał Jezusa na ukrzyżowanie, czyli karę wymierzaną zwykle buntownikom.

Uczniowie Jezusa, zwani apostołami, głosili **Dobrą Nowinę** (gr. *Euangelion*). Dotyczyła ona zmartwychwstania Chrystusa. Posługiwali się przy tym słowem mówionym. Kiedy popularność tych idei wzrosła, zaczęto opisywać czyny i naukę Jezusa. W ten sposób powstała *Ewangelia*, złożona z zapisów czterech ewangelistów, która wraz z innymi pismami poświęconymi działalności apostołów oraz *Apokalipsą św. Jana* tworzy *Nowy Testament*. Przejęte z judaizmu kilkadziesiąt ksiąg znalazło się zaś w **Starym Testamencie**.

■ CHRZEŚCIJAŃSTWO RELIGIĄ IMPERIUM

Apostołowie prowadzili swoje działania nie tylko w Palestynie, lecz także w innych wschodnich prowincjach cesarstwa. W Antiochii uczniów Jezusa po raz pierwszy nazwano chrześcijanami, czyli zwolennikami Chrystusa. Z czasem grupy chrześcijan dotarły nawet do Rzymu. Dużą rolę w rozprzestrzenianiu się chrześcijaństwa w cesarstwie odegrał **św. Paweł**, który pisał: [...] *nie ma już Żyda ani Greka, niewolnika ani wolnego, mężczyzny ani kobiety, wszyscy bowiem jesteście kimś jednym w Chrystusie Jezusie.* To właśnie św. Paweł przekonał wielu nie-Żydów do nowej religii. Jej wyznawcy pochodzili z różnych warstw społecznych. Monoteistyczna wiara chrześcijańska okazała się atrakcyjna dla wyznawców tradycyjnych kultów religijnych, w których kładziono nacisk na rytuały. Chrześcijanie obiecywali zbawienie po śmierci tym, którzy uwierzą w Chrystusa i będą żyć zgodnie z ich zasadami. Głosili otwartość swojej religii dla wszystkich ludzi oraz postulowali udzielanie pomocy potrzebującym. Ich wiara dawała poczucie bliższego kontaktu z Bogiem, dlatego zyskiwała coraz większą popularność. Z czasem grupy

Fresk przedstawiający procesję męczenników zdobi ścianę baptysterium w Rawennie. Gałązki palmy widoczne pomiędzy postaciami wskazują na to, że święci ponieśli męczeńską śmierć za wiarę.

▪ *mozaika, Rawenna, VI w. n.e.*

chrześcijan organizowały się we wspólnoty zwane Kościołami, na czele których stali biskupi. W III w. n.e. nową religię przyjęło wielu ludzi wykształconych, pochodzących z wyższych klas społecznych. Byli wśród nich także urzędnicy administracji cesarskiej.

Nowa wiara miała również wielu wrogów. Znaczna część Rzymian uważała ją za niebezpieczną dla tradycji (chrześcijanie odrzucali wszelkie dotychczasowe kulty) i panującego porządku społecznego (odrzucali boskość cesarza i ówczesną hierarchię społeczną). Niektórzy cesarze rzymscy, zaniepokojeni wzrostem wpływów chrześcijaństwa, usiłowali przemocą ograniczyć jego rozpowszechnianie się w państwie. Do największych prześladowań chrześcijan doszło w latach 303–304 n.e. – w czasach panowania Dioklecjana. Jednak wyroki śmierci nie zniechęcały wyznawców Chrystusa. W 313 r. n.e. na mocy decyzji cesarzy Licyniusza i Konstantyna Wielkiego chrześcijanie otrzymali takie same prawa jak wyznawcy innych religii. Od tej pory znaczenie chrześcijaństwa rosło w szybkim tempie. Pod koniec IV w. n.e., w czasach panowania Teodozjusza Wielkiego, chrześcijaństwo stało się religią panującą w cesarstwie. Na mocy edyktu z 380 r. n.e. cesarz nakazał przyjęcie wiary chrześcijańskiej wszystkim mieszkańcom imperium, a edyktem z 392 r. n.e. zakazał im sprawowania kultów pogańskich. Chrześcijaństwo stało się wówczas rzymską religią państwową.

ĆWICZENIA

1. Omów funkcję dróg i mostów w świecie rzymskim.
2. Opisz rozwój prawa rzymskiego. Oceń jego znaczenie dla dalszego rozwoju cywilizacji europejskiej.
3. Wytłumacz, jak doszło do tego, że chrześcijaństwo stało się rzymską religią państwową.
4. Scharakteryzuj rozwój chrześcijaństwa w państwie rzymskim.
5. Oceń proces romanizacji. Podaj jego pozytywne i negatywne skutki.

ŚWIAT ŚRÓDZIEMNOMORSKI

Dzieje starożytnej Grecji wyznaczają początek europejskiej historii. Słowo „Europa" początkowo było imieniem mitycznej córki króla fenickiego, a później stało się nazwą geograficzną. Z czasem starożytni Grecy zaczęli mówić o Europie jako o jednym z trzech znanych im kontynentów.

Początki historii antycznej Grecji wiążą się z cywilizacjami: minojską i mykeńską. Wymiana handlowa Greków z obcymi ludami, kolonizacja świata śródziemnomorskiego, a przede wszystkim rozprzestrzenianie się kultury greckiej nie byłyby możliwe bez morskich szlaków komunikacyjnych. Doskonałe opanowanie umiejętności żeglarskich pozwoliło Grekom na zasiedlenie wybrzeży Morza Śródziemnego i Morza Czarnego.

Grecy kształtowali swoją tożsamość w opozycji do innych ludów, które nazywali barbarzyńskimi. Określenie to początkowo nie miało znaczenia negatywnego. Dopiero po wojnach grecko-perskich nasiliły się wzajemne animozje pomiędzy Grekami a mieszkańcami Bliskiego Wschodu.

Epoka klasyczna w historii starożytnych Aten to czasy rozwoju nie tylko demokracji, lecz także nauki, filozofii, teatru, literatury (m.in. historiografii), sztuki (m.in. architektury) i sportu.

Poza okresem wielkiej kolonizacji, trwającym od VIII do VI w. p.n.e., kultura grecka najintensywniej rozprzestrzeniała się w epoce hellenistycznej, po podbojach Aleksandra Wielkiego. Wpływy greckie docierały wówczas nawet na tereny Azji aż po Indus. W tym czasie roli centrum kulturowego nie odgrywały już Ateny – funkcję tę przejęła Aleksandria.

Początkowo Rzym, położony nad Tybrem, był niewielkim miastem-państwem. Jego powstanie datuje się na połowę VIII w. p.n.e. W ciągu kilku stuleci Rzymianie w wyniku licznych wojen opanowali cały świat śródziemnomorski. Ich państwu nie mógł stawić skutecznego oporu żaden starożytny kraj.

Duży wpływ na kulturę rzymską miały cywilizacje: etruska oraz grecka. Wprawdzie Rzymianie podbili Greków, ale dużo im zawdzięczali w zakresie literatury, nauki, sztuki i filozofii.

W II w. n.e. cesarstwo rzymskie rozciągało się od wybrzeży Oceanu Atlantyckiego na zachodzie po rzekę Eufrat na wschodzie. Wzdłuż północnej granicy tego państwa, wyznaczonej przez Ren i Dunaj, ciągnął się limes. Była to długa linia umocnień. Wał Hadriana wyznaczał zasięg terenów rzymskich w Brytanii, a Sahara – na południu. Granica kulturowa dzieliła imperium na łacińskojęzyczne prowincje zachodnie oraz greckojęzyczne wschodnie.

Legioniści prowadzący wziętych do niewoli Daków zostali przedstawieni na spiralnej płaskorzeźbie, która zdobi rzymską kolumnę Trajana.

▪ *płaskorzeźba, Rzym, II w. n.e.*

Epoka wczesnego cesarstwa rzymskiego to okres „pokoju rzymskiego" (łac. *pax Romana*). W tym czasie rósł dobrobyt mieszkańców państwa. Rozpoczął się też proces romanizacji, czyli przejmowania kultury rzymskiej przez podbite ludy. Intensywnie przebiegał on w prowincjach zachodnich i północnych, a zdecydowanie wolniej – we wschodnich.

Jednym z przejawów romanizacji było powstawanie na obszarze całego imperium budowli rzymskich: term, łuków triumfalnych, cyrków, amfiteatrów, świątyń i sanktuariów. Rzymianie budowali także mosty oraz drogi. Te ostatnie służyły Europejczykom jeszcze w XIX w.

Jedną z dziedzin, w których Rzymianie mieli wybitne osiągnięcia, stanowiło prawo. Stworzony przez nich spójny system norm prawnych wyznaczył wzorcowe rozwiązania również dla przyszłych pokoleń. Na terenie Imperium Rzymskiego pojawiło się także chrześcijaństwo. Pod koniec IV w. n.e. stało się ono rzymską religią państwową. Prawo rzymskie i chrześcijaństwo to fundamenty kultury europejskiej – obok filozofii oraz nauki greckiej.

Ćwiczenia podsumowujące

1. Opisz rozprzestrzenianie się kultury Greków w basenach: Morza Śródziemnego i Morza Czarnego oraz na obszarze Azji.
2. Wskaż dziedziny kultury, w których Grecy mieli największe osiągnięcia.
3. Porównaj procesy romanizacji w zachodnich i wschodnich prowincjach państwa rzymskiego.
4. Wymień elementy rzymskiego dziedzictwa, które przetrwały do czasów obecnych.
5. Przedstaw zakres i formy wymiany handlowej w świecie antycznym.
6. Określ znaczenie konfliktów militarnych dla wymiany kulturowej w starożytności.
7. Zaprezentuj swoją opinię na temat tezy Feliksa Konecznego, który uważał, że cywilizacja łacińska ma u podstaw filozofię grecką, prawo rzymskie i etykę chrześcijańską.

RZYM I RZYMIANIE W OCZACH GREKÓW

W połowie II w. n.e. retor grecki Eliusz Arystydes wygłosił mowę pochwalną na cześć Rzymian.

Ani morze, ani ogromne ziemie pośrodku nie przeszkadzają w zdobyciu praw obywatelskich. Pod tym względem nic nie dzieli Europy od Azji. [...] Nikt nie jest Wam obcy, jeśli tylko zasługuje na władzę i wzbudza zaufanie. [...] pojęcie Rzymu nie jest wykładnikiem jednego miasta, ale jakiegoś wspólnego narodu, i to nie jednego z wielu, lecz potrafiącego sprostać wszystkim innym. Nie podzieliliście ludności na Greków i barbarzyńców, co byłoby śmieszne, skoro wasze miasto ma więcej ludności od całej niemal Grecji; zamiast tego wprowadziliście podział na Rzymian i nie-Rzymian, tak bardzo liczni mieszkańcy poszczególnych miast zaliczają się nie mniej do waszych obywateli niż do obywateli swojego miasta, jakkolwiek niejeden z nich nigdy nie widział Rzymu. Nie potrzeba załóg na cytadelach, bo w każdej miejscowości ludzie najznakomitsi i najmożniejsi strzegą swej ojczyzny dla was. Tak więc podwójnie rządzicie każdym miastem: i stąd bezpośrednio, i za ich pośrednictwem. Żadna zawiść nie ma dostępu do waszego państwa. Sami bowiem od razu ją rozbroiliście, uznając to wszystko, co posiadacie, za własność ogółu, i dając ludziom zdatnym zarówno szansę rządzenia, jak i podlegania rządowi. [...] Powstało jedno harmonijne, wszechobejmujące państwo, pojawiła się dotąd niespotykana kombinacja potężnej władzy i wielkiej ludzkości, obejmująca dużych i małych. [...] Toteż wszyscy trzymają się was kurczowo i nie wcześniej zdecydują się odstąpić od was niż pasażerowie od sternika. [...] Raczej drżą na myśl, że to wy możecie ich opuścić, niż żeby sami mieli was opuszczać. Zamiast rywalizacji o prymat władzy, co było powodem poprzednich gwałtownych wojen, jedni zachowują się tak spokojnie, jak woda płynąca bez szmeru, zadowoleni, że się od trudów i nieszczęść uwolnili, i żałują swych bezużytecznych walk o cienie. Drudzy nawet nie wiedzą i nie przypominają sobie, że kiedyś sprawowali władzę, ale, jak opowiada mit Pamfilosa, a raczej Platona, jakby ich państwo leżało na stosie, zastąpili lokalne spory i waśnie wspólną hegemonią i zaraz odżyli.

Eliusz Arystydes, *Pochwała Rzymu*, [w:] *Imperium Romanum. Władza, propaganda, konflikty ideologiczne*, oprac. K. Stebnicka, P. Janiszewski, Warszawa 2003, s. 34–35.

? **PRACA ZE ŹRÓDŁAMI**

1. Opisz skutki procesu romanizacji przedstawione przez autora tekstu źródłowego.
2. Wymień najistotniejsze – Twoim zdaniem – elementy „pokoju rzymskiego".

TRADYCJA ANTYCZNA W SZTUCE PÓŹNIEJSZYCH EPOK

Anonimowy artysta zwany Mistrzem Cassoni Campana namalował w XVI w. obraz ilustrujący mitologiczną historię Tezeusza.

? **PRACA Z ILUSTRACJĄ**

1. Omów rozpoznane na ilustracji nawiązania do mitu o Tezeuszu. Podaj nazwę starożytnej kultury greckiej, do której odnosi się ta opowieść.
2. Wskaż elementy oddające realia starożytności oraz kojarzące się z czasami bliższymi twórcy tego dzieła.
3. Wyjaśnij, dlaczego mit o Tezeuszu interesował artystów tworzących w kolejnych epokach.
4. Odszukaj przykłady użycia symboliki związanej z mitem o Tezeuszu w późniejszych czasach.

II
KSZTAŁTOWANIE SIĘ EUROPY

1 NA GRUZACH IMPERIUM RZYMSKIEGO

ZANIM POZNASZ NOWY TEMAT

1. Przypomnij wydarzenia, które rozpoczęły i zakończyły średniowiecze. Oceń ich znaczenie.
2. Wymień nazwy terenów europejskich znajdujących się w strefie wpływów cesarstwa zachodniorzymskiego.

■ PODZIAŁ IMPERIUM RZYMSKIEGO

W III w. n.e. w Imperium Rzymskim nastąpił kryzys polityczny, społeczny i gospodarczy. Państwo to osłabiały nieustannie walki pomiędzy kandydatami do tronu cesarskiego oraz najazdy barbarzyńców. Gospodarcze i polityczne różnice między jego zachodem a wschodem były coraz bardziej wyraźne. Sprawujący władzę w pierwszej połowie IV w. n.e. Konstantyn Wielki wiedział, że tak rozległym imperium nie można skutecznie rządzić z Rzymu. W 330 r. założył więc nad Bosforem – w miejscu dawnej kolonii greckiej o nazwie Bizancjum – Konstantynopol, który w krótkim czasie stał się politycznym i ideowym centrum greckojęzycznych prowincji państwa. Od połowy IV w. częściami cesarstwa: wschodnią oraz zachodnią rządzili jednocześnie dwaj władcy. Taki podział został ostatecznie usankcjonowany w 395 r. przez Teodozjusza I Wielkiego i przypieczętowany upadkiem cesarstwa zachodniorzymskiego w 476 r. To ostatnie wydarzenie umownie przyjmuje się jako kończące epokę starożytną.

■ WĘDRÓWKI LUDÓW

W 375 r., jeszcze przed podziałem państwa rzymskiego, Europę po raz pierwszy najechali **Hunowie** – stepowy lud ze wschodu. Odnieśli oni szybkie zwycięstwa nad pozostałymi barbarzyńcami żyjącymi w pobliżu granicy imperium. Byli wyjątkowo brutalni. Pod ich naporem inne plemiona musiały przemieścić się w kierunku cesarstwa. W ten sposób rozpoczęła się **wielka wędrówka ludów**, czyli okres migracji, które ostatecznie doprowadziły do upadku świata starożytnego.

Pierwszym ludem barbarzyńskim pokonanym przez Hunów byli germańscy **Goci**. Część z nich znalazła schronienie na terytorium cesarstwa. Zostali zobowiązani do służby wojskowej i obrony rzymskiej granicy. Źle traktowani przez urzędników cesarskich, wkrótce zbuntowali się przeciwko władzom rzymskim. W **378 r.**, po uzyskaniu wsparcia ze strony innych ludów germańskich oraz Sarmatów, również wypartych ze swoich siedzib przez Hunów, rozbili armię rzymską w bitwie **pod Adrianopolem**.

Stosowana wcześniej przez Rzymian zasada: *Divide et impera* już się nie sprawdzała – próby antagonizowania barbarzyńców nie przynosiły spodziewanych efektów. Rzymianie musieli stawić czoła licznym wrogom. Państwo rzymskie nie było w stanie ponosić ogromnych kosztów utrzymania armii i administracji. Coraz większy odsetek legionistów stanowili barbarzyńcy. Niektórzy z nich sprawowali ważne stanowiska u boku cesarzy. Z czasem barbarzyńscy dowódcy, noszący rzymskie tytuły wojskowe, zyskiwali coraz większą samodzielność.

Gdy na początku V w. Hunowie zajęli Nizinę Panońską, rozpoczęła się kolejna wielka migracja. Wyparte przez Hunów plemiona germańskie przerwały limes i wkroczyły do zachodnich prowincji osłabionego Imperium Rzymskiego. **Wizygoci** w 410 r. splądrowali nawet Rzym. Barbarzyńcy systematycznie przejmowali kolejne terytoria znajdujące się dotąd pod jurysdykcją rzymską. Miejscowa ludność często nie stawiała im oporu, ponieważ liczyła na zmniejszenie obciążeń podatkowych po zmianie władzy.

W połowie V w. upadło imperium Hunów. Zostało ono pokonane przez siły rzymskie i wojska sprzymierzonych z nim ludów barbarzyńskich. Władza Rzymu ograniczała się wówczas do terytorium Italii. W 476 r.

Attyla był królem Hunów. Pod rządami tego władcy ich państwo w latach 434–453 osiągnęło szczyt potęgi. Attyla należał do najwybitniejszych wodzów w historii. Sam siebie nazywał „biczem Bożym". Europejczycy przez wieki przedstawiali go jako postać nieludzką, diaboliczną.

■ *rycina, Niemcy, XVI w.*

Odoaker – wódz zbuntowanych Germanów pozostających w służbie rzymskiej – zdetronizował Romulusa Augustulusa, ostatniego władcę cesarstwa zachodniorzymskiego. Na obszarze dawnego imperium powstały państwa barbarzyńskie. Śródziemnomorski świat starożytny, którego filarem przez pięć wieków było cesarstwo rzymskie, przestał istnieć. Rozpoczęła się epoka nazywana średniowieczem.

■ BIZANCJUM

Cesarstwo wschodniorzymskie (Bizancjum), wyodrębnione po podziale imperium dokonanym w 395 r., obejmowało Półwysep Bałkański, Azję Mniejszą, Syrię i Egipt. Miało bardziej stabilną gospodarkę niż cesarstwo zachodniorzymskie. W razie potrzeby mogło wystawić silną armię. Pozwoliło mu to odeprzeć najazdy ludów barbarzyńskich, które skierowały swoją ekspansję przede wszystkim na terytoria cesarstwa zachodniorzymskiego. Po upadku tego ostatniego Bizantyjczycy uważali się za pełnoprawnych dziedziców Imperium Rzymskiego, a ich stolica – Konstantynopol – była nawet nazywana „nowym Rzymem". Z czasem mieszkańcy Bizancjum w coraz większym stopniu ulegali wpływom orientalnym. Łączyli kulturę grecką oraz prawo rzymskie ze wschodnimi obyczajami i ceremoniałem.

— JUSTYNIAN I WIELKI —
527–565

Był jednym z najwybitniejszych cesarzy bizantyjskich. Już w młodości uważano go za wyjątkowo zdolnego, dlatego został dopuszczony przez swojego wuja Justyna I do współrządzenia. Po jego śmierci pozostał jedynym władcą. W początkowym okresie panowania musiał stłumić powstanie Nika (532 r.), które zagroziło jego rządom. W następnych latach realizował ambitny plan przywrócenia dawnej świetności cesarstwu poprzez odzyskanie utraconych ziem (części Italii i północnej Afryki). Przeprowadził również reformy wewnętrzne: administracji oraz systemu prawnego. W czasach jego rządów w Konstantynopolu wzniesiono kościół Hagia Sophia.

Kiedy upadło cesarstwo zachodniorzymskie, władcy bizantyjscy nie uznali jego terenów za utracone, a jedynie za znajdujące się czasowo poza ich kontrolą. W pierwszej połowie VI w. cesarz Justynian I Wielki odzyskał władzę nad większością tych terytoriów, jednak jego sukces okazał się nietrwały.

■ Konstantynopol

Przez ponad tysiąc lat Konstantynopol był stolicą greckojęzycznej części imperium. Przez długi czas pozostawał również największym miastem świata. Polityczne oraz kulturowe znaczenie Konstantynopola było efektem jego lokalizacji na pograniczu Europy i Azji. Ochronę zapewniały mu nie tylko potężne mury, wzniesione na początku V w., lecz także morze. Z uwagi na swoje położenie geograficzne oraz rolę polityczną stał się wielkim ośrodkiem handlowym, do którego ściągali kupcy z całego świata. Przybysze zachwycali się przepychem tamtejszych kościołów, a zwłaszcza świątyni o nazwie Hagia Sophia (z gr. 'mądrość boża'). W całej Europie dawały się zaobserwować wpływy bizantyjskiej sztuki i architektury. Słynną wenecką bazylikę św. Marka wzorowano na konstantynopolitańskim kościele Świętych Apostołów. W stolicy Bizancjum działał również założony przez Konstantyna Wielkiego uniwersytet. Wykłady prowadzono tam zarówno w języku greckim, jak i po łacinie.

Konstantynopol był strategicznie położony na skalistym półwyspie i z trzech stron otoczony morzem. Od strony lądu przed oblegającymi armiami ochraniały go mury, które tworzyły najsłynniejszy system fortyfikacji w średniowieczu.

▪ *drzeworyt, Niemcy, XV w.*

? Dlaczego Konstantynopol budził podziw odwiedzających go Europejczyków?

EUROPA PO UPADKU CESARSTWA ZACHODNIORZYMSKIEGO

■■■ granica cesarstwa rzymskiego w końcu IV w. n.e.
—— granice państw barbarzyńskich

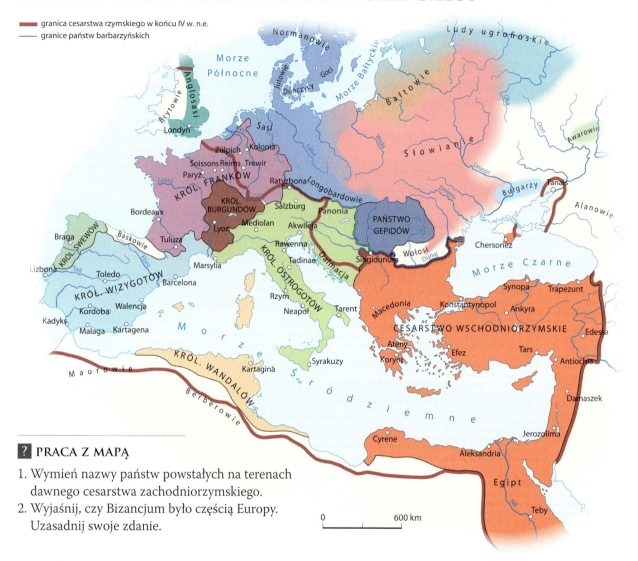

? PRACA Z MAPĄ

1. Wymień nazwy państw powstałych na terenach dawnego cesarstwa zachodniorzymskiego.
2. Wyjaśnij, czy Bizancjum było częścią Europy. Uzasadnij swoje zdanie.

W kolejnych stuleciach cesarstwo bizantyjskie prowadziło długotrwałe i wyniszczające wojny, m.in. z Persami, Awarami, Słowianami, Arabami, Bułgarami, Normanami oraz Turkami seldżuckimi. Uległo dopiero imperium osmańskiemu, którego armia w 1453 r. zdobyła Konstantynopol.

■ POCZĄTKI PAŃSTW GERMAŃSKICH I SŁOWIAŃSKICH

Dokonana w V w. inwazja barbarzyńców na tereny cesarstwa zachodniorzymskiego miała poważne konsekwencje społeczne. Wiele miast podupadło, a ich mieszkańcy zaczęli tworzyć społeczności o charakterze wiejskim. Powstały też nowe królestwa. Władzę w Italii przejęli Ostrogoci, następnie zaś Longobardowie. Hiszpanię opanowali Wizygoci i Swebowie, Brytanię – Anglowie, Jutowie oraz Sasi, północną i wschodnią Galię – Frankowie, a północną Afrykę – Wandalowie.

We wszystkich tych królestwach obyczaje rzymskie mieszały się z tradycjami plemiennymi.

Organizmy państwowe utworzone na terenie cesarstwa zachodniorzymskiego, oprócz monarchii Franków, okazały się nietrwałe. W VI i VII w. wiele z nich podbili Bizantyjczycy oraz Arabowie. Obszary Europy Środkowej i Wschodniej, opuszczone podczas wędrówki ludów przez plemiona germańskie, zajęli **Słowianie**, którzy wyruszyli z terenów położonych nad Dnieprem, Wisłą oraz Odrą na południe i zachód. W VI i VII w. zamieszkiwane przez nich terytoria najeżdżali koczownicy z Azji: **Bułgarzy** oraz **Awarowie**. Pod wpływem tego zagrożenia doszło do konsolidacji plemion i utworzenia państw słowiańskich. Pierwsze z nich, założone w pierwszej połowie VII w. przez kupca Samona, tworzyli Słowianie z obszarów dzisiejszych Czech, Austrii, Węgier oraz Słowacji. Siły Samona najpierw uwolniły swój kraj od zwierzchnictwa Awarów, a następnie odparły najazd Franków.

ŹRÓDŁA I INTERPRETACJE

EUROPA BARBARZYŃCÓW

Jacques Le Goff, wybitny badacz średniowiecza, opisał barbarzyńską Europę z okresu
tuż po upadku cesarstwa zachodniorzymskiego.

Barbarzyńcy niewątpliwie w miarę możności przejmują wszystko, co w spadku po Cesarstwie Rzymskim było doskonalsze [...] w dziedzinie kultury oraz w dziedzinie organizacji społecznej. Ale w obu tych dziedzinach przyspieszyli, spotęgowali, wyolbrzymili dekadencję, jaka zaczęła się w epoce późnego Cesarstwa. Zmierzch zamienili w regres. [...] Był to regres przede wszystkim ilościowy. Zniszczyli życia ludzkie, budowle, wyposażenia gospodarcze. Spadek demograficzny, zniszczenie dzieł sztuki, ruina dróg, warsztatów, składów, systemów nawadniających, upraw. Destrukcja trwająca długo, bo ruiny antycznych budowli służą jako kamieniołomy, z których czerpie się kamienie, kolumny, ornamenty. [...] Regres techniczny na długo zuboży średniowieczny Zachód. Kamień – którego już nie umiano wydobywać, transportować, obrabiać – znika, na jego miejsce jako główny materiał budowlany wraca drewno. W Nadrenii sztuka szklarska znika wraz z tlenkiem sodu, którego po w. VI już się nie importuje znad Morza Śródziemnego, albo ogranicza się do wyrobów najprostszych, wytwarzanych w hutach leśnych w pobliżu Kolonii. Następuje [...] regres smaku i obyczajów. [...] Nie tylko obnażają się znów pokłady chłopskich zabobonów, ale rozpętują się też wszystkie seksualne zboczenia, rozjątrzają namiętności: zażarte bójki i rany, obżarstwo i opilstwo. [...] Popełniano w tych czasach wiele zbrodni [...], ludzie własną wolę uważali za sprawiedliwość – pisze Grzegorz z Tours. Następuje regres administracji i powagi rządu. Król frankijski, intronizowany przez podniesienie na tarczy, zamiast berła czy korony ma jako jedyne insygnium – włócznię, zaś od otoczenia wyróżnia się długimi włosami: rex crinitus. [...] Ponieważ podatki nie wpływają, królewskie bogactwo stanowią tylko szkatuły złotych monet, szkiełek, klejnotów, które żony, konkubiny, dzieci [...] wyrywają sobie po śmierci króla, dzielą między siebie jego ziemie, jak też samo królestwo.

J. Le Goff, *Kultura średniowiecznej Europy*, tłum. H. Szumańska-Grossowa, Warszawa 1994, s. 48–50.

? **PRACA ZE ŹRÓDŁAMI**

1. Wyjaśnij sens zdania odnoszącego się do działań barbarzyńców: *Zmierzch zamienili w regres.*
2. Opisz dziedziny życia, w których we wczesnym średniowieczu doszło do regresu.

■ KOŚCIÓŁ WE WCZESNYM ŚREDNIOWIECZU

W IV w. w obu częściach państwa rzymskiego: zachodniej oraz wschodniej wyznawano chrześcijaństwo. W pierwszej z nich językiem kultury, a tym samym i liturgii, była łacina, główny ośrodek władzy kościelnej stanowiło zaś biskupstwo Rzymu. W drugiej dominowała greka, a najważniejszą rolę w Kościele odgrywał patriarchat Konstantynopola.

Od upadku cesarstwa zachodniorzymskiego w 476 r. różnice między Wschodem a Zachodem stale rosły, co po kilku stuleciach doprowadziło do rozłamu chrześcijaństwa na łacińskie (zachodnie) oraz greckie (wschodnie). Spory o przywództwo w nim określiły na długie lata charakter relacji pomiędzy Kościołami: rzymskim i bizantyjskim. Przedstawiciele kultury łacińskiej uważali za obce sobie zarówno chrześcijańskie Bizancjum, jak i muzułmański świat arabski. Podział Kościoła

nastąpił w 1054 r. Doszło wówczas do **schizmy wschodniej**, czyli zerwania Kościoła greckiego, uznającego zwierzchnictwo patriarchy Konstantynopola, z Kościołem łacińskim, pozostającym pod przywództwem papieża.

Początkowo w Europie Zachodniej katolicyzm nie był ani jedynym, ani powszechnym wyznaniem chrześcijańskim. Większość Germanów (np. Wizygoci) przyjęła chrześcijaństwo jeszcze przed ukształtowaniem swoich królestw, ale wyznawała jego odmianę **ariańską**. Miejscowa zromanizowana ludność przeważnie wybierała katolicyzm. Na chrzest w obrządku katolickim początkowo zdecydowało się niewielu władców barbarzyńskich. Jeden z nich, Chlodwig, król Franków, przyjął nową wiarę pod koniec V w. W ten sposób zapewnił sobie przychylność katolickich mieszkańców Galii oraz wsparcie duchowieństwa. Było to ważne, ponieważ po upadku cesarstwa zachodniorzymskiego Kościół stał się

Arianizm – powstały w IV w. kierunek teologii chrześcijańskiej negujący równość osób Trójcy Świętej.

jedyną trwałą instytucją – nie tylko religijną, lecz także polityczną i kulturową. Barbarzyńscy władcy, którym zależało na ugruntowaniu swojej władzy, musieli się z nim liczyć.

Zamieszkujące Europę Środkową i Wschodnią plemiona słowiańskie początkowo przyjmowały chrześcijaństwo za pośrednictwem Bizancjum. W 863 r. Rościsław, władca państwa wielkomorawskiego, sprowadził do niego dwóch mnichów: Cyryla oraz Metodego. Rozpoczęli oni działalność misyjną. Cyryl dostosował alfabet grecki do języka, którym posługiwali się Słowianie. Tak powstała **głagolica**, której nazwa pochodziła od słowiańskiego wyrazu „głagol" – 'słowo'. Za jej pomocą spisano *Pismo Święte* przetłumaczone na język Słowian. Nabożeństwa również odprawiano w tym zrozumiałym dla nowych wyznawców chrześcijaństwa języku.

Między V a XI w. większość państw europejskich przyjęła chrześcijaństwo. Początkowo chrystianizację przeprowadzało przede wszystkim duchowieństwo: papieże, biskupi i mnisi, ale kiedy wzrosło znaczenie katolickich władców Franków, stała się ona jednym z celów politycznych tych monarchów. Królowie wykorzystywali ją jako metodę uzależniania od siebie kolejnych pogańskich ludów. Karol Wielki krwawymi metodami dokonał nawrócenia Sasów i podporządkował sobie ich

kraj. Od tego czasu wielu monarchów szerzyło wiarę chrześcijańską przemocą. Przyjęcie chrztu przez mieszkańców powstałych w X i XI w. państw (m.in. Polski w 966 r.) przynosiło ich władcom korzyści – umacniało pozycję polityczną rządzących, a także oddalało groźbę zbrojnej misji chrystianizacyjnej organizowanej przez władców sąsiednich krajów chrześcijańskich.

■ FRANKOWIE NASTĘPCAMI RZYMIAN

Najtrwalszym i najsilniejszym królestwem germańskim, które powstało na gruzach Imperium Rzymskiego na Zachodzie, było państwo Franków. Odegrało ono również najważniejszą rolę w dziejach Europy. Choć formalnie władzę królewską sprawowali w nim następcy Chlodwiga, w rzeczywistości rządzili tam ich najwyżsi rangą urzędnicy – majordomowie. Jeden z nich, Karol Młot (od jego imienia pochodzi nazwa dynastii Karolingów), w **732 r.** pokonał Arabów w bitwie **pod Poitiers** i tym samym powstrzymał inwazję muzułmańską na Europę. Jego potomkowie – **Karolingowie** – po odsunięciu od władzy dynastii Merowingów sami zajęli tron królestwa Franków. Ich państwo rozciągało się na obszarze niemal całej łacińskiej Europy – aż po zachodnią i południową Słowiańszczyznę. Wśród ludności na zachodzie kontynentu zaczęło się kształtować poczucie

■ Sztuka karolińska

Sztuka karolińska rozwijała się od czasów rządów Karola Wielkiego do ostatnich dekad IX w. Była związana z celami politycznymi tego władcy, m.in. dążeniem do odnowienia Imperium Rzymskiego. Artyści czerpali przede wszystkim z wzorców wczesnochrześcijańskich, a także bizantyjskich. Nawiązywali również do tradycji lokalnych, np. przejęli germańskie upodobanie do żywych kolorów. Tworzone przez nich dzieła z czasem stawały się coraz bardziej ekspresyjne i naturalistyczne.

Kaplica widoczna na zdjęciu pierwotnie należała do kompleksu pałacowego Karola Wielkiego, a obecnie jest najstarszą częścią katedry w Akwizgranie. Znajdujące się w niej kolumny, sprowadzone przez władcę z Rzymu i Rawenny, wykonano z porfiru, w starożytności zastrzeżonego dla cesarzy. Decyzja Karola Wielkiego o ich wykorzystaniu była podyktowana chęcią nawiązania do tradycji antycznych.

■ *fotografia współczesna, Niemcy*

Iluminowane manuskrypty to najliczniej zachowane przykłady sztuki z czasów renesansu karolińskiego. Powstawały one głównie w skryptoriach klasztornych. Szczególnie bogato zdobione manuskrypty tworzono na dworze Karola Wielkiego. Dominowały w nich iluminacje o treści religijnej, np. wizerunki ewangelistów.

■ *miniatura, Francja, IX w.*

? Dlaczego artyści tworzący dzieła sztuki karolińskiej wykorzystywali wzory wczesnochrześcijańskie i bizantyjskie?

wspólnoty religijnej oraz kulturowej. Fundamentalne znaczenie miało tu przyłączenie do tego królestwa w 774 r. Italii.

Ideologia cesarska Karolingów nawiązywała do dziedzictwa chrześcijańskiego państwa rzymskiego. Karol Wielki jako pierwszy zachodni władca średniowieczny ogłosił się „cesarzem Rzymian" (łac. *imperator Romanorum*). Później tytuł ten przejęli cesarze niemieccy (962–1806 r.).

Okres rządów Karola Wielkiego – czasy rozkwitu kultury i nauki średniowiecznej – bywa nazywany **renesansem karolińskim**. Głównymi ośrodkami działalności intelektualnej oraz artystycznej były wtedy klasztory i miasta biskupie. W IX i X w. w opactwie Sankt Gallen zgromadzono niezwykle cenne dzieła autorów klasycznych, m.in. Juliusza Cezara, Cycerona, Terencjusza, Witruwiusza oraz Owidiusza. Przy ośrodkach klasztornych i pałacach królewskich tworzono biblioteki, a także skryptoria, w których kopiowano m.in. dzieła starożytne. Na dworze Karolingów rozwijały się poezja, myśl polityczna oraz historiografia. Powstały wówczas również programy nauczania, przyjęte później za wzór dla całego szkolnictwa średniowiecznego.

Pod wpływem idei odnowy Imperium Rzymskiego kształtowała się sztuka karolińska, którą cechował powrót do tradycji. Rozwiązania architektoniczne zastosowane przy budowie siedziby Karolingów w Akwizgranie w dużym stopniu nawiązywały do rzymskich.

■ NIESPOKOJNA EUROPA

Zbrojne najazdy na Europę nie ustały po zakończeniu wędrówki ludów. W IX–XI w. spustoszenie na tym kontynencie siali germańscy mieszkańcy Skandynawii – **Normanowie**. Ich wyprawy docierały nie tylko do wybrzeży morskich, lecz także daleko w głąb lądu. Miały charakter łupieżczy, handlowy, a czasem również kolonizacyjny.

Normanowie byli doskonałymi żeglarzami. Dopłynęli do wielu ziem nieznanych dotąd Europejczykom: Islandii, Grenlandii, a nawet do wybrzeży Ameryki Północnej. Zalicza się do nich Duńczyków, Szwedów oraz Norwegów. Szwedzi, zwani również Waregami, prowadzili wymianę handlową między Europą Zachodnią a Bizancjum i arabskim Wschodem. Założyli faktorie kupieckie w Kijowie oraz Nowogrodzie. W ten sposób

Normanowie, którzy osiedli w Normandii, przyjęli chrześcijaństwo i przestali zajmować się łupiestwem. Zachowali jednak wiele cech swoich przodków – byli znani z brawury, przebiegłości i zamiłowania do walki. W XI w. rozpoczęli podbój południowych Włoch. Wcześniej walczyli tam jako najemnicy z Arabami i Bizantyjczykami.

▪ *gobelin, Norwegia, XII w.*

przyczynili się do powstania państwa kijowskiego. Duńczycy przez długi czas zajmowali się łupiestwem. Zdobyli m.in. Anglię i utworzyli u ujścia Sekwany najpotężniejsze w X–XI w. księstwo Francji – Normandię.

Po inwazji Hunów do Europy docierały ze wschodu kolejne ludy. Ich najazdy pustoszyły kontynent. W VII w. na Bałkany wtargnął turecki lud Bułgarów, który wkrótce zajął wschodnią część półwyspu. Ekspansja bułgarska zagrażała Grecji, a nawet Konstantynopolowi. W kolejnych stuleciach Bułgarzy przyjęli obyczaje i język zamieszkującej te tereny znacznie od nich liczniejszej ludności słowiańskiej.

Pod koniec IX w. Nizinę Panońską najechali Węgrzy. Osiedlili się oni na tym terytorium i przez pierwszą połowę X w. nękali Europę Zachodnią łupieżczymi najazdami. Ich oddziały docierały aż do Hiszpanii. Zostały rozgromione dopiero w 955 r. przez wojska króla Niemiec Ottona I w bitwie na Lechowym Polu.

Średniowiecznym państwom europejskim dali się we znaki również **Mongołowie**, którzy – podobnie jak Bułgarzy i Awarowie – byli koczowniczym ludem azjatyckim. Na początku XIII w. pod wodzą Czyngis-chana stworzyli oni potężne imperium sięgające od Chin do Europy. W XIII w. na dwa stulecia podporządkowali sobie Ruś. Po osiedleniu się nad Morzem Czarnym, mimo rozpadu imperium mongolskiego, Tatarzy aż do XVII w. organizowali łupieże wyprawy na Ruś, Węgry i Polskę.

ĆWICZENIA

1. Podaj nazwy państw germańskich powstałych po upadku cesarstwa rzymskiego. Oceń, które z nich miały największe znaczenie.
2. Określ kręgi kulturowe mające wpływ na ukształtowanie się cywilizacji bizantyjskiej.
3. Opisz przejawy renesansu karolińskiego.
4. Wymień nazwy ludów, które w średniowieczu organizowały najazdy na Europę.

2 W KRĘGU ISLAMU

ZANIM POZNASZ NOWY TEMAT

1. Wyjaśnij, na czym polegała idea „przeniesienia imperium" w państwie Karolingów.
2. Opisz ekspansję Mongołów i Normanów w średniowieczu.

■ POCZĄTKI ISLAMU

W V i VI w. na terenach dawnego Imperium Rzymskiego ukształtowały się dwa kręgi kulturowe związane z cywilizacją śródziemnomorską: łacińskiego chrześcijaństwa zachodniego oraz greckiego chrześcijaństwa wschodniego, a w VII w. powstał kolejny – islamski. Szybko zyskał on duże znaczenie oraz wpływy w ówczesnym świecie.

Islam, będący religią monoteistyczną, pojawił się na Półwyspie Arabskim. Zamieszkujący te terytoria Arabowie prowadzili koczowniczy tryb życia. Duże znaczenie dla kształtowania się ich cywilizacji miały nie tylko wpływy orientalne (zwłaszcza perskie), lecz także kultura greckiej części cesarstwa rzymskiego. Wśród plemion beduińskich na Półwyspie Arabskim powszechne były przede wszystkim plemienne wierzenia politeistyczne. Mieszkali tam również monoteiści – wyznawcy judaizmu i chrześcijanie. Z dziedzictwa obu tych religii czerpał **Mahomet** (Muhammad), który na początku VII w. zaczął głosić wiarę w jedynego

Al-Kaaba (z arab. 'kostka') to świątynia w Mekce. Pielgrzymujący tam muzułmanie uważają ją za miejsce święte. Jak głosi tradycja, Al-Kaabę zbudował Abraham w miejscu zniszczonej świątyni, która została wzniesiona przez Adama. Znajdujący się w budowli tzw. Czarny Kamień był przedmiotem kultu już w czasach przed Mahometem.

■ *miniatura, Turcja, XVI w.*

prawdziwego Boga – **Allaha**. Mahomet, według podań natchniony przez archanioła Gabriela oraz wybrany przez Allaha na proroka, działał w mieście kupieckim o nazwie Mekka. Jego nauka podważała panujące tam zasady porządku społecznego – Mahomet sprzeciwiał się niesprawiedliwości społecznej, ciągłym konfliktom plemiennym oraz skostniałej władzy starszyzny rodowej. Wywołało to wrogość przedstawicieli wpływowych warstw społecznych w Mekce. W obawie o swoje życie prorok w 622 r. uciekł do Medyny. Wydarzenie to, zwane **hidżrą**, uważa się za przełomowe w historii islamu. Wyznawcy tej religii uznają datę hidżry za pierwszy rok ery muzułmańskiej.

W Medynie działalność Mahometa nabrała zupełnie innego charakteru – z proroka stał się on przywódcą, a jego podstawowym celem było odtąd utworzenie państwa zjednoczonego dzięki islamowi. Mekka, do której triumfalnie powrócił na czele armii swoich zwolenników, zaczęła pełnić funkcję świętego miejsca, czczonego przez wszystkich wyznawców nowej religii. Na **muzułmanów** (arab. *muslim* – 'posłuszny Bogu') został nałożony obowiązek odbycia przynajmniej raz w życiu pielgrzymki do tego miasta. Ponadto podczas odmawianej pięć razy dziennie modlitwy powinni oni zwracać się w kierunku Mekki.

Po śmierci Mahometa przywództwo w szybko rozwijającym się państwie muzułmanów sprawował **kalif**. Rządzony przez niego **kalifat** stał się głównym ośrodkiem władzy religijnej i politycznej w świecie islamskim. Poszczególnymi okręgami państwa zarządzali emirowie. Władzę w kalifacie obejmowały kolejno dynastie Umajjadów (661–750 r.) oraz Abbasydów (750–1258 r.). Stolicą państwa pierwszej z nich był Damaszek, drugiej zaś – Bagdad.

W świętej księdze muzułmanów, nazwanej **Koranem**, streszczono w ponad 6 tys. wersów naukę objawioną Mahometowi. W dziele tym przedstawiono historię islamu, zasady wiary oraz obowiązki wyznawców. Stanowi ono również podstawę szariatu, czyli prawa obowiązującego muzułmanów. Islam, oznaczający podporządkowanie się woli Boga, nie zerwał całkowicie z judaizmem i chrześcijaństwem. Stanowi kontynuację religii Abrahama – uznaje się w nim *Stary Testament* oraz proroków, do których zalicza się także Jezusa Chrystusa. Sam Abraham został przedstawiony w *Koranie* jako założyciel Mekki. Według muzułmanów, zwanych również mahometanami, ich religia zawiera prawdziwe przesłanie Boga, mylnie zinterpretowane i przekształcone przez proroków starszych religii monoteistycznych, a sprostowane przez Mahometa. Wpływy tradycji tych wyznań można znaleźć np. w pięciu dogmatach stanowiących podstawę islamu (są to:

wiara w jedynego Boga, w anioły i dżinny, czyli powstałe z ognia istoty mające zły lub dobry wpływ na losy ludzi, w księgi objawione, w wysłanników i proroków Boga, w dzień Sądu Ostatecznego). Każdy muzułmanin musi wypełniać pięć podstawowych obowiązków, zwanych filarami islamu. Zalicza się do nich: wyznanie wiary, modlitwę, post, pielgrzymkę do Mekki oraz jałmużnę.

■ **PODZIAŁ ŚWIATA MUZUŁMAŃSKIEGO**

Najważniejszym podziałem w świecie islamu jest rozłam na **sunnitów** i **szyitów**, który nastąpił w VII w. Ci pierwsi traktują *Sunnę*, czyli zbiór niewchodzących w skład *Koranu* opowieści z życia Mahometa, jako

EKSPANSJA ISLAMU

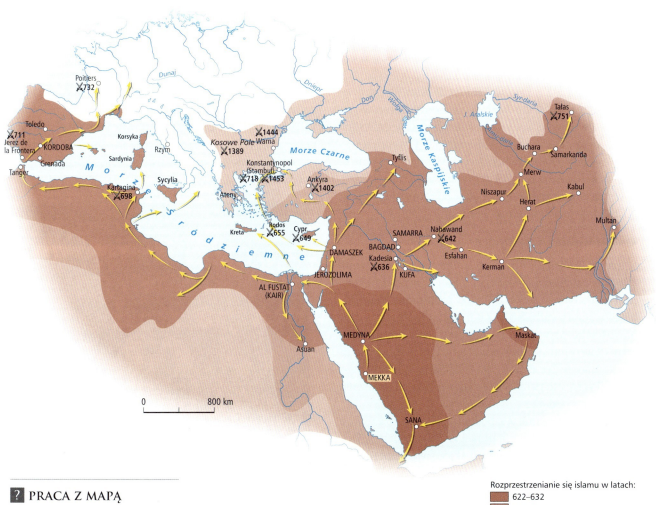

Rozprzestrzenianie się islamu w latach:
- 622–632
- 632–750
- 750–1250
- 1250–1500
- → kierunki podbojów arabskich
- KUFA siedziby kalifów
- MEKKA miejsce narodzin islamu
- ✗ ważniejsze bitwy

? PRACA Z MAPĄ

1. Wymień nazwy współczesnych państw europejskich, na których terenach toczono walki z muzułmanami.
2. Wskaż główne obszary ekspansji muzułmanów.

ALI IBN ABI TALIB
ok. 604–661

Był mężem Fatimy, córki Mahometa. Uważano go za jednego z czterech tzw. kalifów sprawiedliwych. Jeszcze za życia Mahometa szerzył wraz z nim nową religię – islam. Po śmierci proroka część Arabów uznała Alego za kalifa. Podczas walk o przywództwo wśród muzułmanów został on zamordowany przez przedstawiciela sekty charydżytów. Dla szyitów stał się najważniejszą postacią po Mahomecie.

OMAR I
ok. 591–644

Był teściem Mahometa i jednym z twórców imperium arabskiego. Początkowo należał do przeciwników proroka, ale szybko stał się jego największym zwolennikiem. Jako kalif przyczynił się do rozszerzenia wpływów islamu. W czasach jego rządów w państwie przeprowadzono pierwszy spis powszechny oraz zmiany w organizacji armii. Omara I uznaje się za najwybitniejszego spośród tzw. kalifów sprawiedliwych.

uzupełnienie tej świętej księgi, mające równorzędne z nią znaczenie. Szyici nie uznają *Sunny*, a ponadto uważają, że islamskie przywództwo duchowe powinni sprawować potomkowie kalifa Alego ibn Abi Taliba, zięcia Mahometa, nie zaś przedstawiciele innych rodów, niespokrewnionych z prorokiem. Kierują się naukami 12 imamów, będących potomkami Alego. Opowiadają się za charyzmatycznym przywództwem. Wielokrotnie organizowali ruchy rewolucyjne na Bliskim Wschodzie.

W ciągu wieków dochodziło do licznych krwawych konfliktów między sunnitami i szyitami. Obecnie sunnici tworzą największy odłam islamu, a szyici przeważają w Iraku i Iranie. Najbardziej radykalnym, a zarazem najmniej licznym nurtem tej religii jest charydżyzm. Pewne elementy islamu przejęli wyznawcy innych religii, m.in. druzowie oraz jazydzi.

■ PODBOJE ARABSKIE

Muzułmanie mają obowiązek dbać o dobro swojej religii oraz dzielić się wiedzą o niej z innymi ludźmi (**dżihad**). Nakaz ten często był rozumiany jako konieczność prowadzenia świętej wojny, mającej na celu nawrócenie niewiernych – początkowo jedynie wyznawców religii politeistycznych. Pod panowaniem muzułmanów żydzi oraz chrześcijanie mogli bez przeszkód wyznawać swoją wiarę pod warunkiem opłacenia specjalnego podatku.

Po przyjęciu islamu Arabowie – zgodnie z regułami tej religii – nie mogli już dłużej ze sobą walczyć. Doprowadziło to do konsolidacji skłóconych dotąd plemion. Odtąd Arabowie koncentrowali się na ekspansji zewnętrznej. Największych podbojów dokonały siły kalifa Omara, które w latach 635–643 pokonały Bizantyjczyków oraz podbiły Syrię wraz z Palestyną, Egipt i Libię. Armia ta zaatakowała również Persów i zajęła Mezopotamię, Armenię oraz Iran. Pod koniec VII w., w czasach rządów następców Omara, Arabowie podbili

wszystkie posiadłości bizantyjskie w Afryce. Zaatakowali również sam Konstantynopol, jednak nie udało im się go zdobyć. Na początku VIII w. rozpoczęli podboje w Europie. Początkowo zaangażowali się w walki Wizygotów o tron w Hiszpanii, wkrótce jednak podbili ich państwo i zajęli niemal cały Półwysep Iberyjski. Od 719 r. zaczęli pustoszyć południowe ziemie państwa Franków. Zostali pokonani dopiero w 732 r. przez wojska Karola Młota w bitwie pod Poitiers. W Azji na początku VIII w. rozszerzyli swoje panowanie aż po Indus. Utworzone tam pierwsze emiraty umożliwiły dalszą ekspansję islamu w kierunku wschodnim. W krótkim czasie muzułmanom udało się podbić rozległe obszary od Chin po Maroko.

Wojownicy arabscy przeważnie walczyli konno. Ich uzbrojenie stanowiły włócznie, miecze oraz łuki. Często pozorowali ucieczkę, a następnie niespodziewanie wracali na pole walki i uderzali na zaskoczonych przeciwników.

■ *miniatura, Persja, XVI w.*

Przyczyny ekspansji arabskiej miały charakter nie tylko religijny, lecz także polityczny, ekonomiczny oraz demograficzny. Podboje zapewniały ogromne łupy, których większą część dzielili między siebie wojownicy. Ponadto podbita ludność musiała płacić podatki: pogłówny (liczony od osoby) oraz gruntowy (haracz), gwarantujące im protekcję muzułmanów. Mieszkańcy nowo zdobytych krajów chętnie przyjmowali islam z uwagi na korzyści materialne. O tolerancji religijnej Arabów świadczą np. zachowanie się chrześcijaństwa na terenach azjatyckich pozostających pod kontrolą kalifów oraz sprawowanie wielu ważnych stanowisk na dworach muzułmańskich władców przez wyznawców judaizmu i chrześcijaństwa.

W IX w. olbrzymie państwo Arabów uległo rozpadowi. Doprowadziły do tego: brak spójności politycznej, administracyjnej oraz gospodarczej imperium, a także różnorodność etniczna jego ludności. W IX i X w. wyodrębniły się niezależne od siebie kalifaty, przede wszystkim bagdadzki Abbasydów (na wschodzie), kordobański Umajjadów (na Półwyspie Iberyjskim) oraz Fatymidów (w Egipcie).

■ HANDEL I RZEMIOSŁO ARABSKIE

Kupcy arabscy na kilka stuleci zdominowali handel w rejonie śródziemnomorskim. Towarzyszyła temu wymiana idei między Arabami a mieszkańcami krajów basenu Morza Śródziemnego i reszty Europy. Arabskie karawany kupieckie docierały aż do północnej części kontynentu. Na obszarach tych znaleziono wiele monet arabskich i perskich. Do Europy Arabowie najczęściej przywozili dywany oraz tkaniny. Handlowali również z ludnością Dalekiego Wschodu i Indii. Za ich pośrednictwem do Europejczyków trafiały stamtąd jedwab, proch oraz przyprawy korzenne. W XII w. przejęli od Chińczyków metody produkcji papieru, które następnie upowszechnili w Europie.

Arabowie zasłynęli także jako niezrównani rzemieślnicy. Szczególnie rozwinęli tkactwo (np. słynne kobierce) oraz metalurgię (np. broń ze stali damasceńskiej). Do najważniejszych ośrodków ich produkcji rzemieślniczej należały: Bagdad, Damaszek, Kair oraz Kordoba. Z czasem rzemieślnicy europejscy zaczęli naśladować i przekształcać wzorce orientalne.

Europejczycy szerzej poznali wytwory arabskie podczas wypraw krzyżowych (XI–XIII w.). Krzyżowcy przywozili bowiem bliskowschodnie wyroby jako łupy. Na rynek europejski masowo sprowadzali je też kupcy włoscy, którzy zajmowali się handlem lewantyńskim.

Arabeska to ornament złożony ze stylizowanych motywów roślinnych i geometrycznych o układzie symetrycznym. Początkowo była stosowana przez rzemieślników hellenistycznych z Azji Mniejszej, a ok. 1000 r. przejęli ją rękodzielnicy muzułmańscy.

▪ *arabeska, Hiszpania, XIV w.*

■ ARCHITEKTURA I SZTUKA ISLAMU

Kultura arabska stanowiła wyjątkowe połączenie wpływów śródziemnomorskich i orientalnych. Arabowie nie niszczyli bowiem zdobyczy cywilizacyjnych i tradycji podbitych ludów, lecz chętnie je przejmowali. W ten sposób poszerzali swoją wiedzę z wielu dziedzin, np. wzbogacili metody uprawy roli dzięki poznaniu egipskiej techniki nawadniania pól.

Początkowo kultura arabska rozwijała się przede wszystkim pod wpływem cywilizacji bizantyjskiej. Świątynie muzułmańskie, często zaprojektowane przez Bizantyjczyków (jak Wielki Meczet w Damaszku), nawiązywały do budowli sakralnych pochodzących z późnego antyku. Przy wznoszeniu meczetów wykorzystywano m.in. kopuły, rozpowszechnione w architekturze rzymskiej i bizantyjskiej.

Kiedy stolicę kalifatu przeniesiono do Bagdadu, na sztukę oraz zdobnictwo arabskie oddziaływały w dużym stopniu wpływy wschodnie – perskie i indyjskie. Orientalne korzenie miała m.in. muzułmańska ornamentyka roślinna i geometryczna, zwana **arabeską**. Artystów islamskich – w przeciwieństwie do greckich oraz rzymskich – obowiązywał religijny zakaz przedstawiania ludzi i zwierząt.

W krajach Maghrebu (w północno-zachodniej Afryce – dzis. Maroku, Algierii i Tunezji) oraz na Półwyspie Iberyjskim w sztuce arabskiej można było odnaleźć więcej wpływów europejskich (rzymsko-bizantyjskich).

MECZET

Meczet to w islamie każde miejsce przeznaczone na modlitwę. Początkowo takie miejsca wyznaczano pod gołym niebem, co miało stanowić nawiązanie do dziedzińca domu Mahometa. Od VII w. dla modlących się zaczęto wznosić budynki. Twórcy architektury islamskiej korzystali przede wszystkim z osiągnięć budowniczych bizantyjskich. Pierwsze meczety były podobne do bazylik chrześcijańskich – budowano je na podobnym planie i wieńczono kopułami. Sztuki tworzenia zdobiących je mozaik muzułmanie nauczyli się od artystów bizantyjskich.

HAGIA SOPHIA

Hagia Sophia (kościół Mądrości Bożej) to bazylika wzniesiona w VI w. w Konstantynopolu. Po przekształceniu tej budowli w meczet w 1453 r. dobudowano do niej cztery minarety. Kościół zwieńczono kopułą o średnicy ponad 30 m i wysokości prawie 50 m. Wspierają ją dwie mniejsze półkopuły.

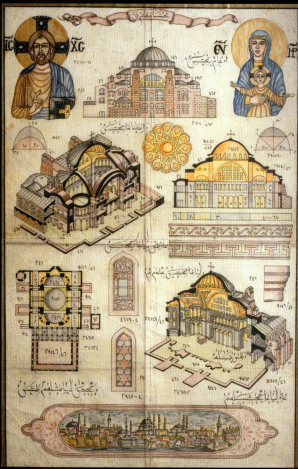

Wnętrze kościoła Hagia Sophia zdobią liczne mozaiki. Główna kopuła, wsparta dwiema mniejszymi półkopułami, przykrywa powierzchnię nawy głównej. Nawy boczne mają sklepienia krzyżowe. Kolumny zostały połączone arkadami. Światło wpada do wnętrza świątyni przez 260 okien.

▪ *fotografia współczesna, Turcja*

Konstrukcja kościoła Hagia Sophia przez setki lat budziła zachwyt muzułmanów. O tej fascynacji przypominają rysunki przekrojów świątyni wykonane przez Turków w XVII w.

▪ *ilustracja, Turcja, XVII w.*

BŁĘKITNY MECZET

Błękitny Meczet w Stambule wzniesiono w XVII w. na polecenie sułtana Ahmeda I naprzeciwko świątyni Hagia Sophia (w odległości kilkuset metrów od tego kościoła). Budowla miała przyćmić arcydzieło twórców chrześcijańskich. Nad meczetem góruje sześć minaretów. Jego główna kopuła ma średnicę ok. 23,5 m i wznosi się na wysokość ponad 43 m.

Kopuła Błękitnego Meczetu w znacznym stopniu wspiera się na czterech potężnych kolumnach, czasem nazywanych „słoniowymi nogami".

▪ *fotografia współczesna, Stambuł*

Piętrzące się kopuły Błękitnego Meczetu przypominają konstrukcję kościoła Hagia Sophia. Światło wpada do wnętrza świątyni przez ponad 250 niewielkich okien.

▪ *fotografia współczesna, Stambuł*

? PRACA Z INFOGRAFIKĄ

1. Wymień elementy architektury bizantyjskiej zaadaptowane przez budowniczych islamskich.

2. Wskaż najważniejsze cechy funkcjonalne i architektoniczne meczetu.

ROZWÓJ ISLAMU

Janusz Danecki, znawca problematyki arabskiej, opisał okoliczności, które wpłynęły na szybkie rozprzestrzenianie się islamu.

Islam od samego początku pobudzał wielką aktywność jednostek i grup ludzkich. Na tym polegała jego specyfika w porównaniu z innymi religiami monoteistycznymi Bliskiego Wschodu. Judaizm szybko się zamknął jako religia etniczna i unikał prozelityzmu[1]. Z kolei chrześcijaństwo, choć zyskiwało zwolenników, to w okresie bezpośrednio poprzedzającym islam uwikłało się w wewnętrzne spory i ulegało powolnemu rozbiciu na liczne odłamy. Jako nowa religia islam proponował świeżość ideologii i prostotę dogmatyczną. [...] Dogmat, że Bóg jest jeden, miał swoje konsekwencje polityczne. Wyraz tauhid *oznacza bowiem po arabsku nie tylko uznawanie jednego Boga, lecz również łączenie się, jednoczenie. W środowisku plemiennym była to idea wspierająca* ummę[2]*, a zarazem mechanizm jednoczenia się plemion pod egidą jednego Boga i jego proroka.*

[...] Szczególne znaczenie [dla islamu] ma wiara w święte księgi: Torę, Ewangelie, Koran. Uważa się je za księgi objawione [...]. Tym samym islam włączał się w nurt objawień zaczynających się od judaizmu. Jednak ani judaizmu, ani chrześcijaństwa nie traktowano na równi z islamem. Uznano bowiem, że ich objawienia zostały wypaczone przez wyznawców tych religii, a w związku z tym konieczne stało się naprawienie błędów. Tej naprawy dokonał właśnie islam, w ostatnim objawieniu, Koranie*, który zajmuje zatem szczególne miejsce wśród objawionych ksiąg. Przeznaczony jest nie tylko dla Arabów, ale dla wszystkich społeczności i narodów, zwanych po arabsku* umam *[...].*

J. Danecki, *Arabowie*, Warszawa 2001, s. 111–113.

[1]prozelityzm – nawracanie na wyznawaną przez siebie religię
[2]umma – społeczność, wspólnota islamska

? PRACA ZE ŹRÓDŁAMI

1. Opisz przyczyny atrakcyjności islamu jako nowej religii.
2. Wyjaśnij, dlaczego *Koran* zajmuje – zdaniem muzułmanów – szczególne miejsce wśród ksiąg objawionych.

Harmonia, spójność oraz bogactwo kolorów w architekturze i sztuce muzułmańskiej budziły podziw Europejczyków. Tworzone przez nich przedmioty często zdobiono ornamentami lub motywami kaligraficznymi wzorowanymi na arabesce. Rzemieślników z Europy inspirowała również ceramika muzułmańska. Interesowali się oni także produkcją oraz zastosowaniem szkła. Wpływy kultury arabskiej były najbardziej widoczne na pograniczu kręgów cywilizacyjnych: chrześcijańskiego i muzułmańskiego, czyli na Półwyspie Iberyjskim, oraz w Italii, zwłaszcza na Sycylii. Charakterystyczne elementy sztuki i architektury islamskiej można odnaleźć również na Bałkanach (np. dekoracje architektoniczne w Konstantynopolu i bułgarskim Presławiu).

■ WPŁYW KULTURY MUZUŁMAŃSKIEJ NA CYWILIZACJĘ EUROPEJSKĄ

W południowej Europie kultura arabska wywarła wpływ nie tylko na architekturę i sztukę. Wiele słów arabskich przeniknęło do języka hiszpańskiego, np. nazwa „Andaluzja" wywodzi się od arabskiego zwrotu *Al-Andalus*, którym określano germańskich Wandalów, zamieszkujących Hiszpanię na początku VI w.

Księga tysiąca i jednej nocy to zbiór opowieści pochodzących głównie ze Środkowego Wschodu. Dzieło to powstało w złotej erze islamu – między VII a XIII w. Jest zaliczane do klasyki światowej literatury. Występujące w nim postacie, takie jak Aladyn, Ali Baba i Sindbad Żeglarz, są dobrze znane w zachodniej kulturze popularnej. Bogata literatura arabska do dziś inspiruje twórców na całym świecie.

■ *miniatura, Turcja, XIX w.*

— AWICENNA (IBN SINA) —
980–1037

Był jednym z najwybitniejszych uczonych arabskich. Jako osobisty medyk emira Buchary miał dostęp do jego cennego księgozbioru, co pomogło mu się dalej kształcić. Interesował się również filozofią, matematyką oraz astronomią. Po 999 r. – ze względu na toczące się wojny – wielokrotnie zmieniał dwory władców, dla których pracował. Mimo to nadal prowadził działalność naukową oraz edukacyjną. Napisał wiele ksiąg medycznych. Jego dokonania znacząco wpłynęły na średniowieczną medycynę europejską.

Literatura i nauka Arabów rozwijały się pod wpływem *Koranu* oraz osiągnięć Greków. Kalifowie i możnowładcy arabscy wspierali rozwój nauki. Średniowieczni uczeni Europejczycy za pośrednictwem arabskim poznali dokonania wielu starożytnych filozofów, m.in. Arystotelesa. W pierwszej połowie IX w. w Bagdadzie powstał **Dom Mądrości**. Prowadzono tam prace nad przekładami tekstów klasycznych (greckich i łacińskich), głównie z zakresu astrologii, astronomii, arytmetyki, geometrii, filozofii, nauk medycznych, farmakologii oraz weterynarii. Na język arabski przełożono dzieła m.in.: Hipokratesa, Galena, Arystotelesa, Platona, Euklidesa oraz Archimedesa. Nie tłumaczono natomiast dzieł historyków greckich i rzymskich oraz literatury pięknej. Dużym zainteresowaniem cieszyły się również bizantyjskie traktaty poświęcone sztuce wojennej. Uczeni arabscy zajmowali się także kopiowaniem, studiowaniem oraz interpretowaniem pism antycznych. Poza dziełami z kręgu kultury śródziemnomorskiej trafiały do nich teksty perskie i indyjskie.

W filozofii arabskiej, ściśle związanej z teologią, dawał się zauważyć duży wpływ myśli greckiej. Arabowie najbardziej cenili Arystotelesa i Plotyna. Działający w Iranie na przełomie X i XI w. **Awicenna** (Ibn Sina), lekarz oraz filozof, zaproponował włączenie doktryny Arystotelesa do teologii islamu. Był również twórcą *Kanonu medycyny*, stanowiącego podstawę wiedzy medycznej w średniowieczu. Oprócz Awicenny do najważniejszych filozofów z arabskiego kręgu kulturowego zalicza się **Awerroesa** (Ibn Raszd) (XI–XII w.) oraz **Ibn Chalduna** (XV w.). Ich dorobek dotarł do Europy przez Półwysep Iberyjski i silnie oddziaływał na średniowieczną filozofię chrześcijańską.

Arabowie mieli również duże osiągnięcia w dziedzinie astronomii i matematyki. To im zawdzięczamy m.in. rachunek różniczkowy, ułamki dziesiętne oraz równania kwadratowe, w Europie wykorzystywane dopiero od epoki nowożytnej. Uczeni arabscy skonstruowali astrolabia i wiele innych przyrządów astronomicznych, z których później korzystali wybitni naukowcy i odkrywcy, jak choćby Mikołaj Kopernik. W IX w. za pośrednictwem Arabów z Indii do Europy dotarły cyfry hinduskie, zwane później arabskimi. Z ich języka wywodzi się wiele terminów matematycznych oraz astronomicznych, m.in. „algorytm", „algebra" czy „zero", które pojawiło się wraz z cyframi hinduskimi.

Arabowie usystematyzowali też wiedzę medyczną. W publicznych szpitalach i wyspecjalizowanych klinikach przeprowadzali skomplikowane zabiegi chirurgiczne. Uczeni arabscy w XIII w. poprawnie opisali układ krążenia, a przy złamaniach kości jako pierwsi stosowali opatrunki gipsowe.

Astrolabium to dawny przyrząd służący do wyznaczania położenia ciał niebieskich. Posługiwali się nim astronomowie, żeglarze i astrologowie. Został wymyślony w starożytnej Grecji, jednak upowszechnił się dzięki Arabom, którzy udoskonalili go we wczesnym średniowieczu.

■ *astrolabium, Egipt, XIII w.*

ĆWICZENIA

1. Przedstaw związek zasad religijnych islamu z judaizmem i chrześcijaństwem.
2. Oceń wpływ kultury arabskiej na cywilizację europejską.
3. Wskaż różnice między doktryną sunnitów a szyityzmem.
4. Wymień dziedziny kultury greckiej i rzymskiej, którymi interesowali się Arabowie. Wyjaśnij, z czego wynikało to zainteresowanie.

3 WYPRAWY KRZYŻOWE

ZANIM POZNASZ NOWY TEMAT

1. Opisz politykę Arabów wobec wyznawców innych religii.
2. Omów przyczyny podbojów arabskich.

■ EKSPANSJA TURKÓW SELDŻUCKICH

W XI w. w krajach arabskich nastąpił kryzys. Turcy seldżuccy – jedno z koczowniczych plemion z Azji Środkowej – zagrozili kalifatowi bagdadzkiemu, a następnie cesarstwu bizantyjskiemu. W czasie podbojów przyjęli islam. W połowie XI w. zdobyli terytoria bizantyjskie w Azji Mniejszej oraz arabskie w Syrii i Palestynie. Ich przywódcy pozostawili kalifowi bagdadzkiemu z arabskiej dynastii Abbasydów funkcje religijne, ale pozbawili go władzy świeckiej i utworzyli sułtanat. W jego granicach znalazły się dotychczasowe tereny kalifatu.

■ Turcy seldżuccy

Turcy seldżuccy przybyli na Bliski Wschód ze stepów Azji Środkowej. Podbili kalifat bagdadzki i zagrozili Bizancjum. Stworzyli kilka samodzielnych sułtanatów. Jeden z nich, ze stolicą w Ikonium (w pobliżu Konstantynopola), obejmował większą część Azji Mniejszej. Inne powstały w Iraku, Syrii oraz południowo-zachodnim Iranie. Podziały wśród Turków pozwoliły arabskim władcom Egiptu z dynastii Fatymidów ponownie zająć Palestynę w XI w.

Nazwa „Turcy seldżuccy" pochodzi od imienia Seldżuka – założyciela dynastii, której przedstawiciele sprawowali rządy w państwie założonym w połowie XI w. Seldżuk był przywódcą jednego z koczowniczych plemion tureckich. Pod koniec X w. przyjął islam.

■ *relief, Turcja, XII w.*

? Dlaczego Turcy seldżuccy nie utworzyli jednolitego państwa?

W przeciwieństwie do Arabów Turcy na opanowanych terenach nie tolerowali chrześcijan. W Syrii i Palestynie prześladowali również pielgrzymów, którzy przybywali do świętych miejsc chrześcijaństwa.

Turcy seldżuccy coraz bardziej zagrażali Konstantynopolowi. W 1071 r. rozgromili Bizantyjczyków w bitwie pod Manzikertem i dotarli do morza Marmara. Osłabienie Bizancjum wykorzystali Normanowie – zagarnęli miasta bizantyjskie na południu Italii. Ich ataki zostały powstrzymane dopiero przez siły potężnej Wenecji, której wpływy były zagrożone. Rządzący w tym czasie w Bizancjum cesarz Aleksy I Komnen w obliczu zagrożenia ekspansją turecką szukał pomocy u papiestwa.

■ POCZĄTKI RUCHU KRUCJATOWEGO W EUROPIE ZACHODNIEJ

W XI w. w Europie Zachodniej doszło do istotnych przemian społecznych i ekonomicznych. Wraz z rozwojem gospodarczym rósł potencjał demograficzny oraz militarny mieszkańców Europy. Większość rycerstwa w zamian za nadania ziemi lub żołd i utrzymanie pełniła służbę w armiach władców, możnych oraz dostojników kościelnych, a także przy ochronie statków handlowych i karawan. Jednocześnie rosła liczba bezrobotnych rycerzy pozbawionych własnej ziemi. Napadali oni na karawany kupieckie oraz posiadłości możnowładców. Powszechnym zjawiskiem było przeludnienie, także wśród chłopstwa, które musiało poszukiwać nowych obszarów pod uprawę. Spowodowane „głodem ziemi" niezadowolenie mieszkańców Europy usiłowano wykorzystać – kierowano je przeciwko wrogom zewnętrznym, czyli muzułmanom. Dzięki podbojom opanowanych przez nich terenów można było ograniczać odczuwalny niedostatek ziem uprawnych.

Mimo schizmy wschodniej, do której doszło w 1054 r., papieże nadal chcieli przewodniczyć całemu światu chrześcijańskiemu. Wiedzieli, że ich pozycję polityczną i religijną umocni wyłącznie przywrócenie jego jedności. W XI w. zaczęli interesować się sytuacją na obrzeżach świata chrześcijańskiego. W X i XI w. prowadzono tam wojny z muzułmanami, pogańskimi Słowianami oraz wikingami, lecz konflikty te nie miały charakteru wojen religijnych. Dopiero u schyłku XI w. władcy europejscy i papieże zaczęli prowadzić ekspansję pod znakiem krzyża. Ukształtowała się wówczas ideologia ruchu krucjatowego (łac. *crux* – 'krzyż'), mająca u podstaw koncepcję **świętej wojny**. Uprawomocniała ona przedsięwzięcia świeckie podejmowane w celu walki z niewiernymi. Papież nie tylko udzielał krzyżowcom odpustów, lecz także nadawał im prawny i duchowy status zbrojnych pielgrzymów. Krzyżowcy oraz członkowie ich rodzin po złożeniu ślubowania byli zwolnieni ze wszelkich dotychczasowych zobowiązań, m.in. umarzano im długi. Nie podlegali też sądom świeckim, a jedynie kościelnym. Wierzono, że chrześcijanie, którzy stracili życie w walce za wiarę, zostaną zbawieni.

CHRZEŚCIJAŃSTWO I ISLAM

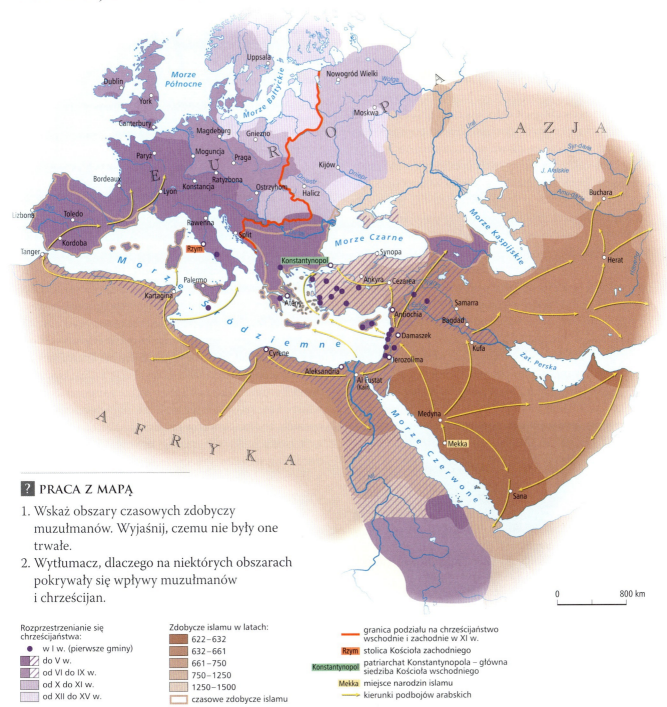

? PRACA Z MAPĄ

1. Wskaż obszary czasowych zdobyczy muzułmanów. Wyjaśnij, czemu nie były one trwałe.
2. Wytłumacz, dlaczego na niektórych obszarach pokrywały się wpływy muzułmanów i chrześcijan.

Rozprzestrzenianie się chrześcijaństwa:
- w I w. (pierwsze gminy)
- do V w.
- od VI do IX w.
- od X do XI w.
- od XII do XV w.

Zdobycze islamu w latach:
- 622–632
- 632–661
- 661–750
- 750–1250
- 1250–1500
- czasowe zdobycze islamu

- granica podziału na chrześcijaństwo wschodnie i zachodnie w XI w.
- **Rzym** stolica Kościoła zachodniego
- **Konstantynopol** patriarchat Konstantynopola – główna siedziba Kościoła wschodniego
- **Mekka** miejsce narodzin islamu
- kierunki podbojów arabskich

0   800 km

■ PIERWSZE KRUCJATY

Na apel cesarza bizantyjskiego odpowiedział papież Urban II, który jednak uzależnił udzielenie pomocy Konstantynopolowi od rozciągnięcia władzy papiestwa na Kościół bizantyjski. W 1095 r. na synodzie zwołanym w Clermont papież wezwał chrześcijan do świętej wojny z muzułmanami, którzy – jak przekonywał – mordowali ich i burzyli kościoły. Chrześcijanie mieli wyzwolić swoich współwyznawców spod jarzma islamu oraz odzyskać Ziemię Świętą, aby pielgrzymi mogli bezpiecznie podróżować do Grobu Pańskiego w Jerozolimie. Wezwanie Urbana II zapoczątkowało epokę krucjat. Jego apel, rozpowszechniany przez mnichów i wędrownych kaznodziejów, spotkał się z szerokim odzewem wiernych. Latem 1096 r. pod przewodnictwem Piotra Pustelnika wyruszyła tzw. **krucjata ludowa**, złożona z licznych ubogich chłopów oraz przedstawicieli plebsu, przyciągniętych perspektywami poprawy doli i mających nadzieję na zbawienie. Liczące dziesiątki tysięcy osób oddziały wszczynały konflikty z miejscową ludnością, przeprowadzały pogromy Żydów oraz pustoszyły kraje, przez które przechodziły. Gdy dotarły do Azji Mniejszej, zostały z łatwością pokonane przez Turków. Wymordowali oni lub wzięli w niewolę większość uczestników wyprawy.

Zupełnie inny przebieg miała **I krucjata** rycerska, rozpoczęta w 1096 r. Wzięło w niej udział głównie rycerstwo francuskie i włoskie. W 1097 r. pod Niceą w Azji Mniejszej połączone siły krzyżowców oraz Bizantyjczyków pokonały Turków, choć poniosły przy tym spore straty. Rok później krzyżowcy, już bez udziału sił bizantyjskich, zdobyli Antiochię, a 15 lipca 1099 r. opanowali Jerozolimę i przejęli od muzułmanów władzę nad Ziemią Świętą.

Synod w Clermont został zwołany przez Urbana II w 1095 r. w odpowiedzi na prośbę cesarza bizantyjskiego o pomoc w walce z Turkami. Papież wezwał na nim chrześcijan do krucjaty w obronie Ziemi Świętej. Swoją przemowę zakończył słowami: „Bóg tak chce", które stały się okrzykiem bojowym krzyżowców.

▪ *miniatura, Francja, XV w.*

Zdobycie Jerozolimy przez krzyżowców w 1099 r. nastąpiło po trwającym dziewięć dni oblężeniu. Zwycięzcy dopuścili się rzezi ludności miasta. Jednym z pierwszych krzyżowców, którzy przedarli się przez mury, był baron Gotfryd z Bouillon. Został on pierwszym władcą Królestwa Jerozolimskiego.

▪ *miniatura, Niderlandy, XV w.*

■ PAŃSTWA ŁACIŃSKIE NA BLISKIM WSCHODZIE

Na podbitych obszarach chrześcijanie utworzyli **Królestwo Jerozolimskie**, księstwo Antiochii oraz hrabstwa: Edessy i Trypolisu. Tereny te określano nazwą „**Lewant**", czyli łaciński Wschód. Państwa chrześcijańskie, w których na wzór europejski wprowadzono ustrój lenny, funkcjonowały dzięki stałemu napływowi krzyżowców, transportowi morskiemu oraz zaopatrzeniu dostarczanemu przez kupców włoskich. Epizod rządów krzyżowców w Lewancie bywa uważany za pierwszą od starożytności kolonizację zorganizowaną przez Europejczyków. Wśród rycerzy zamieszkujących państwa łacińskie dominowali członkowie rodów francuskich, a wśród kupców przeważali Włosi. Obok nich w państwach Lewantu działali również handlarze i rzemieślnicy syryjscy, greccy, żydowscy oraz ormiańscy. Najniżej w hierarchii znajdowała się arabska ludność chłopska, na którą nałożono wysokie podatki.

W państwach chrześcijańskich Lewantu – mimo dokonanego podboju – przybywającym z Europy pielgrzymom i kupcom nie można było zapewnić skutecznej ochrony. W związku z tym powstały wspierane przez władców łacińskich **zakony rycerskie**. Templariusze, joannici oraz Krzyżacy podlegali papieżowi. Składali śluby czystości, ubóstwa i posłuszeństwa, a ponadto przysięgali walczyć z niewiernymi. Świetnie zorganizowane zakony rycerskie szybko zdobyły duże znaczenie polityczne oraz – dzięki licznym nadaniom od władców i rycerzy – ogromny majątek oraz wiele posiadłości ziemskich.

PAŃSTWA KRZYŻOWCÓW

Legenda:
- Królestwo Jerozolimskie i jego lenna (ok. 1140 r.)
- zasięg Królestwa Jerozolimskiego w latach 1229–1244
- zwycięskie bitwy krzyżowców
- zwycięskie bitwy muzułmanów
- państwa chrześcijańskie
- państwa muzułmańskie

❓ PRACA Z MAPĄ

1. Wymień nazwy państw założonych przez krzyżowców.
2. Wyjaśnij, dlaczego Królestwo Jerozolimskie miało w 1229 r. niewielki zasięg.

■ KONTROFENSYWA MUZUŁMANÓW

Państwa arabskie oraz tureckie, choć podzielone i targane wewnętrznymi konfliktami, w razie konieczności mogły wystawić potężną armię. Skonfliktowani krzyżowcy, którzy nie mogli dojść do porozumienia

z Bizantyjczykami, z czasem nie byli w stanie stawić oporu muzułmanom. W 1144 r. upadła jedna z twierdz chrześcijan – Edessa. W tej sytuacji w 1147 r. władcy Francji i Niemiec zorganizowali **II wyprawę krzyżową**. Po dwóch latach zakończyła się ona klęską rycerstwa europejskiego. Sytuacja państw chrześcijańskich na Bliskim Wschodzie dramatycznie się pogorszyła, gdy sułtanem Egiptu został Saladyn, doskonały wódz oraz sprawny polityk, który zjednoczył wokół siebie siły muzułmanów. W 1187 r. pokonał on armię chrześcijańską w bitwie pod Hattin i zdobył Jerozolimę. W rękach krzyżowców pozostały już tylko Tyr, Trypolis oraz Antiochia.

III wyprawa krzyżowa (1189–1202 r.) stanowiła zdecydowaną odpowiedź krzyżowców na utratę Jerozolimy. Krucjatę tę przygotowali z dużym rozmachem trzej władcy europejscy: cesarz Fryderyk I Barbarossa, król Francji Filip II August i król Anglii Ryszard Lwie Serce. Początkowo ich wojska odnosiły sukcesy – zdobyły Ikonium oraz Akkę. Jednak ze względu na niespodziewaną śmierć Fryderyka Barbarossy oraz spory pomiędzy władcami Francji i Anglii także ta krucjata nie przyniosła oczekiwanych rezultatów. Ostatecznie Saladyn zawarł z Ryszardem Lwie Serce pokój, na mocy którego pas wybrzeża od Tyru do Jafy wraz z miastami portowymi znalazł się w rękach chrześcijan. Mieli oni również swobodny dostęp do Jerozolimy i innych świętych miejsc. Od tego czasu posiadłości krzyżowców ograniczały się do kilku twierdz.

■ CESARSTWO ŁACIŃSKIE I ZMIERZCH IDEI KRUCJAT

W 1202 r. rozpoczęła się **IV krucjata**. Miała ona na celu opanowanie Egiptu, a następnie odbicie Jerozolimy (od południa). Tym razem głównymi organizatorami wyprawy nie byli władcy europejscy, lecz bogata Republika Wenecka. Okazało się jednak, że kupcy weneccy sfinansowali krucjatę nie tylko po to, by odzyskać Ziemię Świętą – zamiast walczyć z muzułmanami, krzyżowcy zaatakowali skonfliktowane z Wenecją Bizancjum. Najpierw opanowali miasto Zadar w Dalmacji, a w 1204 r. zdobyli i złupili Konstantynopol, co nie udało się dotąd ani Arabom, ani Turkom. Utworzyli tam **cesarstwo łacińskie**. Wenecjanie i krzyżowcy zajęli większość terytorium Bizancjum.

Wykorzystanie idei krucjat do walk z innymi krajami chrześcijańskimi i realizacji celów Wenecji stanowczo potępił papież Innocenty III. Ponadto grabieżcze rządy krzyżowców w Bizancjum szybko wzbudziły powszechną nienawiść mieszkańców zajętych terenów.

WARTO WIEDZIEĆ

Krucjata dyplomatyczna

Zupełnie inny przebieg niż pozostałe krucjaty miała wyprawa zorganizowana przez Fryderyka II Hohenstaufa. Kiedy władca ten otrzymał koronę cesarską, zobowiązał się do odzyskania dla chrześcijan świętych miejsc w Palestynie. Nie planował jednak organizować wyprawy zbrojnej przeciwko muzułmanom i przez kilka lat ociągał się z realizacją swojego zobowiązania. Został za to nawet obłożony klątwą przez papieża. W 1228 r. cesarz osobiście wyprawił się z wizytą do sułtana egipskiego. Podczas rozmowy przekonał go do przekazania chrześcijanom Jerozolimy, Betlejem i Nazaretu wraz z „korytarzami" łączącymi je z posiadłościami chrześcijan w Lewancie na wybrzeżu Morza Śródziemnego. W ten sposób na kilkadziesiąt lat zapewnił pielgrzymom dostęp do świętych miejsc.

Cesarstwo łacińskie, pozbawione pomocy, stopniowo traciło ziemie na rzecz Bizantyjczyków, a w 1261 r. upadło.

Kolejne wyprawy do Ziemi Świętej, organizowane przez pojedynczych władców europejskich, miały niewielki zasięg i znaczenie. W dużym stopniu przyczyniły się do tego wydarzenia związane z IV krucjatą: sprzeniewierzenie idei krucjatowej, grabieże i mordy dokonane na mieszkańcach Bizancjum, a przede wszystkim potępienie ze strony papieża Innocentego III. Na obszarze Lewantu wpływy krzyżowców, niemogących liczyć na pomoc z Europy, nieuchronnie słabły. Ostatecznie w 1291 r. muzułmanie zdobyli ich ostatnią wielką twierdzę – Akkę.

■ SKUTKI KRUCJAT

Wyprawy krzyżowe doprowadziły do ogromnych zmian w kontaktach Europejczyków z przedstawicielami innych kręgów kulturowych. Z jednej strony doszło do wymiany osiągnięć cywilizacyjnych na niespotykaną dotąd skalę, z drugiej zaś zbrodnie krzyżowców pogłębiły niechęć do Zachodu zarówno muzułmańskich mieszkańców Bliskiego Wschodu, jak i prawosławnych Bizantyjczyków. W świecie islamu dominował negatywny obraz rycerzy chrześcijańskich – uważano ich przede wszystkim za okrutnych morderców. Przyczyniło się to do stereotypowego postrzegania chrześcijan przez muzułmanów. Ciągłe zatargi, złupienie Konstantynopola przez krzyżowców podczas IV krucjaty oraz utworzenie cesarstwa łacińskiego wpłynęły również na pogłębienie wzajemnych animozji pomiędzy zachodnimi i wschodnimi wyznawcami chrześcijaństwa.

Dzięki kontaktom handlowym z Lewantem Europejczycy uzyskali szerszy niż dotąd dostęp do towarów luksusowych. Do Europy dotarły nieznane dotąd rozwiązania techniczne, wzorce artystyczne, obyczaje i idee. Unowocześniono żeglugę europejską – wykorzystywano wynalazki zapożyczone od Arabów, takie

■ Krucjaty poza Ziemią Świętą

Choć organizatorzy wypraw krzyżowych podkreślali, że decydują się na nie z przyczyn religijnych, to w rzeczywistości kierowali się przede wszystkim celami politycznymi oraz gospodarczymi, takimi jak zdobycie łupów czy podporządkowanie sobie nowych ziem. Z czasem krzyżowcy, walczący dotąd z muzułmanami i poganami, rozpoczęli wyprawy przeciwko heretykom. Podczas krucjaty ogłoszonej w 1208 r. przez papieża Innocentego III, wymordowano albigensów żyjących w południowej Francji.

Na północy kontynentu rycerstwo niemieckie, duńskie i szwedzkie organizowało wyprawy przeciwko pogańskim ludom bałtyckim: Liwończykom, Estończykom i Łotyszom. Po klęsce w Ziemi Świętej członkowie zakonu krzyżackiego skierowali zaś swoją działalność przeciwko: Prusom, Litwinom, Żmudzinom oraz Jaćwingom. Z pomocą rycerstwa zachodnioeuropejskiego, a początkowo także polskiego, podbili tereny zamieszkane przez te ludy. Następnie stworzyli tam silne państwo zakonne.

W XIV w., gdy wzrosło zagrożenie dla Europy ze strony imperium osmańskiego, organizowano wyprawy krzyżowe przeciwko Turkom. Poniosły one jednak klęski, a Konstantynopol

i znaczna część Bałkanów znalazły się pod panowaniem sułtana. Od końca XVI w. ruch krucjatowy zaczął stopniowo wygasać. Najdłużej działającym zakonem rycerskim byli joannici, którzy utworzyli swoje państwo na Malcie.

Krucjata przeciw albigensom trwała w latach 1209–1229. Herezję katarską uważano za bardzo niebezpieczną, ponieważ spowodowała ona rozłam w Kościele. Chociaż krucjata nie zniszczyła kataryzmu, król Francji umocnił dzięki niej swoją władzę na południu kraju, gdzie herezję wspierała szlachta.
▪ *miniatura, Francja, XIII w.*

❓ Z jakich powodów podejmowano krucjaty poza Ziemią Świętą?

WYPRAWY KRZYŻOWE WSPÓŁCZEŚNIE

Thomas F. Madden, badacz wypraw krzyżowych, opisał jeden z aspektów odwoływania się do historii wypraw krzyżowych we współczesnym dyskursie politycznym.

Dawny prezydent Iraku Saddam Husajn regularnie zwał siebie nowym Saladynem, który na nowo zjednoczy świat arabski przeciwko wspólnym wrogom. Według islamistów, Zachód, a szczególnie Stany Zjednoczone, rozpoczął nową krucjatę, rozgrywającą się na wielu frontach. [...] Poparcie dla Izraela jest dla islamistów kolejnym dowodem, że Stany Zjednoczone to mocarstwo krzyżowe. [...]
Od 11 września 2001 roku często słychać pytanie: „W jaki sposób wyprawy krzyżowe doprowadziły do obecnego konfliktu?". Prosta odpowiedź brzmi: nie doprowadziły. Krucjaty były zjawiskiem średniowiecznym, elementem średniowiecznego świata, bardzo różnego od dzisiejszego. Dla chrześcijan wyprawy krzyżowe były aktem miłości i miłosierdzia, skierowanym

przeciwko muzułmańskim zdobywcom w obronie ludu chrześcijańskiego i jego ziem. Co się tyczy średniowiecznych muzułmanów, nie rozumieli oni krucjat ani się nimi nie interesowali. [...] To nie krucjaty zatem doprowadziły do zamachów z 11 września, lecz sztucznie wytworzona pamięć o nich, skonstruowana przez współczesne mocarstwa kolonialne, a przejęta następnie przez arabskich nacjonalistów i islamistów. Odarli oni średniowieczne wyprawy z każdego aspektu ich epoki, przybierając w podarte łachmany dziewiętnastowiecznego imperializmu. W takiej postaci stały się one ikoną dzisiejszych programów politycznych, których średniowieczni chrześcijanie i muzułmanie nie byliby w stanie nawet pojąć, o poparciu nie wspominając.

T.F. Madden, *Historia wypraw krzyżowych. Nowe ujęcie*, tłum. A. Czwojdrak, Kraków 2008, s. 271, 273.

? **PRACA ZE ŹRÓDŁAMI**

1. Oceń, dlaczego Saddam Husajn nazywał siebie *nowym Saladynem*.
2. Wyjaśnij, dlaczego – zdaniem autora tekstu – współczesnych konfliktów politycznych na Bliskim Wschodzie nie można zestawiać ze średniowiecznymi krucjatami.

jak kompas. Wzrosła także wiedza geograficzna Europejczyków. Kształtujące się w tym okresie rycerstwo przejęło część obyczajów związanych z życiem dworskim od muzułmanów z Bliskiego Wschodu. Zaadaptowano również praktyczne rozwiązania z zakresu sztuki wojennej, np. technikę budowy umocnień. Rycerze zetknęli się też z niemającą sobie wówczas równych bronią ze stali damasceńskiej.

W wyniku krucjat zmieniła się sytuacja polityczna i społeczna w wielu państwach europejskich. Wyprawy przyniosły korzyści przede wszystkim papiestwu, którego wpływy polityczne znacznie wzrosły, a także miastom włoskim i południowofrancuskim. Wzbogaciły

się one dzięki handlowi lewantyńskiemu, transportowi oraz zaopatrywaniu krzyżowców. W okresie krucjat znaczne straty majątkowe ponieśli natomiast monarchowie i możnowładcy, na których spadła duża część kosztów organizacji wypraw.

Krucjaty pogłębiły w Europie nietolerancję religijną i wpłynęły na pojawienie się w zachodniej kulturze ksenofobii. W tym czasie nasiliły się postawy antysemickie – Żydów uznawano bowiem za sojuszników muzułmanów. Pogromy Żydów z 1096 r. przeprowadzone przez uczestników krucjaty ludowej dały początek późniejszym prześladowaniom, z czasem coraz powszechniejszym w Europie.

ĆWICZENIA

1. Omów okoliczności ukształtowania się idei świętej wojny.
2. Przedstaw przyczyny wypraw krzyżowych do Ziemi Świętej.
3. Opisz przebieg krucjaty, która doprowadziła do przejęcia Jerozolimy przez krzyżowców.
4. Wymień nazwy państw łacińskich oraz zakonów rycerskich utworzonych na Bliskim Wschodzie na skutek krucjat.

4 ŚREDNIOWIECZNA HISZPANIA NA STYKU TRZECH KULTUR

ZANIM POZNASZ NOWY TEMAT

1. Porównaj stosunek Arabów i Turków seldżuckich do chrześcijan.
2. Wymień skutki wypraw krzyżowych.

■ REKONKWISTA

Na początku VIII w. Arabowie opanowali niemal cały Półwysep Iberyjski. Z pokonanego przez nich państwa germańskich Wizygotów przetrwało jedynie położone na północnym zachodzie chrześcijańskie Królestwo Asturii, od X w. określane jako **Królestwo Leónu**. Napór muzułmanów, zwanych na półwyspie **Maurami**, którzy po zajęciu Katalonii rozpoczęli podbój ziem francuskich, powstrzymali Frankowie. Pokonali oni agresorów w 732 r. w bitwie pod Poitiers w południowej Francji, a na przełomie VIII i IX w. – w czasach rządów Karola Wielkiego – toczyli z nimi długotrwałe walki, zakończone odzyskaniem południowej Francji i Katalonii. Ostatecznie granica między założoną przez władcę Franków marchią hiszpańską a emiratem ukształtowała się w przybliżeniu wzdłuż rzeki Ebro.

Pod koniec X w. kalifat kordobański wznowił walki z państwami chrześcijańskimi na Półwyspie Iberyjskim i zadał im liczne klęski. Zniszczono wtedy nawet szczególnie ważne dla chrześcijan sanktuarium św. Jakuba w Santiago de Compostela. Na początku XI w. rządząca Hiszpanią dynastia Umajjadów wygasła, a kalifat kordobański rozpadł się na ponad 20 emiratów. Te wewnętrzne problemy polityczne muzułmanów próbowali wykorzystać władcy **Léonu**, którzy zapoczątkowali **rekonkwistę**, czyli zbrojne odzyskiwanie ziem Półwyspu Iberyjskiego opanowanych przez Maurów. W toczone od X do XV w. walki oprócz mieszkańców licznych państw hiszpańskich – m.in. Leónu, Nawarry, Aragonii i Kastylii – zaangażowali się również krzyżowcy z Francji. Przybysze z tego kraju (głównie z Prowansji) stanowili najliczniejszą grupę osadników na zniszczonych w czasie wojny i opustoszałych terenach na Półwyspie Iberyjskim. Muzułmanie i chrześcijanie zmagali się ze sobą przez dwa stulecia – ze zmiennym szczęściem, co jakiś czas każda ze stron musiała bowiem przezwyciężać konflikty wewnętrzne.

Z upływem lat posiadłości muzułmanów zaczęły się kurczyć. Przełomowe znaczenie dla tego konfliktu miała stoczona w 1212 r. bitwa **pod Las Navas de Tolosa**, w której Maurowie zostali doszczętnie rozbici przez sprzymierzone siły chrześcijan. Następnie muzułmanie utracili Kordobę, Sewillę i Walencję. Utrzymali jedynie niewielki **emirat Grenady**, od 1238 r. pozostający pod zwierzchnictwem lennym króla Kastylii.

Trwające prawie 800 lat władztwo Arabów na Półwyspie Iberyjskim zakończyło się wraz ze zdobyciem Grenady w 1492 r. przez wojska Ferdynanda Aragońskiego i Izabeli Kastylijskiej. Monarchowie ci w 1479 r. połączyli swoje państwa w jedno, zwane później **Królestwem Hiszpanii**. W tym czasie w siłę rosło również inne chrześcijańskie państwo iberyjskie – **Królestwo Portugalii**, istniejące od 1139 r.

REKONKWISTA

■ granice posiadłości muzułmańskich w 732 r.
Tereny utracone przez muzułmanów:
▢ do 800 r.
▢ do 1250 r.
▢ do 1492 r.
✗ ważniejsze bitwy

? PRACA Z MAPĄ

1. Wyjaśnij, dlaczego po 732 r. granica posiadłości muzułmańskich nie została przesunięta dalej na północ.
2. Odpowiedz, jaką drogą Maurowie przedostali się na Półwysep Iberyjski.

■ CHRZEŚCIJANIE I MUZUŁMANIE

W średniowieczu Półwysep Iberyjski zamieszkiwała ludność bardzo zróżnicowana pod względami: religijnym, kulturowym i etnicznym. Pomiędzy członkami poszczególnych grup dochodziło wprawdzie do konfliktów, ale potrafili oni także współpracować oraz wymieniali się osiągnięciami w wielu dziedzinach.

Chrześcijanie żyjący pod panowaniem arabskim, zwani **mozarabami**, różnili się od swoich współwyznawców z północy – posługiwali się odrębnym językiem i mieli własną liturgię, która pochodziła z czasów wizygockich. Papiestwo przez pewien czas uważało ich za heretyków. Mozarabowie długo zachowywali swoją odrębność kulturowo-religijną nawet na ziemiach odebranych muzułmanom. **Mudejarowie**, czyli podbita przez chrześcijan w czasie rekonkwisty arabsko--berberyjska ludność islamska, byli oskarżani przez współwyznawców z Grenady i Maghrebu o uleganie wpływom chrześcijańskim. Naciski religijne usiłowali na nich wywierać nie tylko inni muzułmanie, lecz także chrześcijanie. Przez długi czas mudejarów, reprezentujących wysoki poziom cywilizacyjny (m.in. świetnie znających techniki irygacji), chronili władcy hiszpańscy, którzy zdawali sobie sprawę z ich ważnego znaczenia dla gospodarki oraz kultury w państwie. Społeczności: chrześcijańska i muzułmańska, mimo wyraźnego podziału, utrzymywały ze sobą pewne kontakty. Dużą popularnością wśród chrześcijan cieszyli się m.in. lekarze muzułmańscy.

Alkazar (z arab. 'zamek') w Sewilli to pałac królewski będący jednym z najlepiej zachowanych zabytków architektury w stylu mudejar. Pierwotnie na jego miejscu znajdował się fort mauryjski. Został on rozbudowany w XIV w. na rozkaz Piotra I Okrutnego – króla Kastylii i Leónu.

■ *fotografia współczesna, Hiszpania*

■ ŻYDZI SEFARDYJSCY

Na rządzonym przez Arabów Półwyspie Iberyjskim oprócz muzułmanów i chrześcijan żyli również wyznawcy innych religii. Żydów sefardyjskich (iberyjskich) usiłowano chrystianizować już w czasach wizygockich. Po rozpoczęciu panowania arabskiego sytuacja tej grupy ludności znacznie się poprawiła. Okres od muzułmańskiego podboju Półwyspu Iberyjskiego do zakończenia rządów Umajjadów na tych terenach jest uważany za złoty wiek w jej historii.

Maurowie byli tolerancyjni wobec Żydów i nie usiłowali narzucać im swojej religii. Na dworze Umajjadów Żydzi nierzadko sprawowali wysokie funkcje – odpowiadali m.in. za utrzymywanie odpowiednich stosunków dyplomatycznych z państwami chrześcijańskimi. Powierzano im również niekiedy stanowiska wezyrów i urzędy związane z biciem monet, poborem podatków oraz ceł. Dzięki tłumaczom żydowskim Arabowie przyswoili sobie literaturę i filozofię Greków.

Żydzi żyjący na Półwyspie Iberyjskim w VIII w. tworzyli przeważnie społeczności miejskie. W Kordobie, Grenadzie, Toledo i innych dużych miastach powstały duże dzielnice żydowskie. W niektórych ośrodkach, np. Lucenie, Żydzi stanowili najliczniejszą grupę etniczną. Zajmowali się głównie handlem (m.in. przyprawami, perfumami, metalami, towarami luksusowymi), obrotem środkami pieniężnymi, produkcją tekstyliów, farbiarstwem oraz zaopatrywaniem ludności chrześcijańskiej w lekarstwa. Zaangażowanie w handel było uwarunkowane specyficzną sytuacją **diaspory**, która utrzymywała szerokie międzynarodowe kontakty tego rodzaju.

■ WSPÓŁISTNIENIE WIELU KULTUR

Żydzi i chrześcijanie zostali objęci przez muzułmanów statusem *zimmi*, zapewniającym im prawo wyznawania dotychczasowej religii oraz ochronę ze strony Maurów. Mimo to byli jednak wyraźnie oddzieleni od arabskiej części ludności. Miała ich od niej odróżniać nawet odzież. Ponadto zakazano im jazdy konnej, posiadania broni, dotykania i poślubiania kobiet muzułmańskich oraz wznoszenia świątyń wyższych niż muzułmańskie. W zamian za przyznane przywileje musieli płacić dodatkowy podatek pogłówny.

Pomimo różnego rodzaju obostrzeń prawnych, odrębnych zwyczajów, tradycji i praktyk religijnych oraz wybuchających co pewien czas konfliktów zbrojnych

---

Diaspora – rozproszenie po świecie narodu lub wyznawców religii. Żydzi żyli w diasporze od II w. n.e., kiedy to Rzymianie po powstaniu żydowskim Bar-Kochby odebrali im resztki autonomii i zmusili ich do opuszczenia Palestyny.

Alfons X Mądry był królem Kastylii i Leónu w latach 1252–1284. Władcy temu zawdzięcza rozkwit utworzona w Toledo tzw. szkoła tłumaczy. Skupieni w tym ośrodku uczeni tłumaczyli dzieła klasyczne na język kastylijski (hiszpański).

▪ *miniatura, Hiszpania, XIII w.*

wyznawcy trzech religii na Półwyspie Iberyjskim zazwyczaj żyli w zgodzie. Ich kultury przenikały się, dochodziło do wymiany myśli. W pierwszej połowie XII w. chrześcijańscy władcy Kastylii i Leónu utworzyli w Toledo tzw. **szkołę tłumaczy**. Zadaniem ludzi skupionych wokół tego ośrodka kultury był przekład dzieł arabskich na język łaciński. Jak twierdził filozof i astronom angielski Daniel z Morley, słuchano tam *nauk największych filozofów świata*. Przy tłumaczeniu *Koranu* oraz tekstów autorstwa m.in. Awicenny, Awicebrona, Arystotelesa, Euklidesa współpracowali uczeni muzułmańscy, chrześcijańscy i żydowscy. Dzięki ich staraniom osiągnięcia kultur: klasycznej, żydowskiej oraz islamskiej zostały udostępnione europejskiej cywilizacji zachodniej.

■ KRES TOLERANCJI NA PÓŁWYSPIE IBERYJSKIM

Na Półwyspie Iberyjskim po kilku stuleciach względnej tolerancji oraz pokojowego współistnienia różnych grup etnicznych i wyznaniowych zaczęło dochodzić do konfliktów, do czego przyczynił się postęp rekonkwisty. Prowadziły one do przesiedlania Maurów na południe. Takim praktykom sprzeciwiali się właściciele ziemscy, dla których wyjazd muzułmanów wiązał się ze znacznymi stratami finansowymi.

W jeszcze gorszej sytuacji znalazła się ludność żydowska. Pogromy w średniowiecznej Europie najczęściej były dokonywane przez podburzoną ludność miejską, podejrzliwą wobec wpływów politycznych Żydów oraz niezadowoloną z ich pozycji ekonomicznej. Do pierwszego pogromu doszło w 1066 r. w Grenadzie. Muzułmanie zaatakowali wtedy 1500 żydowskich rodzin i urządzili rzeź. Zginął wówczas m.in. wezyr Jozef ibn Nagrela, piastujący najwyższy urząd na dworze władcy Grenady.

W późniejszym okresie pogromy ludności żydowskiej przeprowadzano głównie w państwach iberyjskich rządzonych przez chrześcijan. Wyznawców judaizmu usiłowano nawrócić siłą. W drugiej połowie XIII w. podwyższono wymiar płaconych przez nich podatków, a w Aragonii pozwolono dominikanom na głoszenie kazań w synagogach. Władcy chrześcijańscy zaczęli usuwać ze swojego otoczenia urzędników żydowskich. W XIV w. duchowni katoliccy nawoływali do ściślejszej separacji tej społeczności i obłożenia jej dziesięciną. W tym samym stuleciu doszło do licznych ataków biedoty miejskiej na dzielnice żydowskie. W 1391 r. w Sewilli ocalałych z pogromu Żydów zmuszono do przyjęcia chrześcijaństwa. Rozochocone tymi wydarzeniami tłumy dokonały masakry tysięcy Żydów w niemal wszystkich większych miastach Kastylii, Aragonii i Katalonii. Nastrojom antysemickim sprzyjała

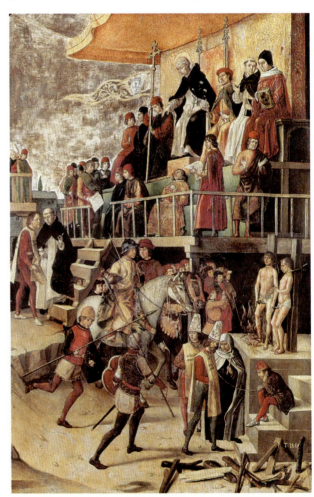

Auto da fé (z port. 'akt wiary'), czyli publiczna deklaracja przyjęcia lub odrzucenia wiary katolickiej, kończyła proces inkwizycyjny – następowała po wydaniu wyroku przez inkwizytorów. Jeśli ich decyzja była korzystna dla skazańca, mógł on zostać ułaskawiony i ocalić życie, ale musiał publicznie wyznać swoją winę oraz przyjąć katolicyzm. Jeżeli nie podjął takiej decyzji, ginął na stosie.

▪ *obraz, Hiszpania, 1495 r.*

postawa władz – uchwalono wtedy prawo dyskryminujące Żydów. Fakty te stanowiły inspirację dla wystąpień kaznodziejów katolickich, takich jak np. dominikanin Wincenty Ferreriusz (późniejszy święty), którzy usiłowali zmusić wyznawców judaizmu do nawrócenia się na chrześcijaństwo.

HISZPANIA PO REKONKWIŚCIE

Po zajęciu w 1492 r. emiratu Grenady, które zakończyło rekonkwistę, władcy hiszpańscy, wsparci przez duchownych, rozpoczęli likwidację wszystkich niekatolickich grup religijnych. Na przełomie XV i XVI w. wyznawców islamu oraz judaizmu zmuszono do przejścia na chrześcijaństwo lub wygnano z Hiszpanii. Ich majątki skonfiskowali monarchowie. Żydowscy konwertyci (hiszp. *Judeoconversos)*, którzy przyjęli chrzest po to, by uniknąć wypędzenia, nie mogli czuć się bezpiecznie. Określano ich obraźliwym słowem **marranos** (z hiszp. 'wieprz') i oskarżano o pozorowaną konwersję, mającą na celu dalsze bogacenie się na dzierżawach oraz lichwie. Napadano też na ich domy. Z wysoko postawionymi konwertytami walczono o wpływy polityczne. Nasilały się niepokoje społeczne. W tej sytuacji władcy, Ferdynand Aragoński i Izabela Kastylijska, w 1480 r. przywrócili do istnienia **inkwizycję** (łac. *inquisitio* – 'śledztwo', 'przesłuchanie') hiszpańską – instytucję kościelną, której przedstawiciele mieli przede wszystkim tropić konwertytów żydowskich potajemnie wyznających judaizm. Przypominała ona bardziej państwową tajną policję niż trybunał kościelny. Do początku XIX w. doprowadziły do tortur i śmierci tysięcy osób. Znaczną

część ofiar inkwizytorów stanowili Żydzi. Na skutek prawnie zalegalizowanych prześladowań społeczność żydowska w Hiszpanii uległa rozpadowi. Część Żydów znalazła schronienie w Europie Wschodniej (głównie na Wołoszczyźnie i Węgrzech), inni zaś zasymilowali się z ludnością chrześcijańską.

Prześladowania inkwizytorów dotknęły także **morysków**, czyli muzułmanów nawróconych na chrześcijaństwo. Represje wobec tych dwóch grup ludności zapoczątkowały okres wojen religijnych, stanowiący zapowiedź burzliwych konfliktów wyznaniowych toczonych w Europie w XVI i XVII w.

PRZEŚLADOWANIA ŻYDÓW W ŚREDNIOWIECZNEJ EUROPIE

W średniowieczu Żydów prześladowano na szeroką skalę nie tylko na Półwyspie Iberyjskim. Już w czasie I krucjaty z 1096 r. represjonowano ich także w Niemczech i Europie Środkowej. Pogromy ludności żydowskiej przeprowadzono m.in. w Wormacji, Moguncji, Trewirze oraz Kolonii. Zginęło co najmniej 5 tys. ludzi. Żydów mordowali również uczestnicy krucjaty ludowej. W trakcie II wyprawy krzyżowej z 1147 r. prześladowania te jeszcze się nasiliły. Głoszono, że oswobodzeniu Ziemi Świętej przez krzyżowców musi towarzyszyć zagłada „morderców Chrystusa". Decydujące znaczenie w tej sprawie miały jednak nie uprzedzenia i antagonizmy religijne, lecz motywy ekonomiczne. Dzięki pogromom Żydów wiele osób uniknęło spłacania długów.

W kolejnych stuleciach sytuacja ludności żydowskiej się nie poprawiła. W połowie XIII w. do licznych

Rogate czapki początkowo były noszone przez członków społeczności żydowskich dobrowolnie – stanowiły element ich tradycyjnego ubioru. Żydzi przebywający poza gettem zakładali je przymusowo dopiero od 1215 r., z nakazu uczestników soboru laterańskiego IV. Czapki te miały odróżniać wyznawców judaizmu od chrześcijan, ale zasada ta nie obowiązywała we wszystkich krajach.

- *miniatura, Niemcy, XIII w.*

Żydzi profanujący hostię zostali przedstawieni na malowidłach w wielu świątyniach chrześcijańskich, m.in. na stropie poznańskiego kościoła Najświętszej Krwi Pana Jezusa.

- *fresk, Polska, XVIII w.*

ŹRÓDŁA I INTERPRETACJE

ŻYDZI W CZASIE REKONKWISTY

Friedrich Battenberg, współczesny badacz historii Żydów w Europie, opisał relacje między ludnością żydowską a chrześcijanami hiszpańskimi w czasie rekonkwisty.

Żydzi stali się beneficjentami planowej polityki rekonkwisty – byli pilnie potrzebni jako osadnicy, rzemieślnicy oraz dowódcy wojskowi na odzyskanych obszarach. Rejestry podatków płaconych przez wyznawców judaizmu w chrześcijańskiej Hiszpanii w XII w. świadczą o tym, że również tutaj Żydzi działali we wszystkich obszarach komunalnego życia gospodarczego i intelektualnego. Byli oni pożądani jako lekarze, tłumacze, urzędnicy finansowi i gospodarczy. Dzięki znajomości muzułmańskich procedur administracyjnych przyczynili się do racjonalizacji instytucji publicznych. Jeszcze bardziej dalekosiężne było ich znaczenie w rozpowszechnianiu kultury arabskiej na terenie chrześcijańskiej Hiszpanii oraz poza jej granicami.

Bliski związek wiodących warstw sefardyjskiej społeczności żydowskiej z dworami władców chrześcijańskich miał jednak również negatywne konsekwencje. Już pogromy w Grenadzie pokazały, że skorumpowany udział we władzy umacniał uprzedzenia wśród pozostałej części społeczeństwa. Obraz żądnego władzy i łupów Żyda przeniesiono na całą mniejszość żydowską. Wystarczył błahy powód, aby wywołać powszechny nastrój nienawiści, który mógł się wyładować w pogromach i prześladowaniach. Z tego powodu rozkwit życia społeczności żydowskiej w chrześcijańskiej Hiszpanii w XII i XIII w. był jedynie zjawiskiem przejściowym, mającym swe źródło w szczególnych warunkach rekonkwisty.

F. Battenberg, *Żydzi w Europie. Proces rozwoju mniejszości żydowskiej w nieżydowskim środowisku Europy 1650–1933*, tłum. A. Soróbka, Wrocław 2008, s. 53–54.

❓ PRACA ZE ŹRÓDŁAMI

1. Opisz funkcje sprawowane przez Żydów w państwach chrześcijańskich w czasie rekonkwisty.
2. Wyjaśnij, co przyczyniło się do prześladowań Żydów sefardyjskich.

---

oskarżeń wobec niej dołączono pomówienia o profanację hostii i rytualne mordowanie dzieci chrześcijańskich, których krew miała być dodawana do pszennej macy. W te bezpodstawne oskarżenia, podtrzymywane przez część duchownych katolickich, wierzono w Europie przez wiele wieków. Do największych pogromów Żydów doszło w latach 1348–1349 w czasie **epidemii dżumy** – „czarnej śmierci". Oskarżono ich wtedy o zatruwanie studni i innych źródeł wody, a w konsekwencji – o rozprzestrzenienie choroby.

W całej średniowiecznej Europie powszechne stały się wypędzenia Żydów. Pod koniec XIII w. wygnano ich z Anglii i południowych Włoch (z wyjątkiem Sycylii), 100 lat później – z Francji, a pod koniec XV w. musieli opuścić także Hiszpanię. Do skutków tych wydarzeń należało dalsze rozproszenie społeczności żydowskiej.

Centra jej aktywności intelektualnej, ekonomicznej i politycznej były przenoszone w inne miejsca. Żydzi zaczęli się osiedlać w mniejszych miastach, na niewielkich terytoriach rycerskich oraz w rozwijających się posiadłościach ziemskich, w których chętnie przyjmowano bogatych podatników. Część Żydów znalazła schronienie na ziemiach polskich – początkowo głównie na Śląsku. Jednak pomimo przyznanych im pierwotnie przez władców przywilejów w sferze gospodarczej, także i tam sytuacja gmin żydowskich nie była łatwa.

Żydów izolowano od pozostałej ludności. Mężczyznom nakazywano noszenie specjalnych strojów, oznakowanych tzw. żydowską łatą, czyli dużym żółtym kołem, a także spiczastych kapeluszy. Żydzi musieli również zamieszkiwać określone ulice lub dzielnice, zwane gettami.

ĆWICZENIA

1. Opisz przebieg rekonkwisty.
2. Wymień przykłady pokojowego współistnienia wyznawców chrześcijaństwa, islamu i judaizmu na Półwyspie Iberyjskim.
3. Przedstaw skutki działań inkwizytorów hiszpańskich.
4. Podaj przyczyny rozwoju antysemityzmu w średniowiecznej Europie.

KSZTAŁTOWANIE SIĘ EUROPY

Najazdy ludów barbarzyńskich na terytorium Imperium Rzymskiego i towarzysząca im wędrówka ludów doprowadziły nie tylko do upadku cesarstwa zachodniorzymskiego, lecz także do powstania nowych państw: germańskich w Europie Zachodniej oraz – w kolejnych stuleciach – słowiańskich w Europie Środkowej i Wschodniej. Na historię Europy Zachodniej największy wpływ miało powstanie monarchii Franków. Jej władcy powstrzymali najazd Arabów. Ponadto w czasach rządów Karola Wielkiego realizowano ideę odnowy dawnego Imperium Rzymskiego.

Bezpośrednim kontynuatorem tradycji Imperium Rzymskiego i zarazem łącznikiem między starożytnością a średniowieczem było Bizancjum – cesarstwo wschodniorzymskie ze stolicą w Konstantynopolu. Zaznaczały się tam wpływy greckie, rzymskie oraz wschodnie (głównie perskie).

Skutkiem rozpadu cesarstwa rzymskiego oraz istnienia różnic kulturowych pomiędzy łacińskim Zachodem a greckim Wschodem stał się podział chrześcijaństwa, ostatecznie przypieczętowany w 1054 r. schizmą wschodnią.

Na historię i kulturę średniowiecznej Europy obok tradycji: greckiej, rzymskiej oraz chrześcijańskiej miał wpływ również krąg kulturowy związany z islamem. Religię tę stworzył Mahomet, głoszący wiarę w jedynego Boga – Allaha. Prorok w dużym stopniu czerpał z wzorców starszych religii monoteistycznych: judaizmu i chrześcijaństwa, choć uważał, że zniekształcono w nich przekaz słów Boga. Zdaniem Mahometa, dopiero on sam w sposób pełny i prawdziwy objawił je ludzkości.

Mahomet i jego zwolennicy doprowadzili do zjednoczenia plemion arabskich, które przyjęły islam. Wyznawcy Allaha musieli dbać o swoją wiarę oraz szerzyć ją wśród niewiernych. W krótkim czasie Arabowie podbili Bliski Wschód, posiadłości bizantyjskie w Azji Mniejszej i Afryce, a następnie zagrozili Europie. Na początku VIII w. zajęli prawie cały Półwysep Iberyjski. Zwycięski pochód wyznawców islamu został zatrzymany dopiero przez Franków, którzy pokonali ich w bitwie pod Poitiers w 732 r.

Osiągnięcia Arabów w dziedzinie filozofii, astronomii, matematyki oraz medycyny stanowiły trwały wkład w cywilizację światową. Za ich pośrednictwem do Europy dotarły również luksusowe przedmioty, np. broń ze stali damasceńskiej, perfumy, kobierce. Dzięki Arabom w średniowieczu nie popadło w zapomnienie wiele dzieł antycznych – ich treść Europejczycy poznali dzięki uczonym arabskim.

Zmiana układu sił politycznych na Bliskim Wschodzie, a także przemiany społeczne i gospodarcze w Europie Zachodniej przyczyniły się do rozpoczęcia pod koniec XI w. wypraw krzyżowych przez rycerstwo europejskie. Podstawowym celem krucjat było odzyskanie Ziemi Świętej z rąk muzułmanów. Po początkowym sukcesie I krucjaty i utworzeniu na Bliskim Wschodzie

Królestwa Jerozolimskiego oraz innych państw chrześcijańskich krzyżowcy zaczęli ponosić porażki. Ponadto po IV wyprawie krzyżowej, podczas której zdobyto Konstantynopol, znacznie pogorszyły się ich stosunki z Bizantyjczykami. Terytoria zajęte przez krzyżowców na Bliskim Wschodzie szybko malały, a w 1291 r. upadła Akka – ich ostatnia twierdza.

W rezultacie wypraw krzyżowych wzrosła nietolerancja religijna i utrwaliła się wrogość pomiędzy muzułmanami a chrześcijanami. Do pozytywnych następstw krucjat można zaś zaliczyć: towarzyszącą im wymianę osiągnięć cywilizacyjnych, poszerzenie wiedzy Europejczyków o świecie oraz rozkwit handlu lewantyńskiego.

Półwysep Iberyjski w średniowieczu był zamieszkiwany przez społeczność składającą się z wyznawców trzech religii monoteistycznych: judaizmu, chrześcijaństwa i islamu. Muzułmanie (Maurowie), panujący na tych terenach od początku VIII w., prowadzili zazwyczaj tolerancyjną politykę względem ludności żydowskiej oraz chrześcijańskiej. Umożliwiło to współpracę wyznawców wszystkich trzech religii w zakresie nauki, kultury i gospodarki. Przyczyniały się do niej również późniejsze inicjatywy władców chrześcijańskich, takie jak tzw. szkoła tłumaczy w Toledo. Sytuacja zmieniła się dopiero pod koniec XV w., po zajęciu całego Półwyspu Iberyjskiego przez chrześcijan. Rekonkwista doprowadziła do wygnania oraz prześladowań muzułmanów i wyznawców judaizmu. Po rozpoczęciu wypraw krzyżowych w całej Europie coraz częściej dochodziło do wypędzeń i pogromów ludności żydowskiej, a także do nawracania jej siłą na chrześcijaństwo.

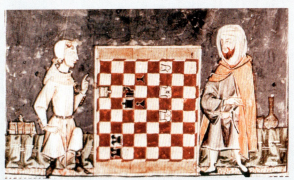

Pojedynek szachowy pomiędzy krzyżowcem a Saracenem został przedstawiony na miniaturze w księdze gier z czasów króla Kastylii i Leonu Alfonsa X Mądrego. Wyprawy krzyżowe i rekonkwista były okresem nie tylko krwawych walk, ale także wzmożonej wymiany kulturowej pomiędzy cywilizacjami: muzułmańską i chrześcijańską.

■ *miniatura, Hiszpania, XIII w.*

Ćwiczenia podsumowujące

1. Opisz przyczyny i skutki wędrówki ludów.
2. Przedstaw podziały chrześcijaństwa do XII w. Oceń ich rezultaty dla dalszych dziejów Europy.
3. Omów przebieg ekspansji Arabów. Wskaż zajęte przez nich rejony Europy.
4. Przeanalizuj skutki wypraw krzyżowych – oceń, dla kogo były one korzystne, a kto na nich stracił.
5. Wymień okoliczności ukształtowania się stereotypowego obrazu Żydów. Wyjaśnij, kto był za niego odpowiedzialny.
6. Przedstaw pozytywne i negatywne skutki istnienia państw wielonarodowych, których obywatele wyznają różne religie.

ŻYDZI W POLSCE

Jeden z najważniejszych pisarzy żydowskich z XX w., Samuel Josef Agnon, przywołał legendę związaną z przybyciem Żydów do Polski.

I widział Izrael, jak ciągle powtarzają się jego cierpienia, jak mnożą się zakazy, wzmagają prześladowania, jak wielka staje się niewola, jak z powodu panującego zła nieszczęście goni nieszczęście, jak mnożą się akty wypędzenia, i nie mógł już dłużej wytrzymać z powodu tych, którzy go nienawidzili. Wyszedł więc na drogę, patrzył i pytał o ścieżki tego świata, która jest słuszna, którą powinien pójść, aby znaleźć wreszcie spokój. Wtedy z nieba spadła kartka: Idźcie do Polski! Poszli więc do Polski i ofiarowali królowi całą górę złota, a król przyjął ich z wielkimi honorami. Bóg ulitował się nad nimi i pozwolił im zaznać łaski od króla i książąt. [...] Istnieje jednak także przesłanka ku temu, że Izrael zamieszkiwał w polskim kraju od pradawnych czasów i rozkwitał tam w uczoności i prawie. Gdy przybyli bowiem z królestwa Franków, znaleźli w Polsce las, którego drzewa były pokryte napisami, a na każdym drzewie był traktat z Talmudu. To las kaweczyński, który ciągnie się do Lublina. Są też tacy, którzy wierzą, że również nazwa kraju pochodzi ze świętego źródła, z języka Izraela. Gdy Izrael bowiem tam dotarł, powiedział: „po-lin", co oznacza: „tu przenocuj!". I mieli na myśli, tu chcemy przenocować, zanim Bóg znowu pozwoli zebrać się rozproszonemu ludowi Izraela. Tak opowiadali nam nasi dziadowie.

H. Haumann, *Historia Żydów w Europie Środkowej i Wschodniej*, tłum. C. Jenne, Warszawa 2000, s. 22–23.

? PRACA ZE ŹRÓDŁAMI

1. Opisz przyczyny przybycia Żydów do Polski.
2. Wymień powody przyjęcia Żydów przez władców polskich.

PRZYBYCIE ŻYDÓW DO POLSKI

Przyjęcie Żydów R.P. 1096 to obraz namalowany przez Jana Matejkę. Artysta przedstawił wyobrażenie scen przybycia pierwszych osadników żydowskich na ziemie polskie.

? PRACA Z ILUSTRACJĄ

1. Opisz elementy wyglądu postaci przedstawionych przez malarza pozwalające rozpoznać je jako Żydów.
2. Odszukaj informacje, których władców Polski zaprezentowano na obrazie. Wskaż, który z nich sprawował wówczas władzę.
3. Wyjaśnij, z jakimi wydarzeniami wiązało się przybycie Żydów do Polski.
4. Przedstaw władcę, któremu powszechnie przypisuje się sprowadzenie Żydów do Polski. Podaj, jaki okres dzieli namalowane wydarzenia od jego panowania.

III
EUROPA ODKRYWA ŚWIAT

KROK POZA EUROPĘ

ZANIM POZNASZ NOWY TEMAT

1. Wymień nazwy akwenów, przez które przebiegały w starożytności szlaki morskie Greków, Fenicjan i Rzymian.
2. Opisz, w jaki sposób dochodziło do kontaktów Europejczyków z cywilizacjami Dalekiego Wschodu.

■ PRZEDNOWOŻYTNE WYOBRAŻENIA O ŚWIECIE

W średniowieczu podstawę wiedzy geograficznej Europejczyków w dużej mierze stanowiły nieliczne zachowane osiągnięcia cywilizacji antycznych, do których się odwoływano. Najlepiej znanymi terytoriami były wówczas ziemie leżące w basenie Morza Śródziemnego. Dzięki wyprawom krzyżowym, migracjom ludności, handlowi lewantyńskiemu oraz relacjom podróżników tę część świata poznano jeszcze dokładniej. Kupcy z Wenecji i Genui docierali również nad Morze Czarne. Nazwą

terra incognita (z łac. 'ziemia nieznana') nadal określano północne i wschodnie obrzeża Europy, ogromne obszary Afryki oraz Azji. Ludzie zajmujący się handlem wykorzystywali jedynie lądowy szlak azjatycki wiodący do Indii przez terytoria pozostające we władzy muzułmanów. Europejscy monarchowie organizowali wyprawy w celach politycznych na Daleki Wschód, dzięki czemu Europejczycy mogli lepiej poznać te tereny. W średniowieczu uważano, że kryły one największe skarby.

Ludzie żyjący w tej epoce uznawali Europę, Afrykę i Azję za odrębne części świata. Ziemię przedstawiano

---

■ Wyobrażenia na temat kształtu Ziemi i wszechświata

W średniowieczu wyobrażano sobie, że świat jest płaskim dyskiem podtrzymywanym przez słonie lub żółwie. Jego centrum stanowiła Ziemia Święta (z Jerozolimą), a wschodnim krańcem miał być biblijny raj. Zdaniem ówczesnych ludzi wypłynięcie na ocean oblewający świat groziło spadnięciem w przepaść. Opisywane w legendach nieznane lądy otaczała aura tajemniczości – miały je zamieszkiwać przerażające stworzenia, m.in. ludzie o głowach zwierząt lub mający po jednej wielkiej nodze.

W późnym średniowieczu zaczęto przyjmować opisywane już przez Arystotelesa wyobrażenie wszechświata jako struktury geocentrycznej. Zgodnie z tą koncepcją Ziemia znajdowała się w centrum, a otaczać ją miały różne sfery (np. wody, powietrza, ognia).

Uczony przekracza granice średniowiecznego wyobrażenia świata – alegoryczna ilustracja z okresu renesansu. Płaska Ziemia przykryta firmamentem nieba przesłaniać miała wszechświat, w którym ciała niebieskie poruszały się po niezbadanych jeszcze orbitach.

▪ *rycina, Włochy, ok. 1520 r.*

Ludzie psiogłowi zamieszkujący odległe krainy na Wschodzie zostali opisani i przedstawieni na ilustracjach w pochodzącej z końca XV w. *Kronice norymberskiej*. Co ciekawe, podobne wyobrażenia dotyczące mieszkańców Zachodu miewali ludzie na Dalekim Wschodzie.

▪ *rycina, Niemcy XV w.*

Średniowieczna mapa przedstawia podział świata na trzy kontynenty.

▪ *rycina, Niemcy XV w.,*

? Dlaczego w średniowiecznym wyobrażeniu świata centralne miejsce zajmowała Jerozolima?

na mapach jako płaski dysk, otoczony przepaścią. Przekonanie o istnieniu krawędzi świata, poza którą podróżnikom grozi niebezpieczeństwo, wywierało wpływ na trasy żeglugi morskiej. Statki pływały najczęściej w pobliżu wybrzeży. Dopiero w późnym średniowieczu Europejczycy zaczęli szerzej korzystać z zapomnianej, odkrywanej na nowo wiedzy geograficznej uczonych antycznych. Było to możliwe dzięki docierającym na Stary Kontynent arabskim tłumaczeniom dzieł autorów starożytnych. Bizantyjscy uczeni uciekali do łacińskiej części Europy przed ekspansją turecką. Często zabierali ze sobą cenne księgozbiory. Dzięki przetłumaczeniu dzieł greckich na łacinę na kontynencie wkrótce wzrosło zainteresowanie teoriami Eratostenesa i Klaudiusza Ptolemeusza, już w starożytności zakładających kulistość Ziemi. Zdaniem nielicznych średniowiecznych uczonych, przyjmujących tę koncepcję za słuszną, w celu dotarcia do słynących z bogactw krajów wschodnich należało więc kierować się na zachód. Na wzrost zaciekawienia Europejczyków światem wpłynął również kształtujący się już w XIV i XV w. światopogląd renesansowy – ludzie zaczęli poświęcać więcej uwagi sprawom ziemskim.

Pierwszy globus, wykonany w 1492 r. przez kupca niemieckiego Martina Behaima, przedstawiał tylko Europę oraz znane fragmenty Afryki i Azji. Innych kontynentów wtedy jeszcze nie odkryto. Wiedzę o ich istnieniu zdobyto dopiero po wyprawach Krzysztofa Kolumba.

▪ *globus, Niemcy, XV w.*

■ ŚREDNIOWIECZNI ODKRYWCY

We wczesnym średniowieczu kupcy bizantyjscy utrzymywali stałe kontakty handlowe z Azją Środkową i Chinami. W VII–VIII w. na dalekie ekspedycje zaczęli wyruszać również Arabowie oraz Chińczycy. Najwybitniejszymi podróżnikami byli **wikingowie**. Dotarli oni do **Islandii**, a pod koniec X w. – także do **Grenlandii**.

ŹRÓDŁA I INTERPRETACJE

ŚREDNIOWIECZNE POGLĄDY DOTYCZĄCE KIERUNKÓW ŚWIATA

Jerzy Strzelczyk, współczesny historyk zajmujący się średniowieczem, opisał wyobrażenia ludzi żyjących w tej epoce na temat czterech stron świata.

Południe i północ to – tak w starożytności, jak i w średniowieczu – kierunki mało atrakcyjne, ponieważ panowało przekonanie o niemożności przeniknięcia zbyt daleko w te strony świata ze względu na nieprzezwyciężalne przeszkody klimatyczne: równikowe gorąco, zimno na północy. [...] Przeszkód klimatycznych nie należało natomiast obawiać się na zachodzie i wschodzie, kierunkach położonych w tym samym klimacie. Zachód – strona zachodzącego słońca, krainy zmarłych, odgrywająca tak znaczącą rolę np. w światopoglądzie ludów celtyckich, ani w starożytności, ani w średniowieczu nie budziła zbyt wielkiego zainteresowania. Europa łacińska sama była przecież położona na zachodzie, znała – jak by się mogło wydawać – swą zachodnią peryferię nie najgorzej [...]. Ocean Zachodni stanowił naturalny kres eksploracji i oczekiwań; chyba że miałby służyć jako najkrótsza droga ku wschodowi.

Najważniejszą stroną świata dla chrześcijańskiego średniowiecza był bez wątpienia wschód, gdzie pojawia się słońce, skąd przychodzi światło, ciepło i życie. Na wschodzie znajduje się raj ziemski. Chrystus wstąpił do nieba, zwracając się ku wschodowi. Stamtąd świat oczekuje paruzji [ponownego przyjścia Chrystusa na świat przed Sądem Ostatecznym] i zbawienia. Na wschodzie, z punktu widzenia Europy, położona jest kolebka chrześcijaństwa: Palestyna. Tam kierowały się pielgrzymki. Wschodu dotyczyły liczne opisy podróży. Azja – miejsce tylu legend i mitów starożytności i średniowiecza, kontynent najważniejszy i najbogatszy, największy z wszystkich trzech, ale i tak znacznie rozleglejszy, niż wówczas sądzono.

J. Strzelczyk, *Średniowieczny obraz świata*, Poznań 2004, s. 86–88.

? PRACA ZE ŹRÓDŁAMI

1. Określ kierunek świata budzący największe zainteresowanie Europejczyków w średniowieczu. Uzasadnij swój wybór.
2. Oceń znaczenie kierunku zachodniego dla mieszkańców średniowiecznej Europy.

Imperium mongolskie

Na przełomie XII i XIII w. na czele zjednoczonych koczowniczych plemion mongolskich stanął Temudżyn. Stworzył on imperium rozciągające się od wybrzeży Oceanu Spokojnego aż po Ural i przyjął imię Czyngis-chan. W XIII w. Mongołowie podbili Chiny, a następnie zaatakowali Ruś i podporządkowali ją sobie na 200 lat. Najeźdźcy mongolscy, nazywani Tatarami, budzili w Europie powszechne przerażenie z powodu swojego okrucieństwa. Papiestwo oraz władcy chrześcijańscy próbowali zawrzeć sojusz z Mongołami w celu wyzwolenia Ziemi Świętej spod panowania tureckiego. Wysyłali na Daleki Wschód swoje poselstwa, które wprawdzie nie przyniosły pożądanych skutków politycznych, ale dostarczyły Europejczykom wielu informacji o krajach azjatyckich.

Część badaczy przypisuje im nawet odkrycie **Ameryki**. Efekt podejmowanych w XI w. wypraw wikingów na ten kontynent popadł jednak w zapomnienie.

Od drugiej połowy XIII w. rosła liczba podróżników, którzy spisywali relacje z pielgrzymek do Ziemi Świętej, wypraw dyplomatycznych i handlowych. Wysłany w 1245 r. na dwór chana mongolskiego Gujuka franciszkanin **Giovanni da Piano dei Carpini**, legat papieski, napisał *Historię Mongołów*. W wyprawie tej towarzyszył mu **Benedykt Polak**, franciszkanin z Wrocławia. W 1271 r. kupiec wenecki **Marco Polo** wyruszył na dwór chana Kubilaja. W *Opisaniu świata* Rusticello z Pizy przedstawił relację tego podróżnika z długiego pobytu w Indiach, Persji i Chinach. To znakomite dzieło zdobyło ogromne uznanie współczesnych i rozpalało ich wyobraźnię – zamieszczono w nim bowiem opisy niezwykłych bogactw Wschodu. W 1375 r. została opublikowana tzw. **mapa katalońska**, w której uwzględniono informacje Marca Polo. *Opisanie świata* studiowali wybitni żeglarze i odkrywcy, m.in. Krzysztof Kolumb. W 1330 r. powstała relacja **Odoryka z Pordenone** z wyprawy na Daleki Wschód. Autor – misjonarz włoski, którego w Kambałuku (dziś Pekin) wybrano na arcybiskupa – w latach 1317–1328 przebył ponad 50 tys. km. Trasa jego wyprawy wiodła z Włoch przez Azję Mniejszą, Indie, Cejlon, Sumatrę, Jawę i Półwysep Indochiński do Chin. Stamtąd po kilku latach trafił jako pierwszy Europejczyk do Lhasy, stolicy Tybetu. Po spotkaniu z wielkim chanem w Turkiestanie podróżnik wrócił do Europy.

Podczas gdy kupcy europejscy wyprawiali się do najdalszych zakątków Azji, Arabowie poznawali północną i środkową Afrykę. Najwybitniejszym podróżnikiem arabskim w XIV w. był pochodzący z Tangeru

MARCO POLO
1254–1324

Pochodził z weneckiej rodziny kupieckiej. Kilka miesięcy przed narodzinami przyszłego podróżnika jego ojciec i stryj wyjechali w interesach do Chin. Z wyprawy tej wrócili dopiero po 16 latach. Dwa lata później ojciec postanowił zabrać syna na swoją kolejną wyprawę na Daleki Wschód. W 1271 r. wyruszyli wspólnie w podróż. Zabrali ze sobą podarunki od papieża Grzegorza X dla wielkiego chana Kubilaja. Po 30 miesiącach podążania jedwabnym szlakiem dotarli do Chin. Na dworze chana spędzili 17 lat. Marco Polo został zaufanym wysłannikiem władcy. Dzięki temu mógł poznać różne części jego państwa, a także kraje Półwyspu Indyjskiego. Drogę powrotną do Europy rozpoczął od podróży statkiem do wybrzeży Persji. Następnie musiał przebyć ziemie opanowane przez Turków i dostać się do wybrzeży Morza Czarnego. Później popłynął do Konstantynopola, a w 1295 r. powrócił do rodzinnego miasta. Trzy lata później wziął udział w przegranej przez Wenecję bitwie morskiej i został wzięty do niewoli. Podczas uwięzienia w Genui poznał Rusticella z Pizy, który zebrał jego opowieści w dziele *Opisanie świata*.

Podróż Marca Polo przez kolejne stulecia stanowiła dla śmiałków z Europy inspirację do poszukiwań nowej drogi do Indii. Odkrywca szlaku uniezależniającego kupców europejskich od muzułmańskich pośredników mógłby zdobyć fortunę i zyskać sławę.

▪ *miniatura, Europa Zachodnia, XV w.*

ŚRÓDZIEMNOMORSKIE SZLAKI HANDLOWE

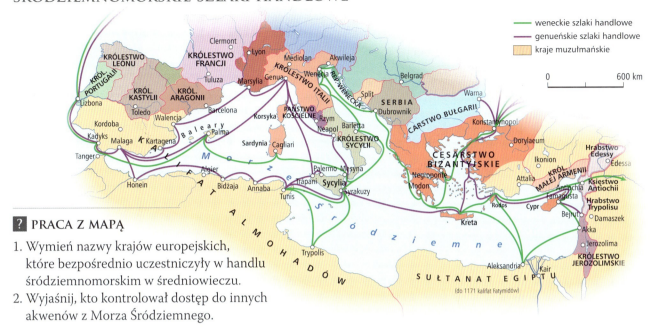

Legenda:
— weneckie szlaki handlowe
— genueńskie szlaki handlowe
kraje muzułmańskie

0 — 600 km

❓ PRACA Z MAPĄ

1. Wymień nazwy krajów europejskich, które bezpośrednio uczestniczyły w handlu śródziemnomorskim w średniowieczu.
2. Wyjaśnij, kto kontrolował dostęp do innych akwenów z Morza Śródziemnego.

Ibn Batuta. Dotarł on do legendarnego Timbuktu nad rzeką Niger. W XV w. na Oceanie Spokojnym dominowali Chińczycy. W latach 1405–1433 admirał Zheng He na czele swojej floty dopłynął przez Ocean Indyjski do Cejlonu, Indii, Półwyspu Arabskiego, a nawet Abisynii (dzis. Etiopia).

■ PODŁOŻE EKONOMICZNE WYPRAW ODKRYWCZYCH

Główne przyczyny organizowania wypraw odkrywczych miały charakter ekonomiczny. Gdy w XV w. w Europie Zachodniej zaczęto przezwyciężać kryzys gospodarczy, spowodowany m.in. wyludnieniem wynikającym z wielkiej epidemii dżumy, najbogatszym mieszkańcom tych obszarów coraz bardziej zależało na zdobywaniu wschodnich towarów luksusowych. Korzenie, pachnidła, barwniki, tkaniny i owoce egzotyczne sprowadzano drogą lądową z Indonezji, Chin, Indii oraz Azji Środkowej do portów syryjskich i egipskich. W wymianie handlowej pośredniczyli Arabowie oraz Turcy, co znacznie podwyższało cenę wyrobów. Jednak ani niekorzystny dla Europejczyków bilans tego handlu, ani zdobycie Konstantynopola w 1453 r. przez Turków i opanowanie przez nich Bliskiego oraz Środkowego Wschodu na początku XVI w. nie ograniczyły handlu między Europą a Bliskim i Dalekim Wschodem. Turcy osmańscy byli stale zainteresowani czerpanymi z niego ogromnymi zyskami. W zamian za luksusowe towary Europejczycy mogli im zaoferować wyłącznie srebro i złoto. Mimo szybkiego rozwoju górnictwa w XV w. w Europie zaczęło brakować szlachetnych kruszców. W tej sytuacji organizowano wyprawy morskie, które miały omijać posiadłości tureckie w drodze na Daleki Wschód. Europejczycy liczyli na to, że odkrycie nowej drogi do Indii umożliwi im bezpośrednie docieranie do źródeł wschodnich produktów i obniżenie kosztów importu. Jak wierzyli, swobodne podróże na Półwysep Indyjski staną się łatwiejsze po odnalezieniu gdzieś w Afryce lub Azji legendarnego chrześcijańskiego „państwa księdza Jana". W XV w. utożsamiano je z chrześcijańską Abisynią.

■ ROZWÓJ NAUKI I TECHNIKI

Wyprawy odkrywcze pod koniec średniowiecza nie byłyby możliwe bez rozwoju nauki i techniki, a zwłaszcza bez postępu w konstruowaniu statków oraz urządzeń nawigacyjnych. Dzięki żaglowcom nowego typu, zwanym **karawelami**, organizowano wyprawy dalekomorskie. Zaczęto wówczas korzystać również z dokładniejszych tablic astronomicznych. Zastosowanie znalazły także: **busola** z igłą magnetyczną, **astrolabium**, pozwalające określić umiejscowienie statku na podstawie położenia ciał niebieskich, oraz **log**, służący do pomiaru prędkości jednostki morskiej. Ponadto coraz częściej używano **kwadrantu** oraz **laski Jakuba**, umożliwiających w miarę dokładne określenie szerokości geograficznej. Dzięki tym wszystkim wynalazkom, w większości przejętym od Arabów, żeglarze mogli pływać statkami po oceanie, z dala od lądu. Zadanie ułatwił im też rozwój kartografii, który nastąpił w XV w.

W DRODZE NA WSCHÓD

Od czasów starożytnych z Dalekiego Wschodu
na Zachód prowadziła lądowa droga handlowa
– jedwabny szlak. Mieszkańcy Europy zaopatrywali się
nim w luksusowe towary, takie jak jedwab, barwniki,
przyprawy i papier. Był on także pomostem umożli-
wiającym wymianę kulturową, zwłaszcza w sferze
religii. Do poznania szlaku oraz kultury Chin przez
Europejczyków przyczyniły się relacje podróżników
– szczególnie *Opisanie świata* napisane na podstawie
relacji Marca Polo. Handel na tej trasie kwitł w czasach imperium mongolskiego, po którego rozpadzie
zaczął zanikać. Pchnęło to Europejczyków do poszukiwania morskiej drogi w celu dotarcia do bogactw
Wschodu.

1. **Wybrzeża**, którymi nie byli zainteresowani iberyjscy żeglarze
   (m.in. kraje wokół Bałtyku), były przedstawione w sposób
   uproszczony, z pominięciem wielu szczegółów.
2. **Morze Czerwone** zostało oznaczone kolorem czerwonym.
3. **Róża wiatrów** wskazywała kierunki świata.
4. Słabo znane Europejczykom **wyspy leżące na Atlantyku**,
   skolonizowane dopiero w XV w., zostały przedstawione na mapie
   z poprzedniego stulecia.

Franciszkanie Giovanni da Pian del Carpini i Benedykt Polak
wyruszyli w 1245 r. z rozkazu papieża Innocentego IV z misją do
siedziby Wielkiego Chana w Karakorum. Uznaje się ich za pionie-
rów europejskich wypraw na Daleki Wschód.

▪ *miniatura, Francja, XV w.*

Mapy katalońskie były typem portolanów, czyli map opisujących
wybrzeże. Charakter portolanów był związany ze stosowaną w średniowieczu żeglugą przybrzeżną – pływano od portu do portu, nie
oddalając się zbytnio od lądu. Najsłynniejszą średniowieczną mapą
tego typu jest *Atlas kataloński* stworzony w 1375 r.

▪ *mapa, Hiszpania, XIV w.*

Jedwabnym szlakiem karawany kupieckie pokonywały trasę o długości ponad 6 tys. km. Transportowały z Chin do krajów Lewantu jedwab, który w średniowieczu był tkaniną wysoko cenioną przez Europejczyków. Następnie towary były rozprowadzane dalej na zachód przez Morze Śródziemne.

▪ *mapa, Hiszpania, XIV w.*

Odoryk z Pordenone był kolejnym franciszkaninem, który odkrywał tereny Azji. Ok. 1318 r. wyruszył z misją chrystianizacyjną, w trakcie której ochrzcił ponad 20 tys. osób. W relacji z podróży jako pierwszy opisał obyczaje panujące w Chinach. Po śmierci został w Pordenone otoczony kultem, co doprowadziło do jego beatyfikacji w XVIII w.

▪ *miniatura, Francja, XV w.*

Uprawa pieprzu została przedstawiona na średniowiecznej miniaturze. Była to wówczas przyprawa tak cenna, że niekiedy używano jej jako ekwiwalentu pieniądza. Od czasu wypraw europejskich podróżników na Wschód wiedziano, że pieprz uprawia się daleko nie tylko od Europy, lecz także od odległej stolicy imperium mongolskiego. Nawiązuje do tego powiedzenie dotyczące dalekich miejsc: „tam, gdzie pieprz rośnie".

▪ *miniatura, Francja, XV w.*

Faktorie były placówkami handlowymi zakładanymi w koloniach. Jako pierwsi organizowali je Portugalczycy. Jedną z najstarszych faktorii – Zamek Elmina – utworzyli w XV w. na wybrzeżu dzisiejszej Ghany. Początkowo służyła ona wymianie handlowej z tubylcami. Z czasem stała się kluczowym punktem na trasie atlantyckiego handlu niewolnikami.

▪ *fotografia współczesna, Ghana*

? PRACA Z INFOGRAFIKĄ

1. Omów znaczenie istnienia połączeń handlowych między Dalekim Wschodem a Europą w średniowieczu.
2. Opisz wyprawy odkrywcze i działalność kolonizacyjną Portugalczyków w XV w.

■ Karawela

Pierwsze karawele portugalskie, wyposażone w pomocnicze żagle, pojawiły się ok. 1430 r. Karawela stanowiła połączenie statku z żaglami trójkątnymi, stosowanego przez muzułmanów na Morzu Śródziemnym, z jednostką o żaglach prostokątnych, typową dla Europy Północnej. Trójmasztowa konstrukcja z licznymi żaglami trójkątnymi i prostokątnymi zapewniała tym niewielkim statkom zwrotność oraz umożliwiała im zwiększenie prędkości i żeglugę nawet przy przeciwnych wiatrach. Do zrewolucjonizowania techniki nawigacji oraz zwiększenia zwrotności jednostek morskich przyczyniło się zastosowanie unowocześnionego steru, tzw. zawiasowego, umieszczanego pod rufą.

Karawele okazały się wystarczająco stabilne i wytrzymałe, aby przebyć Ocean Atlantycki. Zawdzięczały to dużemu zanurzeniu i bardzo solidnemu wykonaniu kadłuba.

■ *fotografia, Stany Zjednoczone, 1992 r.*

? Które zalety karaweli zadecydowały o powodzeniu wypraw oceanicznych?

■ UWARUNKOWANIA SPOŁECZNE WYPRAW ODKRYWCZYCH

Na zainteresowanie mieszkańców Półwyspu Iberyjskiego wyprawami dalekomorskimi wpływało jego położenie w sąsiedztwie Atlantyku i północnych wybrzeży Afryki. Początkowo środkami materialnymi niezbędnymi przy organizacji ekspedycji odkrywczych dysponowali wyłącznie władcy. Później, gdy łupy i zyski czerpane z wypraw były coraz większe, inicjatywę związaną z koordynowaniem przedsięwzięć tego typu przejęła **szlachta** (**portugalska** i **hiszpańska**). Inicjowała je ona przy współudziale kapitału kupieckiego. Po zakończeniu rekonkwisty część szlachty hiszpańskiej, nazywanej *hidalgos* i służącej dotąd w wojsku, utraciła podstawowe źródło dochodów. Wyprawy zamorskie miały przynieść tym ludziom korzyści oraz rozładować napięcia społeczne, związane m.in. ze stopniowym rozdrabnianiem posiadłości feudalnych, które dzielono między potomstwo właścicieli ziemskich.

■ EKSPANSJA PORTUGALSKA

W XV w. Portugalczycy dokonali pierwszych znaczących odkryć geograficznych. W efekcie tego Europejczycy zyskali wiedzę o nieznanych dotąd lądach. Odkrywców portugalskich wspierali głównie kupcy genueńscy, którzy mieli duże doświadczenie w śródziemnomorskiej żegludze. Portugalczycy wyruszali w podróże wzdłuż zachodnich wybrzeży Czarnego

—— HENRYK ŻEGLARZ ——
1394–1460

Był synem króla Portugalii Jana I Dobrego oraz Filipy Lancaster, spokrewnionej z władcami angielskimi. Jako jeden z młodszych potomków monarchy nie miał realnych szans na objęcie tronu po ojcu. W 1415 r. wraz ze swoimi braćmi podbił Ceutę – twierdzę muzułmanów w Maroku. Jako wielki mistrz kierował Zakonem Rycerzy Chrystusa, który w Portugalii zastąpił templariuszy. Książę postanowił sfinansować wyprawy dalekomorskie, ponieważ upatrywał w nich szansę pomnożenia swoich zysków. Zorganizował wiele ekspedycji odkrywczych. Ich uczestnicy przemieszczali się wzdłuż zachodnich wybrzeży Afryki na południe. Dzięki tym podróżom wzrosła wiedza geograficzna Europejczyków, a ponadto po opłynięciu przez żeglarzy przylądka Bojador został przełamany ich strach przed dalekimi wyprawami. Przedsięwzięcie Henryka zaczęło przynosić mu zyski dopiero po ok. 40 latach. Książę zamieszkał w Sagres, dokąd sprowadził też konstruktorów, pracujących nad udoskonaleniem statków, oraz kilku najwybitniejszych kartografów, którzy zbierali relacje od powracających żeglarzy. Henryk Żeglarz jest uznawany za prekursora portugalskiej ekspansji zamorskiej i inicjatora wielkich odkryć geograficznych.

Lądu. Wyprawy te zainicjował Henryk Żeglarz, syn króla Jana I. Książę założył w Sagres pierwszą w historii szkołę morską, w której kształcono marynarzy, nawigatorów, kartografów i astronomów. Jednym z jej absolwentów był Krzysztof Kolumb. Przyszły odkrywca Ameryki uczestniczył w portugalskich wyprawach wzdłuż wybrzeży Afryki. Henryk Żeglarz nigdy nie odbył podróży dalekomorskiej statkiem, ale zgromadził wokół siebie uczonych, kartografów i żeglarzy w celu organizacji ekspedycji na nowe obszary. Około 1419 r. kierowane przez niego wyprawy karawel dotarły do wybrzeży Madery. Wkrótce potem Portugalczycy zajęli Wyspy Kanaryjskie i Azory, a następnie opanowali Wyspy Zielonego Przylądka oraz dotarli do ujść rzek: Senegalu i Gambii. W 1444 r. załoga odkrywcy portugalskiego Gila Eanesa pojmała 200 ludzi w pobliżu Przylądka Białego, co zapoczątkowało europejski handel niewolnikami z Afryki. Do Portugalii przywożono głównie złoto oraz kość słoniową. Niewolnicy byli potrzebni jako siła robocza nie tylko w Portugalii, lecz także na zagospodarowanych przez nią Azorach oraz Maderze. W 1482 r. kolejna wyprawa dotarła do ujścia rzeki Kongo i wybrzeży dzisiejszej Angoli.

W tym okresie kolonizatorzy portugalscy założyli jedynie na nowych lądach kilka ufortyfikowanych faktorii handlowych, które przynosiły duże dochody władcom. W 1452 r. papież Mikołaj V przyznał Portugalii monopol na handel afrykański.

Przełomowe znaczenie miała wyprawa Bartolomeu Diaza. W 1488 r. dotarł on do południowego krańca Afryki, który nazwał „Przylądkiem Burz". Jednak król portugalski Jan II, który zdawał sobie sprawę z wagi jego odkrycia, zmienił tę nazwę na „Przylądek Dobrej Nadziei".

W trakcie przeciągających się przygotowań do kolejnych wypraw portugalskich starania o zorganizowanie własnych ekspedycji odkrywczych rozpoczęła także jednocząca się Hiszpania. Monarchowie tych państw zaczęli wówczas rywalizować ze sobą o pierwszeństwo w dziedzinie wielkich wypraw morskich.

WYPRAWY PORTUGALCZYKÓW

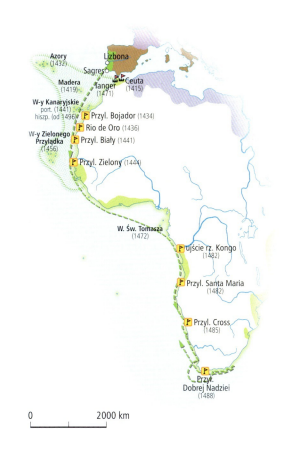

- - - → wyprawa Bartolomeu Diaza (1487–1488)
.... obszary poznane przez Portugalczyków za panowania Henryka Żeglarza (1420–1462)
obszary opanowane przez Portugalczyków w XV w.
obszar imperium osmańskiego
ważniejsze odkrycia geograficzne
miasta zdobyte przez Portugalczyków

❓ PRACA Z MAPĄ

1. Wyjaśnij, dokąd dotarły wyprawy portugalskie do połowy XV w.
2. Oceń, które ze wskazanych odkryć miało największe znaczenie.

ĆWICZENIA

1. Omów wyobrażenia na temat świata, jakie mieli ludzie przed epoką wielkich odkryć.
2. Wymień najwybitniejszych średniowiecznych podróżników i przedstaw ich osiągnięcia.
3. Wyjaśnij przyczyny ekonomiczne rozpoczęcia wypraw odkrywczych.
4. Opisz rozwiązania techniczne w zakresie żeglugi oraz wynalazki w dziedzinie nawigacji, które umożliwiły zorganizowanie wypraw dalekomorskich.

2 WIELKIE ODKRYCIA GEOGRAFICZNE

ZANIM POZNASZ NOWY TEMAT

1. Wymień główne szlaki handlowe łączące Europę z Azją w starożytności i średniowieczu.
2. Przedstaw przyczyny wypraw odkrywczych Portugalczyków w XV w.

■ WYPRAWY KRZYSZTOFA KOLUMBA

Prowadzone przez Portugalczyków poszukiwania drogi morskiej do Indii wzdłuż wybrzeży afrykańskich nie były jedynymi próbami dotarcia takim sposobem na Wschód. Zwolennicy koncepcji o kulistości Ziemi przypuszczali, że przebycie Atlantyku może zająć mniej czasu i być bezpieczniejsze niż opływanie Czarnego Lądu. Król portugalski Alfons V już w 1474 r. korespondował z geografem włoskim Paolem Toscanellim, który opracował mapę takiej wyprawy. Jednak Portugalczycy nie zdecydowali się na ekspedycję, ponieważ uznali ją za zbyt ryzykowną.

Entuzjastą tego pomysłu pozostał żeglarz włoski **Krzysztof Kolumb**. W 1492 r. jego zamiary wsparła hiszpańska para królewska: Izabela I Kastylijska i Ferdynand II Aragoński. Gdy po zakończeniu wojen z muzułmanami w ich skarbcu zaczęło brakować złota, postanowili podjąć próbę zwiększenia dochodów królestwa poprzez zlecenie odkrycia szlaku handlowego do Indii. W wyprawie miały uczestniczyć trzy żaglowce: Santa Maria, Pinta i Niña. Ich załogi liczyły łącznie 90 osób. 3 sierpnia 1492 r. ekspedycja dowodzona przez Kolumba wyruszyła z portu w Palos.

Po ponad dwóch miesiącach podróży, **12 października 1492 r.**, żeglarze dotarli do jednej z wysp dzisiejszych Bahamów, położonej w pobliżu Ameryki. Kolumb nadał jej nazwę „Wyspa Świętego Zbawiciela" – **San Salwador**. Sądził, że przybył do wybrzeży Azji, dlatego napotkaną na tych terenach ludność nazwał **Indianami.** Następnie pożeglował ku brzegom Kuby i Hispanioli (dzis. Haiti). Tam doszło do katastrofy – zatonął statek Santa Maria. W tej sytuacji Kolumb wyruszył wraz z większością załogi w drogę powrotną. Część żeglarzy, która pozostała na Karaibach w nowo wybudowanym forcie Navidad, nie przetrwała do powrotu Kolumba – zginęła w wyniku walk z Indianami.

Po powrocie do Hiszpanii w marcu 1493 r. i owacyjnym powitaniu na dworze królewskim Kolumb uzyskał zgodę monarchów na odbycie kolejnej, znacznie większej wyprawy. Miało na nią wyruszyć 17 statków i ok. 1,5 tys. ludzi. W trakcie tej ekspedycji odkryto wiele wysp Antyli, a na Hispanioli zbudowano nową osadę. Jednak Kolumb nie okazał się dobrym zarządcą nowych posiadłości – buntowali się przeciwko niemu zarówno zmuszani do darmowej pracy Indianie, jak i niezadowoleni z nikłych zysków koloniści. Odkrywca musiał wrócić do Europy w celu sprowadzenia wsparcia. Po raz kolejny uzyskał je od monarchów hiszpańskich.

— KRZYSZTOF KOLUMB —
1451–1506

Był żeglarzem genueńskim. W latach 70. XV w. pływał po Morzu Śródziemnym jako agent jednego z włoskich domów bankowych. Później pracował w filii tego banku w Lizbonie. Wyprawiał się stamtąd w celach handlowych na wody Atlantyku. Zbierał też od żeglarzy i rybaków wiadomości na temat rejsów po oceanie. Dzięki analizie dostępnych opracowań geograficznych ustalił najkorzystniejszą trasę podróży z zachodniego wybrzeża Europy na wschodnie wybrzeże Azji, a także przybliżoną (trzykrotnie mniejszą od rzeczywistej) odległość pomiędzy nimi. Swój plan ekspedycji do Indii przedstawił władcom Portugalii, Anglii oraz Francji, jednak odmówili oni sfinansowania tego przedsięwzięcia. Ostatecznie wsparła je hiszpańska para królewska. Mianowała ona Kolumba dowódcą wyprawy, a ponadto admirałem i wicekrólem nowych ziem. Żeglarz miał także zatrzymać 1/10 wszystkich towarów oraz kosztowności, które zostaną znalezione na tych terenach. Podczas czterech wypraw dokonał wielu odkryć na Karaibach i w Ameryce Środkowej. Do końca życia uważał, że odnalazł nową drogę do Indii.

Statek Kolumba u wybrzeży nowo odkrytej wyspy wywołał strach rdzennych mieszkańców, którzy uciekli w obawie przed przybyszami. Taką scenę utrwalono na jednej z najstarszych rycin ilustrujących odkrycie Ameryki.

▪ *rycina, Włochy, XVI w.*

W 1498 r. rozpoczęła się jego trzecia wyprawa. Hiszpanie dopłynęli wówczas do stałego lądu amerykańskiego – były to okolice ujścia rzeki Orinoko. Oskarżony o złe zarządzanie zajętymi terenami, Kolumb został aresztowany i odstawiony w kajdanach do Hiszpanii. Mimo tego upokorzenia udało mu się namówić parę królewską na sfinansowanie następnej ekspedycji. Dotarła ona do wybrzeży dzisiejszego Hondurasu, ale nie przyniosła dużych korzyści materialnych. Admirał wrócił do Hiszpanii, gdzie po śmierci królowej Izabeli nie znalazł już poparcia na dworze. Kolonizacją odkrytych przez niego lądów leżących w basenie Morza Karaibskiego zajęli się wyznaczeni przez króla wysłannicy.

■ PIERWSZE KONTAKTY EUROPEJCZYKÓW Z INDIANAMI

W 1492 r. Kolumb odkrył wyspy zamieszkane przez członków plemienia Taino z grupy Arawaków. W trakcie późniejszych podróży do Nowego Świata zarówno

---

ŹRÓDŁA I INTERPRETACJE
STOSUNEK EUROPEJCZYKÓW DO NOWEGO ŚWIATA

Krzysztof Kolumb w liście do hiszpańskiej pary królewskiej przedstawił korzyści, które jego odkrycie mogło przynieść monarchii.

Aby dopełnić w krótkości opisu mej podróży i szybkiego powrotu i wynikających stąd korzyści, przyrzekam, że Królestwu naszemu Niezwyciężonym [Izabeli i Ferdynandowi] – wsparty małą ich pomocą – tyle dam złota, ile go będą potrzebowali, tyle kadzideł, bawełny, gumy (która jedynie na wyspie Chios się znajdowała), tyle drzewa aloesowego, tylu niewolników, ilu Ich królewska Mość zechce zażądać; również dostarczę rabarbaru i innych korzeni, które – jak sądzę – ci, których we wspomnianej twierdzy pozostawiłem, już znaleźli albo znajdą.

List Krzysztofa Kolumba o odkryciu Ameryki, tłum. Z. Celichowski, Poznań 1892, s. 24–25.

Portugalczyk Pêro Vaz de Caminha zrelacjonował pierwsze spotkanie z Indianami w Brazylii z 1500 r.

Zdają się być ludźmi tak niewinnymi, iż gdybyśmy tylko pojęli ich mowę, a oni naszą, natychmiast zostaliby chrześcijanami, bowiem, jak się zdaje, nie znają dotąd żadnej religii... ludzie ci są dobrzy i nad wyraz prości. Będziemy mogli na nich odcisnąć każde piętno, jeśli tylko zechcemy, albowiem Bóg jako dobrych ludzi obdarzył ich dobrymi ciałami i dobrymi twarzami.

M.C. Eakin, *Historia Ameryki Łacińskiej. Zderzenie kultur*, tłum. B. Gutowska-Nowak, Kraków 2009, s. 87.

Konkwistadorzy stosowali wobec mieszkańców Ameryki wyjątkowo okrutne kary za czyny przez chrześcijan uznawane za grzeszne, a w tradycji Indian w pełni akceptowane.

▪ *rycina, Hiszpania, XVI w.*

❓ PRACA ZE ŹRÓDŁAMI

1. Określ motywy działania zdobywców Nowego Świata.
2. Wyjaśnij, jak Europejczycy oceniali społeczeństwo Indian.

Kolumb, jak i inni odkrywcy poznawali lądy zaludnione przez Indian reprezentujących różne poziomy rozwoju cywilizacyjnego: od plemion koczowniczych po wysoko zorganizowane cywilizacje tworzące ośrodki miejskie. Początkowo kontakty Europejczyków z tubylcami miały charakter pokojowy. Dzięki miejscowym przewodnikom Kolumb mógł poznawać nowe wody oraz lądy. Indianie z ufnością witali przybyszów i prowadzili z nimi handel wymienny. Konflikty pomiędzy Europejczykami a autochtonami rozpoczęły się podczas zakładania przez tych pierwszych osiedli w Nowym Świecie. Hiszpanie żądali od Indian nie tylko złota, które na Antylach występowało w znikomych ilościach, lecz także darmowej pracy i nieustannych dostaw żywności. Roszczenia te prowadziły do buntów tubylców. Kolumb tłumił ich wystąpienia, a jego następcy kontynuowali te działania z całą bezwzględnością. Hiszpańska kolonizacja Karaibów (Hispanioli, Kuby, Portoryka) wiązała się z brutalnym podbojem tych terenów i niemal całkowitym wyniszczeniem zamieszkującej je populacji Indian.

■ DROGA MORSKA DO INDII

Kiedy Kolumb odkrywał Karaiby i wybrzeża Ameryki, Portugalczycy kontynuowali wyprawy morskie wzdłuż Czarnego Lądu mające na celu znalezienie drogi do Indii. W 1497 r. wyruszyła ekspedycja, na której czele stanął **Vasco da Gama**. Początkowo żeglarze płynący w stronę Przylądka Dobrej Nadziei musieli się mierzyć z niepomyślnymi wiatrami i burzami. Po opłynięciu tego miejsca statki skierowano na północ. Przemieszczały

── VASCO DA GAMA ──
1469–1524

Był żeglarzem portugalskim. Pochodził z wpływowej rodziny szlacheckiej. W młodości otrzymał staranne wykształcenie, zwłaszcza w dziedzinie astronomii i nawigacji. Od 1492 r. kierował obroną portugalskiej floty handlowej przed atakami Francuzów. Jego ojciec otrzymał od władcy zadanie przygotowania wyprawy morskiej do Indii, ale przed wyruszeniem na nią zmarł w 1497 r. Syn postanowił kontynuować tę misję i w tym samym roku wypłynął z portu w Belém. Jego flota dotarła do pożądanego celu. W trakcie prowadzenia interesów handlowych w Indiach da Gama wywołał napięcie w stosunkach z lokalnym władcą. W drodze powrotnej do Portugalii duża część jego załogi zmarła na szkorbut. Po powrocie do kraju podróżnik został hojnie wynagrodzony przez władcę, który nadał mu tytuł admirała mórz indyjskich oraz przyznał wysoką coroczną pensję i posiadłości ziemskie. W 1502 r. monarcha wysłał da Gamę w kolejną podróż do Indii. Przebiegły dowódca Portugalczyków w celu zniszczenia przeciwników zawierał sojusze ze zwaśnionymi władcami indyjskimi. Brutalnie zwalczał też kupców muzułmańskich. Podczas zdobywania Kalikatu zbombardował port, a zakładników rozkazał zgładzić. W 1524 r. został wicekrólem Indii. Niedługo po przybyciu tam zachorował i zmarł.

Wieża w Belém strzegła w XVI w. wejścia do lizbońskiego portu. Została wzniesiona z rozkazu króla Manuela I Szczęśliwego w charakterystycznym stylu nazywanym od imienia władcy manuelińskim. Styl ten znalazł liczne odwzorowania i nawiązania w architekturze budowli wznoszonych w XVI i XVII w. w koloniach portugalskich w Indiach, Afryce, na Dalekim Wschodzie i w Ameryce.

▪ *fotografia współczesna, Lizbona*

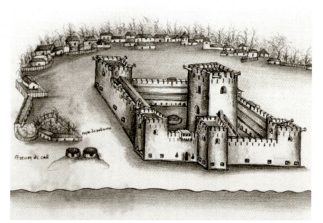

Kalikat (dziś. Kozhikode) był pierwszym portem w Indiach, do którego przybili Europejczycy. Portugalczycy założyli w pobliżu miasta warowną faktorię handlową, która miała zabezpieczać interesy portugalskie w Indiach. Zagrażały jej ataki ze strony Arabów i ich sprzymierzeńców, którzy nie chcieli się pogodzić z utratą monopolu na handel towarami indyjskimi z Europą.

▪ *rycina, Portugalia, XVI w.*

WYPRAWY EUROPEJCZYKÓW DO AMERYKI

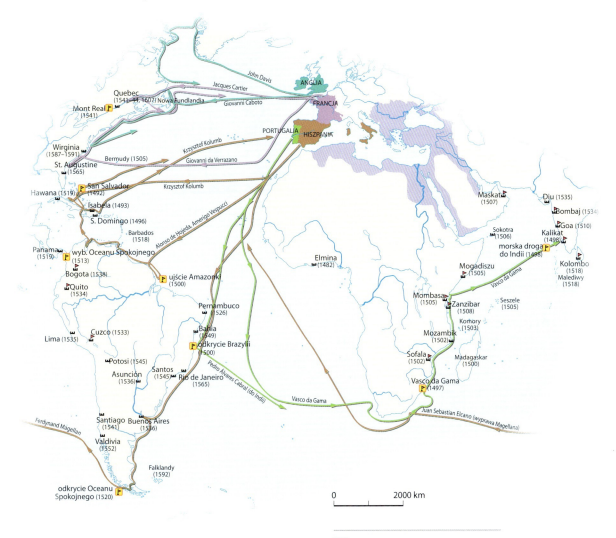

najważniejsze odkrycia geograficzne na przełomie XV i XVI w.

miasta zdobyte przez odkrywców i konkwistadorów

forty wybudowane przez odkrywców i konkwistadorów

Trasy wypraw geograficznych:

hiszpańskie – Krzysztof Kolumb (1492–1493), Alonso de Hojeda i Amerigo Vespucci (1499–1500), Ferdynad Magellan i Juan Sebastian Elcano (1519–1522)

portugalskie – Vasco da Gama (1497–1499), Pedro Álvares Cabral (1500–1501)

angielskie – Giovanni Caboto (1497), John Davies (1585–1587)

francuskie – Giovanni de Verrazano (1524), Jacques Cartier (1534–1536)

? PRACA Z MAPĄ

1. Wymień w kolejności chronologicznej trzy najważniejsze odkrycia geograficzne z przełomu XV i XVI w.
2. Wyjaśnij, która z zaznaczonych na mapie wypraw, poza podróżami Kolumba i Magellana, miała najważniejsze znaczenie dla poznania świata przez Europejczyków.

się one wzdłuż wschodnich wybrzeży Afryki. W maju 1498 r., po dziewięciu miesiącach od wyruszenia z Lizbony, dopłynęły do celu – portu w Kalikacie (w zachodnich Indiach). Przybysze z Europy zostali przyjęci przez lokalnego władcę z nieufnością.

W efekcie kolejnych wypraw Portugalczycy stopniowo umacniali swoje panowanie na wybrzeżach Afryki oraz Półwyspu Indyjskiego. Aby chronić interesy handlowe Portugalii, nierzadko wykorzystywali broń palną. Często stosowali też terror i skutecznie podburzali lokalnych władców przeciwko sobie. W ten sposób podporządkowywali sobie zamorskie terytoria oraz tworzyli imperium, które od początku XVI w. rozciągało się na kilku kontynentach. Rozsiane wzdłuż wybrzeża afrykańskiego i w Indiach forty oraz faktorie portugalskie zapewniały łączność pomiędzy Europą, Afryką i Azją.

■ POZNAWANIE NOWEGO ŚWIATA

Relacje żeglarzy oraz odkrywców dotyczące nieznanych do tej pory obszarów były studiowane przez uczonych i służyły do opracowywania coraz dokładniejszych map. Pochodzący z Florencji żeglarz **Amerigo Vespucci** opisał swoje wyprawy do Nowego Świata. Na podstawie analizy tej rozpowszechnionej w Europie publikacji wywnioskowano, że ziemie odkryte przez Kolumba nie były wybrzeżami Azji, lecz kontynentów nieznanych wcześniej Europejczykom. Na cześć Vespucciego nazwano je „**Amerykami**".

Po przybyciu pierwszych osadników na Karaiby Hiszpanie rozpoczęli penetrację wybrzeży lądu amerykańskiego i poszukiwania złota. Poza Ameryką Środkową odkryli również wybrzeża Florydy. Vasco Núñez de Balboa poprowadził wyprawę, która w 1513 r. przez Przesmyk Panamski dotarła do Pacyfiku.

Poza Hiszpanią i Portugalią wyprawami na nieznane lądy interesowały się na przełomie XV i XVI w. również inne państwa europejskie. W 1497 r. pozostający w służbie angielskiej Włoch **Giovanni Caboto**, znany jako John Cabot, próbował dotrzeć do Indii drogą wiodącą na północny zachód. Dopłynął do wybrzeży dzisiejszej Kanady – Nowej Fundlandii i Labradoru. Król Francji Franciszek I sfinansował ekspedycję **Giovanniego da Verrazana**, który w 1524 r. również opływał wschodnie wybrzeże Ameryki Północnej. Inna francuska wyprawa, dowodzona przez **Jacques'a Cartiera**, w 1534 r. dotarła tam do brzegu w okolicy Zatoki Świętego Wawrzyńca.

Portugalczycy po odkryciu drogi morskiej do Indii zorganizowali kolejną podróż. Jej celem miało być dostarczenie do kraju wielu wschodnich towarów. Na czele załogi liczącej 1,2 tys. marynarzy i płynącej

Pedro Cabral był pierwszym Europejczykiem, który stanął na brazylijskiej ziemi. W ślad za nim ruszyli misjonarze, których zadaniem było nawracanie tubylczej ludności na chrześcijaństwo.

■ rycina, Portugalia, XIX w.

— FERDYNAND MAGELLAN —
1480–1521

Był jednym z najwybitniejszych żeglarzy portugalskich. Jako paź króla Portugalii zdobył wykształcenie. W młodości wziął udział w wyprawach do Indii, wschodniej Afryki i Maroka. Czuł się niedoceniany przez władcę, dlatego w 1517 r. przeniósł się do Hiszpanii. Dzięki wsparciu króla Karola I zorganizował hiszpańską wyprawę, która miała dotrzeć do Wysp Korzennych (Moluków). Ekspedycję tę bezskutecznie próbowali utrudnić Portugalczycy. Magellan był surowym dowódcą – skazał na śmierć przywódców buntu załogi. Zimę 1520 r. spędził w Patagonii, gdzie założył osadę hiszpańską. W trakcie dalszego rejsu jeden z jego statków rozbił się, a podczas przepływania przez cieśninę nazwaną później nazwiskiem Magellana załoga innego okrętu postanowiła zawrócić do Hiszpanii. Po dotarciu na Filipiny Magellan nawiązał kontakt z tubylcami. Zaangażował się w walki pomiędzy lokalnymi władcami i zginął w czasie jednej z potyczek.

13 okrętami stanął kapitan **Pedro Cabral**. Początkowo dowodzone przez niego jednostki przemieszczały się trasą wytyczoną przez Vasco da Gamę, ale – prawdopodobnie wskutek burzy – zboczyły z niej daleko na zachód. W 1500 r. Portugalczycy dopłynęli do lądu, który nazwano „Ziemią Prawdziwego Krzyża" (port. *Terra de Vera Cruz*). Było to wschodnie wybrzeże Ameryki Południowej. Po ogłoszeniu przyłączenia tego terytorium do państwa portugalskiego Cabral i jego towarzysze wyruszyli na wschód – w dalszą podróż do Indii.

Początkowo Portugalczycy przede wszystkim importowali z nowych ziem drewno *Pau Brasil* – przekonali się bowiem, że stanowi ono doskonały surowiec do budowy żaglowców. Od określenia tego drzewa pochodzi szybko upowszechniona nazwa kraju – „**Brazylia**". Obszar ten był intensywnie kolonizowany przez Portugalczyków dopiero od lat 30. XVI w.

■ WYPRAWA DOOKOŁA ŚWIATA

Po odkryciu Nowego Świata Hiszpanie nadal chcieli odnaleźć szlak z Europy do Azji biegnący w kierunku zachodnim. Zadania tego podjął się doświadczony żeglarz portugalski **Ferdynand Magellan**. Był on przekonany, że dotarcie do wybrzeży azjatyckich od

Mapa Oceanu Spokojnego autorstwa Abrahama Orteliusa z XVI w. została ozdobiona ilustracją Victorii, jedynego okrętu z wyprawy dowodzonej przez Ferdynanda Magellana, który przetrwał i powrócił do Hiszpanii. Na mapie nie oznaczono nieznanej wówczas Europejczykom Australii, a nieproporcjonalnie dużą przedstawiono Nową Gwineę.

▪ *mapa, Niderlandy, XVI w.*

zachodu będzie bardziej opłacalne niż podróż szlakiem biegnącym wokół Afryki. Jego wyprawę wsparł finansowo król Hiszpanii. Monarcha ten liczył na zyski, które miał mu przynieść import towarów z Wysp Korzennych (Moluków). W sierpniu 1519 r. 270 marynarzy wyruszyło na pokładach pięciu statków z Sewilli na południowy zachód. Początkowo Magellan próbował opłynąć Amerykę Południową w rejonie ujścia

■ Wyprawa Drake'a

Pod koniec XVI w. na wyprawę dookoła świata wyruszył również korsarz angielski Francis Drake. Głównym celem jego ekspedycji była grabież złota przewożonego na statkach hiszpańskich przez Ocean Spokojny. Drake nie odnalazł na północy miejsca umożliwiającego przemieszczenie się z Pacyfiku na Atlantyk, podobnego do Cieśniny Magellana na południu, dlatego postanowił przedostać się na wody Oceanu Indyjskiego i opłynąć od południa Afrykę, by wrócić z bogatym łupem do Anglii. Gdy w 1580 r. zakończył ten trwający prawie trzy lata rejs, królowa Elżbieta I uhonorowała go tytułem szlacheckim i mianowała wiceadmirałem.

Replika Golden Hind (Złotej Łani) – okrętu flagowego, na którym Francis Drake w latach 1577–1580 opłynął kulę ziemską. Wyprawa ta zakończyła dla Hiszpanów okres bezpiecznej żeglugi po Pacyfiku.

▪ *fotografia, Ocean Atlantycki, 1987 r.*

? Jakie były inne zasługi Francisa Drake'a dla Anglii? Skorzystaj z dodatkowych źródeł informacji.

Potyczka w zatoce Kealakekua na Hawajach między Anglikami a tubylcami zakończyła się śmiercią kapitana Jamesa Cooka. Według opowieści ciało brytyjskiego dowódcy zostało zjedzone przez kanibali.

▪ *rycina, Wielka Brytania, XVIII w.*

Składanie ofiar z ludzi przez mieszkańców Oceanii robiło wstrząsające wrażenie na europejskich podróżnikach. Brytyjski artysta John Webber, towarzyszący Jamesowi Cookowi w wyprawie na Tahiti, przedstawił ten okrutny rytuał na grafice.

▪ *rycina, Wielka Brytania, 1777 r.*

La Platy, jednak w listopadzie 1520 r. udało mu się odkryć cieśninę, znajdującą się 2 tys. km dalej na południe. Przedostał się przez nią na wody Oceanu Spokojnego i w marcu następnego roku trafił na Filipiny, gdzie zginął w wyniku starcia z tubylcami. Ostatecznie eskadra pod dowództwem kapitana **Juana Elcano** dotarła do Moluków i zaopatrzyła się tam w przyprawy korzenne. W drodze do Hiszpanii jeden z hiszpańskich statków został zajęty przez Portugalczyków, kontrolujących wówczas Ocean Indyjski. Po ponad trzech latach wyczerpującego rejsu do Sewilli zawinął zaledwie jeden statek, na którego pokładzie znajdowało się 18 marynarzy. Dzięki wyprawie Magellana i Elcaño udowodniono, że można okrążyć świat, a także poznano szlak morski łączący Amerykę z Azją. Zapoczątkowało to międzykontynentalną wymianę handlową.

◼ ODKRYCIA JAMESA COOKA

W XVIII w. Europejczycy znali już znaczną część kuli ziemskiej. Jednak istniały również obszary niezbadane i budzące zainteresowanie badaczy. Brytyjczycy rozpoczęli wówczas kompleksowe badania geograficzne na półkuli południowej. Zadanie to powierzono Jamesowi Cookowi, doświadczonemu oficerowi marynarki.

W latach 1768–1779 poprowadził on trzy ekspedycje, dzięki którym znacznie poszerzyła się wiedza Europejczyków na temat Australii, uznanej za oddzielny kontynent, a także Nowej Zelandii, wielu wysp Oceanii i ogromnego obszaru Oceanu Spokojnego (odkryto m.in. Hawaje). Informacje zebrane podczas tych wypraw miały zasadniczy wpływ na podjęcie decyzji o rozpoczęciu przez Wielką Brytanię na przełomie XVIII i XIX w. kolonizacji kontynentu australijskiego. Do połowy XIX w. Brytyjczycy wykorzystywali ten obszar przede wszystkim jako kolonię karną dla więźniów.

WARTO WIEDZIEĆ

Dlaczego marynarze jedli kapustę kiszoną?

Podstawowym problemem nowożytnych żeglarzy był szkorbut, czyli groźna choroba spowodowana niedoborem witaminy C. James Cook zaobserwował, że szkodliwe skutki dolegliwości spowodowanych tym schorzeniem ustępują po uzupełnieniu diety owocami i warzywami. Podczas długich rejsów nie dało się jednak zachować ich świeżości. W tej sytuacji Cook zmusił swoich marynarzy do spożywania kiszonej kapusty. Zarządzenie to nie przypadło załodze do gustu, ale dzięki jego realizacji wyeliminowano masową zachorowalność na szkorbut.

ĆWICZENIA

1. Wyjaśnij, jakie znaczenie dla rozwoju światowej wymiany handlowej miały wyprawy: Krzysztofa Kolumba, Vasco da Gamy, Ferdynanda Magellana i Jamesa Cooka.
2. Opisz trudności, z którymi zmagali się odkrywcy europejscy na przełomie XV i XVI w.
3. Oceń, jak wielkie odkrycia geograficzne wpłynęły na sytuację polityczną w Europie.

3 EUROPEJCZYCY W NOWYM ŚWIECIE

ZANIM POZNASZ NOWY TEMAT

1. Wymień terytoria pozaeuropejskie, które zostały opanowane przez Portugalczyków do połowy XVI w.
2. Podaj, które państwa europejskie – poza Portugalią – organizowały wyprawy odkrywcze w XV i XVI w.

■ KONKWISTADORZY W AMERYCE ŚRODKOWEJ

Poszukujący nowych lądów Europejczycy podjęli w XV i XVI w. liczne wyprawy odkrywcze. Celem **konkwisty**, czyli zbrojnego podboju ze strony hiszpańskich i portugalskich zdobywców nazywanych **konkwistadorami**, stało się zdobycie terenów Ameryki. Jej rdzenni mieszkańcy starali się bronić przed ekspansją przybyszy zza wielkiej wody. Jednak przewaga technologiczna i bezwzględność najeźdźców oraz umiejętne wykorzystywanie przez nich międzyplemiennych waśni odbierały Indianom wszelkie szanse na zwycięstwo.

Najważniejszym zamiarem Hiszpanów było zdobycie bogactw. Gdy dowiedzieli się od Indian o dużych zasobach złota w głębi lądu, zapragnęli je zdobyć. Na czele wyprawy kolonistów osiedlonych wcześniej na Kubie stanął sekretarz tamtejszego gubernatora **Hernán Cortés**. W lutym 1519 r. do wybrzeża Meksyku

---

PRZYPOMNIJ SOBIE

Cywilizacje prekolumbijskie

W Ameryce przed przybyciem Kolumba, czyli w okresie prekolumbijskim, żyło ok. 350 wspólnot plemiennych. Liczba rdzennych Amerykanów pod koniec XV w. jest szacowana na 50–75 mln. Najwyższy stopień rozwoju kulturowego przedstawiali Majowie, Aztekowie i Inkowie. Te rolnicze ludy, choć nie znały koła i żelaza, osiągnęły wysoki poziom w wielu dziedzinach, m.in. w budownictwie, architekturze, astronomii, matematyce, rzemiośle i sztuce. Stworzyli własne pisma i opracowali kalendarze. Zachowane ruiny ich wielkich kamiennych miast i piramid do dziś zadziwiają badaczy. Majowie zamieszkiwali środkowoamerykański półwysep Jukatan. Nigdy nie stworzyli jednolitego państwa. Okresy rozkwitu ich cywilizacji przypadły na III–VIII w. oraz XIII–XV w. W czasie pierwszych kontaktów z Europejczykami w wyniku lokalnych wojen chyliła się ona już ku upadkowi.

Na północ od siedzib Majów na obszarach dzisiejszego środkowego Meksyku żyli Aztekowie. W XIV w. rozpoczęli podbój sąsiednich plemion oraz założyli swoją stolicę Tenochtitlán, w której żyło ponad 200 tys. ludzi.

Od XII do XV w. rozległe tereny Andów na zachodzie Ameryki Południowej zostały podbite przez wojowniczych Inków. Największymi inkaskimi miastami były stolica Cuzco oraz Machu Picchu, które założyli wysoko w górach. Potężne imperium Inków, zamieszkiwane przez ok. 5–10 mln mieszkańców, odznaczało się wysokim stopniem organizacji. Na czele scentralizowanego państwa stał inka, uważany za syna słońca, który panował przy pomocy kapłanów i urzędników. W rządach były im pomocne rozwinięta sieć dróg oraz sprawne sposoby komunikowania się, m.in. za pomocą dymu i ognia.

Tarasy z polami uprawnymi na zboczach Andów były dziełem inkaskich rolników. Posiedli oni wyjątkową umiejętność pozyskiwania i nawadniania pól w tak nieprzyjaznych warunkach.

■ *fotografia współczesna, Peru*

Złote puchary kultury Chimu, istniejącej w Andach przed powstaniem imperium Inków, zdobione były turkusami. Choć Indianie nie znali żelaza, wytwarzali piękne wyroby ze złota i srebra. Wiadomość o licznych wyrobach z metali szlachetnych ściągnęła na Inków najazd konkwistadorów.

■ *puchar, Peru, XIV w.*

dotarło kilkuset konkwistadorów. Przed podjęciem dalszych działań Cortés zapewnił sobie wsparcie ze strony plemion podbitych przez Azteków. Następnie zajął stolicę azteckiego imperium bez walki, w czym pomogły mu lokalne wierzenia. Po wkroczeniu do **Tenochtitlán** Hiszpanie uwięzili Montezumę, władcę Azteków, i zażądali od Indian danin w złocie. Brutalne rządy najeźdźców i pogrom kilku tysięcy mieszkańców stolicy szybko odebrały Aztekom złudzenia na temat ich intencji. Indianie wybrali nowego wodza i zorganizowali powstanie. Ocalała grupa konkwistadorów uciekła z miasta. W tej sytuacji Cortés sprowadził armię sprzymierzonych z nim plemion przeciwnych dominacji azteckiej i rozpoczął oblężenie stolicy. W trakcie walk najeźdźcy stopniowo burzyli miasto. W sierpniu 1521 r. wskutek głodu i epidemii ospy azteccy obrońcy poddali się po kilku miesiącach. Hiszpański dowódca na gruzach stolicy Azteków założył miasto **Meksyk**. Stało się ono siedzibą władz kolonii nazwanej Nową Hiszpanią, której pierwszym gubernatorem został Cortés. W następnych latach na zdobytych i podporządkowanych przez niego terytoriach osiedliło się kilka tysięcy przybyszy z Półwyspu Iberyjskiego. Mimo to liczebność populacji Meksyku do połowy XVI w. gwałtownie spadła z ok. 25 mln przed pojawieniem się konkwistadorów do ok. 2,5–5 mln. Było to skutkiem wysokiej śmiertelności wśród Indian z powodu sprowadzonych z Europy chorób i nadmiernego wysiłku podczas przymusowej pracy na plantacjach kolonistów.

■ PODBÓJ IMPERIUM INKÓW

Azteckie skarby, po które sięgnęli ludzie Cortésa, i legenda o tajemniczej krainie złota – Eldorado, zachęciły

── HERNÁN CORTÉS ──
ok. 1485–1547 r.

Drobny szlachcic hiszpański, konkwistador. W wieku 19 lat wziął udział w pierwszej wyprawie do Indii Zachodnich (dzis. Karaiby). W 1511 r. uczestniczył w zdobyciu Kuby. Następnie przez 8 lat pełnił tam funkcję sekretarza gubernatora Diega Velázqueza, z którym był zaprzyjaźniony. Dzięki jego pomocy w 1519 r. Cortés podjął przygotowania do ekspedycji w celu poszukiwania azteckiego złota na kontynencie. Ostatecznie w wyniku konfliktu z przełożonym samowolnie wyruszył do Meksyku. Później w trakcie podboju państwa Azteków pokonał wysłaną przeciw niemu ekspedycję karną sił Velázqueza i przejął dowodzenie nad jego żołnierzami. W 1521 r. zdobył skarby Tenochtitlánu i objął urząd gubernatora Nowej Hiszpanii. W kolejnych latach zorganizował wyprawy przeciw Majom na tereny Gwatemali i Hondurasu, a także prowadził poszukiwania złota wzdłuż wybrzeży Pacyfiku. Po odsunięciu go od władzy w 1541 r. wrócił do Hiszpanii, aby oczyścić się z oskarżeń o nadużycia. Wziął udział w walkach z piratami berberyjskimi u wybrzeży Algierii. W wyniku intryg dworskich do swojej śmierci w 1547 r. nie został przyjęty na audiencji u króla.

kolejnych konkwistadorów do wyruszenia w głąb kontynentu. Na czele wypraw europejskich osadników z obszaru dzisiejszej Panamy stanął hiszpański weteran armii królewskiej **Francisco Pizarro**. Zorganizował on oddział zbrojnych liczący 80 ludzi wraz z 40 końmi i w 1524 r. wyruszył na pierwszą wyprawę w kierunku

■ Siły konkwistadorów

W chwili lądowania u wybrzeży Meksyku Cortés dowodził niezbyt liczną grupą, która składała się z 530 Europejczyków oraz kilkuset indiańskich i afrykańskich tragarzy. Mimo niewielkiego arsenału Hiszpanie posiadali ogromną przewagę techniczną nad plemionami indiańskimi. Ekspedycja była wyposażona w kusze, halabardy, piki, rapiery oraz broń palną: 16 arkebuzów i 14 dział. Nieznana miejscowej ludności broń palna budziła wśród niej ogromny strach. Podobnie było w przypadku niewystępujących wówczas na kontynencie amerykańskim koni. Indianie uważali, że jeździec i zwierzę to jedno stworzenie o nadnaturalnych własnościach, dlatego nie można go pokonać. Konkwistadorom towarzyszyły również przywiezione psy, specjalnie szkolone do walki. Jednak hiszpańskie podboje w Ameryce nie byłyby możliwe bez wsparcia sprzymierzonych plemion.

? Na czym polegała przewaga konkwistadorów?

Napaść konkwistadorów na osadę indiańską w celu zrabowania złota została przedstawiona na renesansowej ilustracji. W zetknięciu z Hiszpanami wyposażonymi w budzącą paniczny strach broń palną Indianie mieli niewielkie szanse obrony.

■ *rycina, Francja, XVII w.*

Quetzalcoatl – Upierzony Wąż, w wierzeniach Azteków bóg świa-tła słonecznego i źródło wszelkiej wiedzy. W mitologii azteckiej za-powiadano jego powrót z krainy, w której wstaje słońce. Wierzono, że przybędzie pod postacią brodatego wojownika o białej skórze. Prawdopodobnie kapłani azteccy, którzy potajemnie chcieli zaszko-dzić Montezumie, przekazali mu informację, że według ich obliczeń astronomicznych rok wypełnienia przepowiedni nastał w czasie, kiedy Cortés wylądował na brzegu Jukatanu. Władca Azteków Montezuma II uznał go wówczas za wcielenie najwyższego boga.

▪ *rzeźba kamienna, Meksyk, ok. XV w.*

Ruiny Vilcabamby, która została zburzona przez Hiszpanów. Lo-kalizacja tego miasta była zagadką przez kilka stuleci. Na początku XX w. jego pozostałości zostały odnalezione. W latach 70. XX w. dotarła tam ekspedycja naukowa, która potwierdziła, że tu znajdo-wała się ostatnia stolica Inków. W tej wyprawie uczestniczyła para polskich podróżników: Elżbieta Dzikowska i Tony Halik – twórcy znanego programu telewizyjnego *Pieprz i wanilia*.

▪ *fotografia współczesna, Peru*

dzisiejszego Peru. Nie przyniosła ona jednak żadnych rezultatów. Kolejny raz Pizarro wyruszył tam dwa lata później, jednak ataki Indian znów zmusiły go do po-wrotu. Wreszcie dzięki audiencji na dworze królewskim w Hiszpanii uzyskał w 1528 r. nominację na gubernatora zdobytych ziem i pozwolenie na zorganizowanie eks-pedycji. W 1532 r. jego kompania złożona z ponad 150 żołnierzy dopłynęła do wybrzeży dzisiejszego Ekwa-doru i ruszyła w stronę imperium Inków. W tym cza-sie wewnątrz tego państwa toczyła się wojna domowa pomiędzy synami zmarłego kilka lat wcześniej władcy. W mieście Cajamarca Hiszpanie spotkali jednego z nich – sprawującego wówczas władzę **Atahualpę**, którego

wezwali do przyjęcia chrztu i podporządkowania się królowi hiszpańskiemu. Ówczesny inka, czyli król Inków, zlekceważył żądania garstki przybyszy. Wów-czas konkwistadorzy za pomocą broni palnej zaatako-wali 5-tysięczny orszak inki i uwięzili władcę. Pizarro zażądał za jego uwolnienie okupu w złocie i srebrze. Po uzyskaniu od Indian żądanego okupu w 1533 r. Hisz-panie zamordowali Atahualpę. Spowodowało to dezor-ganizację państwa, osłabionego już przedłużającym się wewnętrznym konfliktem i nową epidemią ospy wietrz-nej, która zdziesiątkowała ludność. Okoliczności te ułatwiły najeźdźcom zdobycie stolicy Inków – **Cuzco**, i podporządkowanie sobie dużej części ich państwa.

ŹRÓDŁA I INTERPRETACJE

PODBÓJ PERU

Jeden z konkwistadorów, przyrodni brat Francisca Pizarra – Pedro, pozostawił pamiętnik, w którym opisał stosunek władcy Inków do hiszpańskich zdobywców.

Atahualpa poczuł się pewnie i miał Hiszpanów za nic, bo gdyby ich nie lekceważył, wysłałby ludzi na podejście na prze-łęcz górską [...]. Jeśliby Atahualpa ustawił na tych przejściach trzecią część swych ludzi, zabiłby wszystkich Hiszpanów

wjeżdżających na górę, lub co najmniej większość z nich, a tych, co ocaleliby, pozabijałby w czasie ucieczki. Pan nasz zarządził, że do tego nie doszło, albowiem wolą Jego było, aby na tę ziemię weszli chrześcijanie.

M. Rostworowska, *Historia państwa Inków*, tłum. P. Prządka-Giersz, M. Giersz, Warszawa 2007, s. 268–269.

? PRACA ZE ŹRÓDŁAMI

1. Przedstaw opinię Pedra Pizarra na temat szans Inków na zwycięstwo nad konkwistadorami.
2. Wyjaśnij, w jaki sposób konkwistador usprawiedliwiał działania Hiszpanów w Peru.

PODZIAŁ KOLONIALNY
AMERYKI W XVI–XVII WIEKU

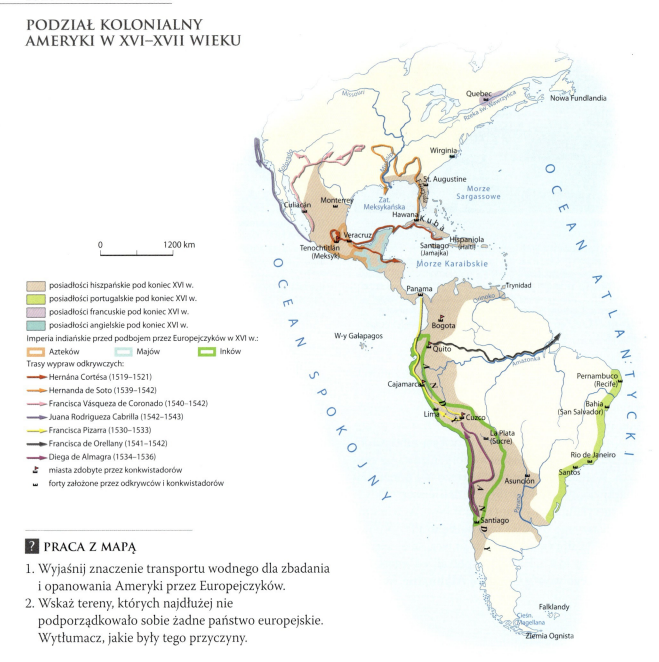

Legenda:

posiadłości hiszpańskie pod koniec XVI w.
posiadłości portugalskie pod koniec XVI w.
posiadłości francuskie pod koniec XVI w.
posiadłości angielskie pod koniec XVI w.

Imperia indiańskie przed podbojem przez Europejczyków w XVI w.:

Azteków   Majów   Inków

Trasy wypraw odkrywczych:

Hernána Cortésa (1519–1521)
Hernanda de Soto (1539–1542)
Francisca Vásqueza de Coronado (1540–1542)
Juana Rodrigueza Cabrilla (1542–1543)
Francisca Pizarra (1530–1533)
Francisca de Orellany (1541–1542)
Diega de Almagra (1534–1536)

miasta zdobyte przez konkwistadorów
forty założone przez odkrywców i konkwistadorów

? PRACA Z MAPĄ

1. Wyjaśnij znaczenie transportu wodnego dla zbadania i opanowania Ameryki przez Europejczyków.
2. Wskaż tereny, których najdłużej nie podporządkowało sobie żadne państwo europejskie. Wytłumacz, jakie były tego przyczyny.

Pizarro krwawo stłumił powstanie antyhiszpańskie w kolonii nazwanej Nową Kastylią oraz założył miasto Lima, które stało się stolicą posiadłości hiszpańskich. Wkrótce zdobywca Peru popadł jednak w konflikt ze swoimi dowódcami i zginął w zamachu.

Mimo szybkiego podboju Hiszpanie przez długi czas musieli zmagać się z powstaniami Indian. Inkowie po upadku Cuzco przenieśli swoją stolicę do trudno dostępnej Vilcabamby i kontynuowali walkę pod wodzą kolejnych królów. Ostatnim z nich był **Tupac Amaru**, który został ścięty przez Hiszpanów w 1572 r. Mimo to opór Indian wobec najeźdźców nie ustawał. W XVIII w. wybuchło w Peru kolejne wielkie powstanie indiańskie, na którego czele stanął José Gabriel Condorcanqui, pochodzący z rodu ostatniego inki. Przybrał on imię **Tupac Amaru II**. Powstanie pod jego dowództwem zostało jednak krwawo stłumione przez Hiszpanów, a on sam stracony. W XIX i XX w. postać tego indiańskiego wodza stała się źródłem inspiracji wolnościowych ruchów politycznych w Ameryce Południowej.

Port w Lizbonie był jednym z głównych ośrodków handlu kolonialnego. Trafiały do niego towary z Brazylii, Indii, Dalekiego Wschodu i portugalskich kolonii w Afryce.

▪ *rycina, Niemcy, XVI w.*

■ POCZĄTKI RYWALIZACJI O KOLONIE W XVI WIEKU

Odkrycie Krzysztofa Kolumba sprawiło, że hiszpańscy władcy zamierzali uzyskać wyłączność na kontakty z krajami zamorskimi. Ferdynand i Izabela wystarali się u papieża Aleksandra VI o wydanie bulli przyznającej Kastylii wszystkie terytoria leżące 100 mil na zachód od Wysp Zielonego Przylądka. Wywołało to protest portugalskiego władcy, który chciał chronić prawa do terenów odkrywanych przez jego żeglarzy. W wyniku portugalsko-hiszpańskich negocjacji w **1494 r.** został podpisany traktat w **Tordesillas**, na podstawie którego linia wzdłuż 46. południka długości geograficznej zachodniej stała się granicą stref wpływów obu państw. Hiszpanii przypadły obszary położone na zachód od tej linii, a Portugalii – na wschód. W strefie pod zwierzchnictwem portugalskim znalazło się również odkryte kilka lat później wschodnie wybrzeże Ameryki Południowej. Gdy zainteresowanie Portugalczyków i Hiszpanów zamorskimi lądami rozszerzyło się na obszary Dalekiego Wschodu i Pacyfiku, oba państwa zawarły w **Saragossie** w **1529 r.** uzupełniający układ rozdzielający wpływy w tym rejonie. Hiszpanie zrezygnowali z roszczeń do wpływów w Azji i zadowolili się kontrolą obu Ameryk i Oceanu Spokojnego.

Posiadłości hiszpańskie w Ameryce stały się częścią potężnego państwa stworzonego przez cesarza **Karola V Habsburga**. Nazywano je „imperium, nad którym nigdy nie zachodzi słońce". **Hiszpanie** nie ograniczyli swojej ekspansji jedynie do terytoriów amerykańskich. W 1543 r. ich ekspedycja dotarła na Filipiny, którym nadano taką nazwę na cześć przyszłego króla Filipa II. Początkowo doszło tam do zatargu

z Portugalczykami, ale kilkadziesiąt lat później Hiszpanie rozpoczęli systematyczną kolonizację i chrystianizację tego archipelagu.

Portugalczycy w XVI w. przystąpili do dynamicznej kolonizacji Brazylii. Założyli tam wiele dochodowych plantacji trzciny cukrowej, na które sprowadzali coraz więcej afrykańskich niewolników. Dążyli do zwiększenia dochodów również poprzez próby zmonopolizowania handlu azjatyckiego. W tym celu rozbudowali sieć

─── KAROL V HABSBURG ───
1500–1558

Urodził się w Niderlandach. W wieku 15 lat objął w nich samodzielną władzę. Odziedziczył też korony kilku krajów iberyjskich, które trwale zjednoczył jako Królestwo Hiszpanii. Po śmierci swojego dziadka Maksymiliana I w 1519 r. rozciągnął panowanie również na Austrię, a przez elektorów Rzeszy został wybrany na cesarza rzymskiego. W 1520 r. koronował się na króla Niemiec, ale jego koronacja cesarska odbyła się dopiero 10 lat później. Jako gorliwy katolik zwalczał reformację na swoich ziemiach. Był sygnatariuszem zawartego w Augsburgu pokoju, na mocy którego w Rzeszy wprowadzono zasadę: „Czyj kraj, tego religia", mającą zapewnić kompromis pomiędzy katolikami a luteranami. Przeciwstawił się zbrojnie rosnącym wpływom Francji we Włoszech i przejął kontrolę nad ich północną częścią. Prowadził również wojny z Turkami osmańskimi. Za jego rządów Hiszpania rozpoczęła konkwistę – podbój nowo odkrytej Ameryki oraz jej kolonizację. Nerwowo wyczerpany rządami nad ogromnym imperium, w 1556 r. abdykował i dwa lata później zmarł.

ELŻBIETA I TUDOR
1533–1603

Córka króla Henryka VIII i jego drugiej żony Anny Boleyn. Po ścięciu matki Elżbieta żyła na wygnaniu poza dworem królewskim i kilkukrotnie była wykluczana z dziedziczenia tronu. Mimo to w 1558 r. została królową Anglii i Irlandii. Okres jej panowania, nazywany epoką elżbietańską i złotym wiekiem Anglii, był czasem gospodarczego i kulturalnego rozkwitu państwa. Całkowicie podporządkowała sobie Kościół anglikański oraz wspierała protestantów w innych krajach, np. w Niderlandach. Toczyła liczne wojny, m.in. ze Szkocją, z Francją i Hiszpanią. Stworzyła potężną flotę angielską, która pokonała hiszpańską Wielką Armadę. Doprowadziła do powstania Kompanii Wschodnioindyjskiej, której przyznała monopol handlowy i szerokie uprawnienia w angielskich koloniach zamorskich. Do końca życia królowa prowadziła zręczną grę dyplomatyczną z władcami europejskimi i nigdy nie wyszła za mąż, aby nie uszczuplić niezależności korony angielskiej.

Okręt holenderski został przedstawiony na japońskiej ilustracji z XVII w. Dzięki umiejętnie prowadzonej dyplomacji Holendrom udało się wyprzeć wpływy portugalskie na Dalekim Wschodzie i uzyskać wyłączność na handel z Japonią.

▪ *rysunek, Japonia, XVII w.*

umocnionych faktorii handlowych rozsianych wzdłuż wybrzeży afrykańskich oraz zdobyli wielkie porty w Indiach, m.in. Goa i Diu. W basenie Oceanu Indyjskiego przejęli także wpływy w rejonie obfitych w naturalne bogactwa Wysp Korzennych, gdzie opanowali m.in. wyspę Timor. Ponadto rozwinęli kontakty handlowe z Chinami, od których w 1557 r. uzyskali teren półwyspu Makau (sprawowali nad nim kontrolę aż do 1997 r.). Pod koniec XVI w. zdobyli również znaczne wpływy w Japonii, gdzie zainicjowali akcję chrystianizacyjną. Jednak na początku następnego stulecia Japończycy zerwali kontakty z Europejczykami i do połowy XIX w. strzegli swojej izolacji.

Inne państwa europejskie szybko podjęły starania, aby przełamać dominację Portugalii i Hiszpanii. Do rywalizacji o zyski z posiadłości kolonialnych przystąpili Anglicy, Francuzi i Holendrzy. Król Francji

Franciszek I argumentował swoje działania w tym zakresie słowami: *Słońce świeci dla mnie tak samo jak dla innych. Pokażcie mi testament Adama, czy jest w nim klauzula wyłączająca mnie z podziału świata?*

Europejscy przeciwnicy podziału świata na strefę hiszpańską i portugalską wykorzystywali do realizacji swoich zamierzeń piratów i korsarzy. Władcy Anglii i Francji obdarzali ich specjalnymi przywilejami, które pozwalały morskim rozbójnikom na rabowanie wyładowanych złotem i srebrem okrętów zmierzających do portów iberyjskich. Ponadto Anglicy i Francuzi wysyłali ekspedycje do wschodnich wybrzeży Ameryki Północnej, gdzie następnie powstawały ich pierwsze kolonie. Do osłabienia hiszpańskiej pozycji na świecie przyczyniła się również w 1588 r. klęska Wielkiej Armady, która została pokonana przez siły królowej angielskiej Elżbiety I Tudor. Z kolei zwalczanie floty hiszpańskiej i portugalskiej przez Holendrów było poza względami ekonomicznymi umotywowane sytuacją polityczną w Europie. W latach 1580–1641 obie monarchie na Półwyspie Iberyjskim łączyła unia personalna, a w związku z ruchami reformacji religijnej w Niderlandach trwała rewolucja, która doprowadziła do powstania w 1588 r. republiki skonfliktowanej z Habsburgami, nieuznającymi jej niepodległości.

ĆWICZENIA

1. Opisz okoliczności powstania hiszpańskiego imperium kolonialnego w XVI w.
2. Wyjaśnij, dlaczego Anglicy, Francuzi i Holendrzy nie zgadzali się na podział świata na dwie strefy wpływów.
3. Wymień obszary, na których w XVI w. rozpoczęła się kolonizacja prowadzona przez Europejczyków.
4. Scharakteryzuj stosunek europejskich zdobywców do plemion indiańskich.

4 POCZĄTKI GOSPODARKI ŚWIATOWEJ

ZANIM POZNASZ NOWY TEMAT

1. Wymień nazwy kontynentów, które zostały skolonizowane przez mocarstwa europejskie w XVI i XVII w.
2. Przypomnij, jak przebiegał podbój Ameryki Południowej przez Hiszpanów.

■ SKUTKI EKOLOGICZNE I KULTUROWE WIELKICH ODKRYĆ

Przybycie Europejczyków do Nowego Świata dało także początek wymianie ekologicznej (tzw. wymianie kolumbijskiej). Na pokładzie statków Kolumba oraz następnych przybyszy z Europy zostało dostarczonych do Ameryki wiele nowych gatunków zwierząt i roślin, a ponadto – czego nie planowano – pasożytów, bakterii i wirusów niewystępujących dotąd w ekosystemie półkuli zachodniej. Osadnicy sprowadzili do Ameryki pszenicę, trzcinę cukrową, a także konie, krowy i owce. Nastąpiła również poprawa żyzności gleb amerykańskich poprzez przypadkowe przeniesienie przez Atlantyk dżdżownic. W Europie dzięki kontaktom z Nowym Światem pojawiły się m.in. kukurydza, kakao, pomidory, ziemniaki i tytoń. Niektóre spośród tych roślin zaczęto uprawiać na Starym Kontynencie.

Ponadto koloniści zawlekli do Ameryki nieznane tam dotąd **choroby zakaźne**. Układ odpornościowy Indian nie był dostosowany do zwalczania schorzeń, które Europejczycy przechodzili dość łagodnie (np. ospa wietrzna, odra, grypa itp.). Dla rdzennej ludności Ameryki okazały się one śmiertelne. Szacuje się, że w XVI i XVII w. zachorowało i umarło ponad 3/4 populacji półkuli zachodniej. Była to najprawdopodobniej największa katastrofa demograficzna w historii ludzkości. Z Ameryki do Europy zostały przeniesione choroby weneryczne, m.in. kiła.

Osadnicy europejscy przyczynili się również do ogromnej zmiany kulturowej na zdobytych lądach. Wraz z nimi przybyli tam misjonarze, którzy chrystianizowali tubylczą ludność. Wpływ na ten proces miały wydarzenia w ówczesnej Europie podzielonej na wrogie obozy i pogrążonej w wojnach religijnych spowodowanych reformacją. W koloniach hiszpańskich, portugalskich i francuskich przeważali katolicy, a w angielskich i holenderskich – protestanci. W wyniku działań duchownych hiszpańskich (głównie jezuitów) na rozległym obszarze Ameryki Środkowej i Południowej utrwalały się związki między koloniami i ich metropolią. Do dziś wśród mieszkańców Ameryki Łacińskiej dominuje język hiszpański, a przywiązanie do katolicyzmu stało się jednym z głównych elementów ich tożsamości.

Ospa wietrzna okazała się śmiertelnie groźna dla Indian. Fazy przebiegu choroby zostały przedstawione na ilustracji z *Kodeksu Florentyńskiego*.

▪ *rycina, Meksyk, ok. 1540 r.*

W celu wydobycia złota i srebra konkwistadorzy zmuszali Indian do prac górniczych. Chociaż rdzenni mieszkańcy Ameryki byli słabsi od afrykańskich niewolników, radzili sobie lepiej w kopalniach położonych wysoko w peruwiańskich górach.

▪ *rycina, Flandria, 1602 r.*

■ HANDEL KOLONIALNY

Od XVI w. w Europie nastąpił rozwój technik żeglarskich oraz postęp w dziedzinie geografii. Umożliwiło to tamtejszym mocarstwom prowadzenie ekspansji handlowej na całym świecie. Na niespotykaną dotąd skalę zwiększyła się ilość przewożonych towarów. W Europie stale rósł popyt na produkty z Azji, a w szczególności przyprawy korzenne, porcelanę, jedwab czy też wyroby z żywicy nazywanej laką. Natomiast społeczeństwa azjatyckie, które prezentowały wysoki stopień rozwoju cywilizacyjnego, nie były zainteresowane importem produktów z Europy. Jedynymi towarami, które mogli zaproponować Europejczycy tamtejszym odbiorcom, były kruszce szlachetne pochodzące z eksploatacji ziem Nowego Świata. W ten sposób Ameryka stała się źródłem zasobów srebra i złota dla Europy i pośrednio – Azji.

Początkowo Europejczycy zmonopolizowali pośrednictwo w światowej wymianie handlowej po skutecznym wyeliminowaniu arabskich i chińskich kupców pośredniczących dotąd w handlu między Wschodem i Zachodem. Ponadto w wyniku rozwoju osadnictwa europejskiego w Nowym Świecie nastąpiła gruntowna przemiana panujących tam stosunków ekonomicznych. Gospodarkę na kontynencie amerykańskim podporządkowano potrzebom Europejczyków. Warunki naturalne w Nowym Świecie sprzyjały uprawie roślin

Tytoń, zwany brązowym złotem, zaczęto uprawiać na plantacjach w Wirginii – kolonii brytyjskiej w Ameryce Północnej. Od początku XVII w. był jej głównym towarem eksportowym.

■ *drzeworyt, Anglia, XVIII w.*

takich jak **trzcina cukrowa, tytoń, kakao, kawa** i **bawełna**, na które istniał ogromny rynek zbytu na Starym Kontynencie. Ich uprawa i przetwórstwo gwarantowały bardzo wysokie zyski właścicielom plantacji i pośrednikom handlowym pochodzącym z Europy. Rozwój tej produkcji wymagał ciężkiej pracy wielu osób. Koloniści w Ameryce, aby zapewnić sobie odpowiednio dużo darmowej siły roboczej na plantacjach oraz w kopalniach srebra i złota, sprowadzali niewolników z Afryki. W przeciwnym kierunku transportowano produkowany z trzciny cukrowej rum. Z Europy do Afryki

■ Niewolnicy z Czarnego Lądu

W XV w. handlem afrykańskimi niewolnikami zajmowali się kupcy arabscy. Wkrótce również Portugalczycy zaczęli sprowadzać Afrykanów do pracy w europejskich posiadłościach oraz na zasiedlanych wyspach na Oceanie Atlantyckim. Odkrycie Nowego Świata spowodowało, że zaczęto masowo wywozić ludność Czarnego Lądu do Ameryki. Początkowo do pracy na plantacjach koloniści starali się wykorzystać Indian, ale okazało się, że szybko umierają z powodu wycieńczenia podczas ciężkiej pracy i szerzących się wśród nich chorób. Bardziej wytrzymali fizycznie okazali się Afrykanie. Zapotrzebowanie na niewolników rosło wraz ze zwiększaniem się obszarów upraw. Doprowadziło to do jednej z największych w dziejach przymusowej migracji ludności. Od połowy XV w. do połowy XIX w. z Afryki do Nowego Świata wywieziono ponad 11 mln ludzi. Handel niewolnikami stał się stałym elementem międzynarodowej wymiany handlowej czasów nowożytnych. Rozmieszczone na wybrzeżach Afryki faktorie Europejczyków służyły jako bazy przeładunkowe, w których afrykańscy łowcy niewolników przekazywali schwytanych czarnoskórych w ręce pośredników z Europy.

? Jaką rolę odgrywało niewolnictwo w handlu kolonialnym?

W tym procederze uczestniczyli również władcy afrykańscy, którzy sprzedawali ludność podbitych przez siebie plemion. W zamian otrzymywali broń, odzież, bezwartościowe świecidełka i alkohol.

Niewolnicy byli zmuszani do pokonywania pieszo drogi z głębi afrykańskiego lądu do nadmorskich faktorii. Ci, którzy podczas marszu opadli z sił, byli pozostawiani w tyle na pewną śmierć.

■ *rycina, Francja, XVIII w.*

TRANSPORT NIEWOLNIKÓW PRZEZ OCEAN

Afrykańczyk Olaudah Equiano w wieku 11 lat dostał się do niewoli handlarzy brytyjskich.
W swoich wspomnieniach z 1756 r. opisywał warunki przewozu niewolników.

*Panujące w tym miejscu zaduch i skwar, do czego dochodziła
ogromna liczba pasażerów statku – zapełnionego w takim
stopniu, że człowiek niemalże nie miał miejsca, by się obrócić
– o mało co nas nie udusiły. Powodowało to obfitą potliwość,
toteż powietrze rychło wypełniło się rozmaitością gryzących
odorów i nie nadawało się do oddychania, przyprawiając niewolników o słabość, na skutek których wielu wyzionęło ducha.
[...] Te nieznośne warunki pogarszały jeszcze otarcia łańcu-
chami, które stawały się nie do wytrzymania, oraz brud ku-
błów na nieczystości, do których często wpadały dzieci, toteż
byliśmy bliscy uduszenia. Krzyki kobiet i jęki konających tworzyły niemal niemożliwą do wyobrażenia scenę grozy.*

J. Iliffe, *Afrykanie. Dzieje kontynentu*, tłum. J. Hunia, Kraków 2011, s. 166.

**Schemat rozmieszczenia przewożonych niewolników
na pokładzie** obrazuje, w jakich warunkach odbywali oni podróż morską. Statki przewożące schwytanych Afrykanów były
nazywane trumnami, ponieważ podczas 2–3-miesięcznych podróży przez Atlantyk umierało ok. 12% osób. Niewolnikami byli
w zdecydowanej większości młodzi mężczyźni, ale zdarzało się,
że porywano również kobiety i dzieci.

▪ *rycina, Francja, XVIII w.*

? PRACA ZE ŹRÓDŁAMI

1. Uzasadnij, że określenie „trumna" używane w odniesieniu do statków transportujących niewolników
   było słuszne.
2. Wymień inne wydarzenie historyczne, podczas którego ludność była przewożona w podobnych
   warunkach jak niewolnicy z Afryki.

---

i Ameryki wysyłano wyroby rzemieślnicze i broń, które
służyły Europejczykom do utrzymania kontroli nad
zdobytymi terytoriami. Funkcjonujący w ten sposób
model transatlantyckiej wymiany handlowej określano
jako **„złoty trójkąt"**.

W związku z zachodzącymi zmianami w handlu
międzykontynentalnym stopniowemu osłabieniu uległa silna dotąd pozycja ekonomiczna Indii, Chin oraz
arabskiego Bliskiego Wschodu. Towarzyszył temu dynamiczny rozwój gospodarczy obszarów Starego Kontynentu bezpośrednio związanych z wymianą atlan-
tycką, m.in. Niderlandów, Wysp Brytyjskich, północnej
Francji i Półwyspu Iberyjskiego. Funkcję światowego
centrum gospodarczego zaczęły pełnić ośrodki z tego
rejonu, m.in. Antwerpia, Amsterdam, Londyn, Li-
verpool, Bordeaux, Sewilla, Lizbona. Wpłynęło to na
zmniejszenie się znaczenia miast północnowłoskich
(Wenecja, Genua, Mediolan) i skupionych w Hanzie
miast nad Bałtykiem i Morzem Północnym. Przestały
one odgrywać pierwszoplanową rolę w obrocie handlowym nie tylko ze względu na zmiany głównego kierunku dostarczania towarów, ale także wskutek konfliktów militarnych w części Europy ogarniętej reformacją.

Londyn na początku XVIII w. miał 600 tys. mieszkańców. Wzrost
liczby ludności europejskich miast był skutkiem szybkiego rozwoju
gospodarczego – ludność wiejska osiedlała się tam, aby znaleźć
zatrudnienie w powstających zakładach produkcyjnych, w handlu
czy usługach.

▪ *obraz, Flandria, XVIII w.*

MIĘDZYKONTYNENTALNA WYMIANA HANDLOWA

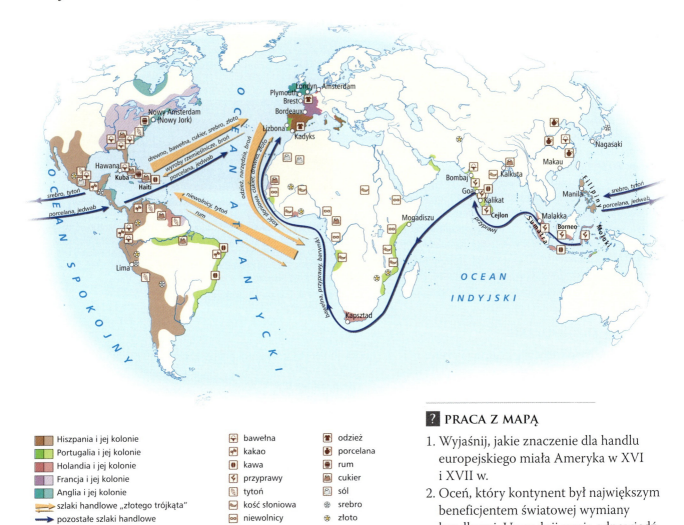

Hiszpania i jej kolonie

Portugalia i jej kolonie

Holandia i jej kolonie

Francja i jej kolonie

Anglia i jej kolonie

➡ szlaki handlowe „złotego trójkąta"

➡ pozostałe szlaki handlowe

🌱 bawełna

🌱 kakao

☕ kawa

🌿 przyprawy

🍃 tytoń

🦷 kość słoniowa

♾ niewolnicy

👕 odzież

🏺 porcelana

🍺 rum

🍬 cukier

🧂 sól

✳ srebro

✳ złoto

? **PRACA Z MAPĄ**

1. Wyjaśnij, jakie znaczenie dla handlu europejskiego miała Ameryka w XVI i XVII w.
2. Oceń, który kontynent był największym beneficjentem światowej wymiany handlowej. Uzasadnij swoją odpowiedź.

■ RYWALIZACJA O WPŁYWY GOSPODARCZE

Wskutek zajęcia ogromnych obszarów Nowego Świata aż do początku XIX w. największą powierzchnię na świecie zajmowało **imperium hiszpańskie**. Jednak jego władcy, skupieni na sprawach Europy, długo nie wykorzystywali w pełni potencjału gospodarczego tego olbrzymiego terytorium. Do drugiej połowy XVIII w. obowiązywał królewski monopol na import kruszców z Ameryki i jednoczesny zakaz handlu innymi towarami. W tej sytuacji hiszpańskich kolonistów szybko zaczęli zaopatrywać w towary z Europy przemytnicy holenderscy, angielscy i francuscy. Ponadto w XVII w. do osłabienia pozycji Hiszpanii przyczyniły się działania kilku państw europejskich, które dążyły do zdobycia kolonii na Wyspach Karaibskich.

Początkowo największe zyski z wymiany handlowej między Europą, Afryką, Azją i Ameryką czerpała **Portugalia**. Nie obroniła jednak monopolu w handlu światowym i musiała podzielić się wpływami z innymi państwami Starego Kontynentu. Do rywalizacji z Portugalczykami stanęli **Holendrzy**, którzy na początku XVII w. podjęli plan zbrojnego podboju kolonii portugalskich w Brazylii i na Dalekim Wschodzie. W kolejnych latach starali się utrzymać zdobyte ziemie w Ameryce Północnej, Afryce, na Karaibach i Wyspach Korzennych. Choć Portugalczykom udało się ochronić swoje interesy i odzyskać dużą część utraconych posiadłości, to na wybrzeżach afrykańskich przybyło im rywali z kilku krajów Europy, a w rejonie Przylądka Dobrej Nadziei utracili wpływy. Tam od połowy XVII w. zaczęli napływać koloniści holenderscy.

Ostatecznie ekspansja Holendrów została zahamowana przez inne imperium kolonialne – **Anglię**. Na początku XVII w. Anglicy rozpoczęli intensywną kolonizację wschodniego wybrzeża Ameryki Północnej. W tym procesie chętnie uczestniczyli przedstawiciele grup wyznaniowych, które w macierzystym kraju były dyskryminowane przez Kościół anglikański, m.in. purytanie i kwakrzy. Angielscy osadnicy przyczynili się do rozwoju wymiany handlowej między północnoamerykańskimi koloniami i metropolią. Zwiększająca się liczba osadników na wschodnim wybrzeżu Ameryki spowodowała, że rozkwitało życie gospodarcze w różnych branżach, np. w stoczniach budowano większość statków pływających wówczas pod banderą brytyjską. Znaczenie kolonii w gospodarce angielskiej wzrosło także dzięki dochodowym plantacjom, spośród których wyróżniały się te założone na Jamajce przejętej od Hiszpanów. Stamtąd importowano do Anglii największe ilości cukru i rumu. Ponadto do zwiększenia dochodów państwa angielskiego mocno przyczyniły się wydane akty nawigacyjne. Na ich podstawie władzom metropolii została oddana kontrola nad handlem kolonialnym, a obcokrajowców wyłączono z pośrednictwa.

Szczególnie ostra rywalizacja o wpływy handlowe dotyczyła Półwyspu Indyjskiego. Już od początku XVII w. poza Portugalczykami swoje faktorie mieli tam Holendrzy, Francuzi i Anglicy. Ci ostatni, w celu wyeliminowania z rynku wschodniego kupców z innych państw europejskich, założyli w 1600 r. w Londynie specjalną spółkę handlową – **Kompanię Wschodnioindyjską**. Uzyskała ona wiele przywilejów od angielskich monarchów, dzięki czemu mogła prowadzić własną politykę i zbrojnie ochraniać swoje interesy w targanych

Henry Morgan był najsłynniejszym bukanierem. Mianem tym określano korsarzy, którzy w drugiej połowie XVII w. grasowali po Morzu Karaibskim i u wybrzeży Ameryki Południowej. Atakowali oni hiszpańskie posiadłości i okręty, często na zlecenie monarchów. W 1670 r. Morgan na czele blisko 2 tys. bukanierów zdobył Panamę. Otrzymał od króla Anglii tytuł szlachecki i urząd wicegubernatora Jamajki.

▪ *grafika, Anglia, XVII w.*

wewnętrznymi konfliktami Indiach. Kupcom angielskim udało się pozyskać liczne koncesje od lokalnych władców, przez co zdobyli monopol na obrót towarami z Europy i Ameryki. W rękach Anglików znalazły się także ważne porty indyjskie, takie jak Bombaj czy Kalkuta.

Na początku XVIII w. do rywalizacji z Anglikami przystąpiła **Francja**, która chciała przeciwstawić się ich rosnącym wpływom i nawiązać niezależne kontakty handlowe z Azją. W skład francuskich zamorskich posiadłości wchodziły przede wszystkim ziemie dzisiejszej Kanady, a także ogromne obszary Luizjany, przyłączone do Francji w 1682 r. Jednak osadnictwo na tym obszarze nie było intensywne. Na początku XVIII w. zamieszkiwało go zaledwie 12 tys. Europejczyków. Większe dochody Francuzi uzyskiwali z posiadłości karaibskich (Santo Domingo, Gwadelupa, Martynika). Ponadto zwierzchnictwu francuskiemu podlegało kilka portów w Indiach.

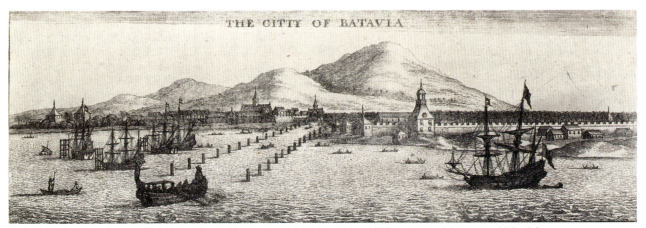

THE CITTY OF BATAVIA

Batavia na Jawie – obecnie Dżakarta, stolica i największe miasto Indonezji – w 1619 r. została zdobyta przez Holendrów. Stała się główną siedzibą holenderskiej Kompanii Wschodnioindyjskiej i kolonii Indii Wschodnich. Odgrywała rolę centrum handlowego i administracyjnego. Większość mieszkańców miasta była pochodzenia azjatyckiego.

▪ *rycina, Wielka Brytania, 1754 r.*

HANDEL KOLONIALNY

Od XVI do XIX w. handel kolonialny rozwijał się w formie tzw. handlu trójkątnego, czyli prowadzonego między trzema portami lub regionami. Istniało kilka schematów, według których się odbywał. Jeden z nich dotyczył handlu niewolnikami: nabywano ich w Afryce Zachodniej za towary wytwarzane w Europie, a następnie sprzedawano w Ameryce Północnej i Południowej bądź na Karaibach, gdzie pracowali na plantacjach. Wytworzone tam dobra sprowadzano z kolei do Europy.

Amerykański plantator został przedstawiony w otoczeniu swoich czarnoskórych niewolników. Niewolnictwo występowało w południowej części Ameryki Północnej aż do drugiej połowy XIX w.

■ *akwarela, Wielka Brytania, XVIII w.*

Handel futrami z plemionami indiańskimi zamieszkującymi Amerykę Północną był jednym z zadań holenderskiej Kampanii Zachodnioindyjskiej. Już w XVII w. Holendrzy utracili inicjatywę w kolonizacji terenów północnoamerykańskich na rzecz Brytyjczyków i Francuzów.

■ *rycina, Holandia, XVII w.*

Holenderska flota handlowa w XVII w. przejęła kontrolę nad znaczną częścią szlaków handlowych. Holendrzy w dużej mierze wyparli wpływy portugalskie w południowej Afryce, Indiach i na Dalekim Wschodzie. Nie udało im się jednak trwale podbić posiadłości portugalskich w Brazylii.

■ *obraz, Holandia, XVII w.*

Trzcina cukrowa była początkowo uprawiana głównie na plantacjach portugalskich w Brazylii. W XVII w. najważniejszym producentem cukru stała się Jamajka. Cukier eksportowano do Europy, gdzie zapotrzebowanie na ten towar rosło wraz z pojawieniem się mody na picie herbaty, kawy i czekolady.

▪ *rycina, Francja, XVIII w.*

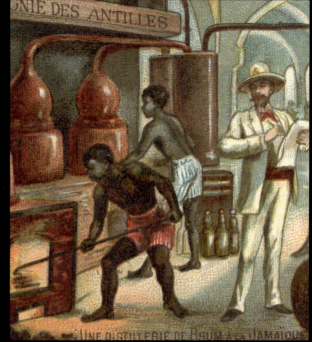

Rum zaczęto produkować na Karaibach – na tamtejszych plantacjach odkryto, że powstaje on ze sfermentowanego soku z trzciny cukrowej. W XVII w. alkohol ten stał się głównym towarem eksportowym Nowej Anglii – kolonii w Ameryce Północnej. Sprzedawano go m.in. w Afryce za niewolników.

▪ *grafika, Francja, XIX w.*

Gorąca czekolada stała się w XVII w. modnym napojem wśród europejskiej arystokracji. Przygotowywano ją z ziaren kakaowca, który początkowo uprawiano w koloniach w Ameryce Północnej. W XVIII w. największym producentem kakao stała się Brazylia.

▪ *obraz, Francja, 1868 r.*

❓ PRACA Z INFOGRAFIKĄ

1. Wskaż najważniejsze produkty kolonialne oraz kraje, z których pochodziły.
2. Wymień widoczne współcześnie skutki rozwoju handlu kolonialnego.

Rywalizacja o wpływy handlowe i kolonie oraz spory w polityce europejskiej doprowadziły do wybuchu konfliktu o światowym zasięgu. W trakcie **wojny siedmioletniej** (1756–1763) istniejąca od 1707 r. Wielka Brytania (czyli unia realna Anglii, Szkocji i Irlandii – zwana też Zjednoczonym Królestwem) sprzymierzona z Prusami i Hanowerem pokonała Francję i jej koalicjantów: Austrię, Rosję, Szwecję i Saksonię. Dzięki temu zwycięstwu Brytyjczycy umocnili swoją pozycję w Europie, Ameryce Północnej i Indiach. Jednak już w końcu XVIII w. utracili dominację na dużym zamorskim obszarze. Przyczyną tego było powstanie niezależnych od Londynu Stanów Zjednoczonych.

■ POCZĄTKI KAPITALIZMU

Handel kolonialny wzbogacił europejskich kupców, którzy mogli wykorzystać zgromadzony kapitał do inwestowania i pomnażania swoich dochodów. Umożliwiło to zmianę starego systemu produkcji, w którym rzemieślnicy nie byli w stanie samodzielnie sprostać konkurencji i wzrastającemu zapotrzebowaniu na gotowe wyroby. Zaczął się wówczas kształtować **system nakładczy**. Nakładca (bogaty kupiec lub właściciel warsztatu) zapewniał surowce i narzędzia pracy i zatrudniał pracowników najemnych do wykonania danego wyrobu. Proces produkcyjny został podzielony na kilka etapów. Każdy z nich był wykonywany przez zespół pracowników, a nie jak dawniej – przez jednego rzemieślnika. Szczególnie licznie **manufaktury** powstawały w Europie Zachodniej, która bogaciła się na handlu z Nowym Światem i Azją. Zatrudniano w nich od kilku do kilkudziesięciu robotników. Najważniejszymi gałęziami ówczesnej europejskiej produkcji stały się włókiennictwo, metalurgia, hutnictwo, a także budownictwo okrętów. Poza tym wyspecjalizowaniu uległo wytwórstwo towarów luksusowych, takich jak jedwab, koronki czy fajans.

Okres prosperity wpłynął również na sytuację krajów Europy Wschodniej. Umocniła się tam forma **gospodarki folwarczno-pańszczyźnianej** z uwagi na zwiększające się zapotrzebowanie na produkty rolne i leśne na zachodnich rynkach zbytu. Posiadająca grunty uprawne miejscowa szlachta czerpała znaczne zyski ze sprzedaży plonów do krajów Europy Zachodniej. W ten sposób Stary Kontynent podzielił się na

dwie strefy gospodarcze, których umowna granica przebiegała wzdłuż rzeki Łaby.

Wraz z rozwojem przemysłu i handlu kształtowała się warstwa kapitalistów, którzy zarządzali zasobami finansowymi i dzięki korzystnym inwestycjom uzyskiwali ogromne dochody. Ponieważ istniała konieczność dokonywania wielu transakcji finansowych, zaczęły powstawać specjalne miejsca do ich przeprowadzania – **giełdy**, gdzie zawierano kontrakty, podpisywano umowy i dokonywano obrotu środkami finansowymi. Już w XIV w. funkcjonowała giełda w Brugii. W 1531 r. otwarto giełdę w Antwerpii, nieco później w Amsterdamie, Kopenhadze, a w XVIII w. do największego znaczenia doszła giełda londyńska. Bezpieczny obrót zasobami finansowymi, gromadzenie pieniędzy i udzielanie kredytu były zapewniane przez rozwijające się **banki**. Przeobrażenia gospodarcze związane z rozwojem światowej wymiany handlowej oraz przemianą sposobów produkcji przyczyniły się do powstania zrębów systemu ekonomicznego nazywanego **kapitalizmem**.

CIEKAWOSTKA

Kolonie mniejszych państw europejskich

Poza monarchiami iberyjskimi, Anglią, Francją i Niderlandami posiadłości kolonialne zdobywały również inne kraje europejskie, m.in. Dania, Szwecja i Brandenburgia. Wśród nich znalazło się również Księstwo Kurlandii i Semigalii, które od 1561 r. miało status lennika Rzeczypospolitej. W XVII w. przez kilkadziesiąt lat udało się mu utrzymać faktorie na atlantyckiej wyspie Tobago oraz w afrykańskiej Gambii.

Fort Dansborg został wzniesiony przez Duńczyków w 1620 r. na zachodnim wybrzeżu Indii. Panowanie duńskie nad niewielkimi posiadłościami nad Zatoką Bengalską utrzymało się do połowy XIX w., kiedy to zostały one sprzedane Brytyjczykom.

● *fotografia współczesna, Indie*

ĆWICZENIA

1. Wymień czynniki, które przyczyniły się do powstania rynku światowego.
2. Opisz funkcjonowanie wymiany handlowej w tzw. złotym trójkącie.
3. Przedstaw najważniejsze etapy rywalizacji państw europejskich o kolonie w Indiach i Ameryce.
4. Wyjaśnij, jak wielkie odkrycia geograficzne wpłynęły na powstanie kapitalizmu.

EUROPA ODKRYWA ŚWIAT

W średniowieczu sądzono, że na świecie istnieją trzy kontynenty: Europa, Afryka i Azja. Terytoria te nie zostały w pełni poznane, a rzeczywista wiedza na ich temat mieszała się z fantastycznymi opowieściami i pobudzającymi wyobraźnię legendami. Jednak dzięki wyprawom krzyżowym, migracjom ludności, handlowi lewantyńskiemu oraz relacjom podróżników (m.in. Marca Polo) zasób informacji Europejczyków o świecie szybko się powiększał. Przełomową rolę odegrało tu ponowne zainteresowanie się uczonych średniowiecznych starożytną teorią dotyczącą kulistego kształtu Ziemi. Koncepcja ta wyparła dominującą w średniowieczu wizję świata jako płaskiego dysku oraz wpłynęła na powstanie idei dotarcia do krain wschodnich drogą morską, prowadzącą na zachód. Ówczesny rozwój nauki i techniki umożliwił budowę statków oraz urządzeń nawigacyjnych nowego typu. Ważne znaczenie miało też wiele procesów o charakterze ekonomicznym i społecznym, które zaszły pod koniec średniowiecza.

Eksplorowaniem zachodniego wybrzeża Afryki zainteresowali się Portugalczycy. W XV w. zorganizowali oni najwięcej wypraw odkrywczych. W 1488 r. Bartolomeu Diaz dopłynął do najbardziej wysuniętego na południe krańca Afryki, co pozwoliło później odkryć drogę morską do Indii.

W 1492 r. wyprawa Krzysztofa Kolumba, której celem było odnalezienie nowego szlaku do Azji, zaowocowała odkryciem nieznanego do tej pory kontynentu – Ameryki. Konsekwencją tego wydarzenia stała się kolonizacja Nowego Świata przez Europejczyków. Napływ osadników zza oceanu pociągał za sobą ogromne zmiany tradycyjnego sposobu życia rdzennych mieszkańców tych ziem – zdobywcy całkowicie ich sobie podporządkowali. W rezultacie konkwisty hiszpańskiej zostały unicestwione wielkie cywilizacje indiańskie i powstało rozległe imperium kolonialne.

Dalsze wyprawy doprowadziły do odkrycia drogi morskiej do Indii przez Vasco da Gamę. Przybył on do wybrzeży tego państwa w 1498 r. Pod dowództwem Ferdynanda Magellana, a po jego śmierci – Juana Sebastiána Elcano po raz pierwszy opłynięto kulę ziemską (1519–1522 r.). Ekspedycje te zostały zorganizowane przez Portugalczyków i Hiszpanów. Ci pierwsi prowadzili swoją ekspansję w Afryce, a po odkryciu szlaku morskiego do Indii stali się monopolistami w handlu pomiędzy Azją i Europą. Rozpoczęli też kolonizację Brazylii. Do XVIII w. Europejczycy w znaczącym stopniu poznali inne regiony świata.

Chęć współuczestniczenia w czerpanych z podboju nowych ziem i handlu międzykontynentalnego zyskach, które w XVI w. stały się udziałem państw Półwyspu Iberyjskiego, doprowadziła do wzmożonego zainteresowania się kolonizacją Anglików, Holendrów i Francuzów oraz organizowania przez nich wypraw odkrywczych i handlowych. Od początku XVII w. osadnicy tych narodowości pojawiali się na Karaibach oraz w Ameryce Północnej. Holendrzy i Anglicy przełamali monopol Portugalczyków w handlu z mieszkańcami Azji. Rywalizacja pomiędzy mocarstwami europejskimi toczyła się także w Indiach. Europejczycy eksploatowali tamtejsze bogactwa dzięki wykorzystaniu politycznego rozbicia subkontynentu. W XVIII w. dominację w tym rejonie zdobyli Brytyjczycy, którzy poprzez Kompanię Wschodnioindyjską przejęli kontrolę nad handlem i życiem gospodarczym w Indiach.

W wyniku kolonizacji Nowego Świata przez Europejczyków oraz przejęcia przez nich kontroli nad szlakami morskimi łączącymi wszystkie kontynenty rozpoczął się proces tworzenia rynku globalnego. Jego centrum stanowiła Europa Zachodnia. W zasięgu handlu międzynarodowego znalazła się również Afryka, która stała się źródłem niewolników, niezbędnych do funkcjonowania plantacji amerykańskich. Handel ludźmi przyczynił się do demograficznej zapaści na Czarnym Lądzie i zasiedlenia Nowego Świata przez czarnoskórą ludność pochodzenia afrykańskiego.

Udział państw Europy Zachodniej w rywalizacji kolonialnej i handlu międzynarodowym doprowadził do przekształceń gospodarczych na całym kontynencie. Na jego zachodzie konieczność wytwarzania produktów możliwych do zbycia w krajach zamorskich pociągnęła za sobą kryzys dotychczasowego rzemiosła cechowego oraz rozwój nowych form produkcji (systemu nakładczego, manufaktur). W sytuacji kumulowania się kapitału pochodzącego z intratnych operacji handlowych zaczęto inwestować środki w nowe przedsięwzięcia gospodarcze. Nastąpił rozwój stosunków kapitalistycznych. Wzrastało znaczenie mieszczaństwa, powstawały instytucje finansowe: kompanie handlowe, giełdy oraz banki. Zwiększająca się liczba ludności miejskiej wymusiła przekształcenia gospodarki wiejskiej – spowodowała odejście od pańszczyzny oraz intensyfikację produkcji rolnej.

Tymczasem na wschodzie Europy właściciele ziemscy (szlachta i arystokracja) pomnażali swoje zyski związane z eksportem zboża na zachód dzięki rozszerzaniu przymusowej pańszczyzny oraz zwiększaniu obszarów folwarków kosztem terenów użytkowanych dotąd przez chłopów. Tak doszło do podziału Starego Kontynentu na dwa wielkie obszary gospodarcze, których umowną granicą stała się linia Łaby.

Ćwiczenia podsumowujące

1. Wymień przyczyny wzrostu zainteresowania Europejczyków wyprawami zamorskimi w XV w.
2. Podaj cele i konsekwencje wyprawy Krzysztofa Kolumba.
3. Porównaj metody kolonizacji stosowane przez Portugalczyków i Hiszpanów.
4. Wskaż przyczyny rywalizacji państw europejskich o kolonie.
5. Omów najważniejsze – Twoim zdaniem – skutki kolonizacji prowadzonej przez Europejczyków.
   Oceń, czy są one zauważalne współcześnie.
6. Opisz przekształcenia gospodarcze spowodowane odkryciami geograficznymi w skali świata i Europy.
   Rozważ ich znaczenie dla Starego Kontynentu.

DROGA DO INDII

Paolo Toscanelli (1397–1482 r.) był m.in. geografem. W liście do kanonika Lizbony opisał konieczność odkrycia nowej drogi handlowej prowadzącej na Wschód.

Ponieważ doniosłem ci niegdyś o pewnym szlaku do Indii, kraju korzeni, drogą morską, o wiele krótszą od używanego przez was szlaku prowadzącego przez Gwineę, czcigodny król pragnie teraz ode mnie pewnych wyjaśnień w tej sprawie, czy raczej takiego przedstawienia, które naocznie ukazałoby ją ludziom nieuczonym tak, aby to pojęli. Wiem z doświadczenia, że uczynić to można najlepiej ze sferą, to jest wyobrażeniem świata w ręku, toteż postanowiłem dla większej jasności ukazać ten szlak na mapie. Przesyłam więc [...] mapę własnoręcznie przeze mnie zrobioną, na której zaznaczone są wasze wybrzeża [zachodniej Portugalii i Afryki] wraz z wyspami, z których będziecie wyruszać na wschód, a także miejsca, do których będziecie przybywać; mapa określa także odległości, jakie musicie przebyć... [...]

Kraj ten jest ludny i bogaty, liczy wiele prowincji, królestw i mnóstwo miast, a wszystkie one podlegają jednemu władcy [...].

Poprzednicy [Wielkiego Chana] usiłowali nawiązać stosunki z chrześcijanami [...]. W czasach Eugeniusza [Eugeniusza V – papieża w latach 1431–1439] przybył do niego inny ich [poseł] [...]. Ja ze swej strony rozmawiałem z nim o wielu rzeczach: o wielkości budowli królewskich, o zadziwiającej długości i szerokości ich rzek, o wielkiej ilości miast zbudowanych na brzegach rzek; nad jedną tylko rzeką znajduje się blisko 200 miast, z marmurowymi mostami, bardzo długimi i szerokimi, ozdobionymi kolumnami.

Kraj ten zasługuje na to, by został odnaleziony, nie tylko dlatego, że może dostarczyć wielkich dochodów w złocie, w srebrze, w szlachetnych kamieniach i wszelkich rodzajach korzeni, które nigdy do nas nie docierały, lecz także ze względu na ludzi, uczonych, wybitnych filozofów i astrologów, którzy tam żyją, których geniusz i wiedza rządzą tym potężnym i wspaniałym krajem i kierują nawet sprawami wojennymi.

Wiek XVI–XVIII w źródłach, oprac. M. Sobańska-Bondaruk, S.B. Lenard, Warszawa 1997, s. 19–20.

? PRACA ZE ŹRÓDŁAMI

1. Wyjaśnij, w jakim celu Paolo Toscanelli zamieścił w swoim liście szkic drogi do Indii.
2. Oceń korzyści, które spodziewano się osiągnąć dzięki nawiązaniu bliskich kontaktów z mieszkańcami opisanego państwa.
3. Przedstaw wyobrażenia Europejczyków na temat Indii.

NOWE MAPY ŚWIATA

Na skutek odkryć geograficznych wprowadzano liczne zmiany na mapach świata. Każda wyprawa dostarczała nowych informacji, co skrupulatnie odnotowywano. Pierwszy globus, na którym umieszczono tylko trzy kontynenty, powstał w 1492 r. dzięki Martinowi Behaimowi. W 1520 r. powstała jego nowa mapa świata. Znalazły się na niej ziemie odkryte przez Europejczyków. Fragment tej mapy przedstawia Ameryki: Północną i Południową.

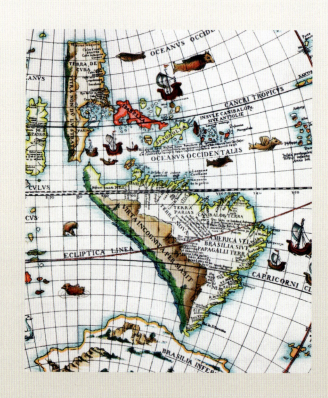

? PRACA Z ILUSTRACJĄ

1. Porównaj stopień poznania Ameryk: Północnej i Południowej przez Europejczyków na początku XVI w. Podaj przyczyny zaobserwowanych różnic.
2. Wskaż rejony kontynentów amerykańskich przedstawione z dużą dokładnością. Wyjaśnij przyczynę tego stanu rzeczy.
3. Wyjaśnij, w jaki sposób obraz świata przedstawiony na mapie z 1520 r. mógł zmienić się po wyprawie Magellana, zakończonej rok później.

IV
WIEK XIX

1 NIEPODLEGŁE PAŃSTWA W NOWYM ŚWIECIE

ZANIM POZNASZ NOWY TEMAT

1. Przypomnij, jak wielkie odkrycia geograficzne wpłynęły na gospodarkę europejską.
2. Przedstaw znaczenie niewolnictwa dla funkcjonowania kolonii w Nowym Świecie.

■ KOLONIE PÓŁNOCNOAMERYKAŃSKIE W XVIII WIEKU

W XVIII w. spory o supremację w Europie i na świecie rozstrzygano na polach bitew Starego Kontynentu. Wyjątek stanowiła wojna siedmioletnia (1756–1763 r.), toczona zarówno w Europie, jak i w koloniach. W Ameryce zmagania pomiędzy Anglikami a Francuzami były istotnym elementem tego konfliktu światowego. Postanowienia **pokoju paryskiego**, zawartego w **1763 r.**, doprowadziły do zmiany układu sił w Nowym Świecie. Zostały tam wyeliminowane wpływy francuskie. Jednak koszty prowadzenia wojny siedmioletniej nadwerężyły finanse Wielkiej Brytanii. W tej sytuacji parlament brytyjski uchwalił nowe podatki. Nałożono je także na pozbawionych reprezentacji w Izbie Gmin mieszkańców kolonii amerykańskich. Szczególnie dotkliwe okazało się wprowadzenie w **1765 r. opłat stemplowych**. Od ich uiszczenia zależały m.in.: możliwość sporządzenia dokumentu potwierdzającego czynność prawną, kupno gazety lub książki, wywieszenie afiszu reklamowego.

Oburzenie związane z nałożeniem tych podatków było przyczyną zorganizowania jesienią 1765 r. zjazdu przedstawicieli dziewięciu spośród 13 kolonii. Delegaci forsowali hasło: „Żadnego opodatkowania bez przedstawicielstwa". Ogłosili też bojkot produktów angielskich. Ich apel zyskał szerokie poparcie ludności.

Pod presją kół kupieckich i przemysłowych rząd brytyjski zrezygnował z opłaty stemplowej. Zmagania z fiskusem umocniły poczucie wspólnotowej **tożsamości amerykańskiej** mieszkańców wszystkich kolonii. Dotąd uważali się oni bowiem za poddanych brytyjskich i obywateli poszczególnych kolonii.

■ POCZĄTEK WALK O NIEPODLEGŁOŚĆ

Sytuacja w koloniach amerykańskich zaogniła się po uchwaleniu przez parlament ustawy o herbacie. Na jej mocy brytyjska **Kompania Wschodnioindyjska**, zarządzająca ogromnymi posiadłościami w Indiach i kontrolująca handel z Azją, uzyskała monopol na obrót herbatą na terytoriach amerykańskich należących do

■ „Synowie Wolności"

W trakcie dyskusji publicznej nad wprowadzeniem opłaty stemplowej oraz bojkotem towarów angielskich utworzono tajne stowarzyszenie o nazwie „Synowie Wolności". Jego członkowie napadali później na poborców podatkowych. Znienawidzonych urzędników często zanurzano w smole i obsypywano pierzem. Zdarzały się również krwawe incydenty. W marcu 1770 r. do protestujących przeciwko nowym cłom mieszkańców Bostonu wojsko otworzyło ogień. Zginęło wówczas pięć osób. Choć podczas śledztwa dowodzono, że do tragedii doszło w wyniku nieszczęśliwych okoliczności, tzw. masakra bostońska stała się elementem walki propagandowej skierowanej przeciwko panowaniu brytyjskiemu w Ameryce.

? W jakim celu utworzono stowarzyszenie „Synowie Wolności"?

Masakra bostońska była przedstawiana jako bitwa o wyzwolenie Ameryki. Żołnierze brytyjscy strzelali jednak do tłumu w akcie samoobrony. Na rozprawie sądowej zostali uniewinnieni dzięki obronie adwokata Johna Adamsa – późniejszego drugiego prezydenta Stanów Zjednoczonych.

▪ rycina, Ameryka Północna, XVIII w.

Wielkiej Brytanii. **16 grudnia 1773 r.** grupa „Synów Wolności" przebranych za Indian wdarła się na statek należący do Kompanii i wyrzuciła do morza przewożony na nim ładunek herbaty. Incydent ten wywołał represje brytyjskie. W kolejnym roku Izba Gmin wydała niekorzystną dla interesów wszystkich kolonii ustawę, na mocy której ziemie położone na zachód od pasma Appalachów, zdobyte w dużej mierze dzięki poświęceniu ochotników z kolonii, przyłączono do Kanady.

We wrześniu 1774 r. w Filadelfii zebrał się **Kongres Kontynentalny**, skupiający przedstawicieli kolonii, którzy postanowili występować wspólnie wobec władz w Londynie. Uchwalono wówczas deklarację wiernopoddańczą w stosunku do króla, ale jednocześnie wezwano do kontynuacji bojkotu towarów brytyjskich. 19 kwietnia 1775 r. **pod Lexington** w Massachusetts doszło do starcia między milicją kolonialną a usiłującymi ją rozbroić wojskami brytyjskimi. Zwycięstwo odnieśli koloniści.

Rozpoczęcie działań zbrojnych skłoniło przywódców poszczególnych kolonii do zwołania kolejnych obrad Kongresu Kontynentalnego. Jego postulaty, takie jak zmniejszenie ucisku fiskalnego oraz uzyskanie reprezentacji kolonii w Izbie Gmin, zostały jednak odrzucone w Londynie. W tej sytuacji uchwalono utworzenie **Armii Kontynentalnej**. Na jej czele stanął znany z okresu wojny z Francuzami **Jerzy Waszyngton**, ziemianin z Wirginii.

4 lipca 1776 r. przedstawiciele 13 kolonii ogłosili *Deklarację niepodległości Stanów Zjednoczonych*. Oznaczało to zerwanie przez nich więzi z Wielką Brytanią. Głównym czynnikiem spajającym Stany była odtąd konieczność obrony przed armią Wielkiej Brytanii. Do Ameryki przybyło 35 tys. żołnierzy brytyjskich. Waszyngton mógł im przeciwstawić zaledwie 10 tys. ochotników. Siły amerykańskie miały jednak oparcie w ludności cywilnej, a ponadto ich żołnierze doskonale znali teren. Zbuntowanym koloniom poparcia udzieliły

---

ŹRÓDŁA I INTERPRETACJE

DEKLARACJA NIEPODLEGŁOŚCI STANÓW ZJEDNOCZONYCH

Dokument ogłoszony przez Kongres Kontynentalny uzasadniał zerwanie zjednoczonych 13 kolonii z angielską władzą zwierzchnią i prawo do samostanowienia. Wprowadzał on także nowy sposób decydowania o państwie i jego ustroju, dając przykład innym społeczeństwom.

Jeśli bieg wypadków dziejowych zmusi jaki naród do zerwania węzłów politycznych łączących go z innym narodem i zajęcia wśród mocarstw świata odrębnego stanowiska na równi z innymi, do którego uprawniają go prawa przyrodzone i ustawy Boże – szacunek należny rodzajowi ludzkiemu nakazuje mu przedstawić i wyjaśnić światu powody, jakie go skłaniają do podobnego kroku. Uważamy za niezbite i oczywiste prawdy: że ludzie stworzeni zostali równymi sobie; że Stwórca udzielił im pewnych praw niezbywalnych, w rzędzie których na pierwszym miejscu postawić należy prawo do życia, do wolności i do poszukiwania szczęścia; że w celu zapewnienia sobie tych praw ludzie stanowili między sobą rządy, których władza spływa z woli rządzonych; że ilekroć jakakolwiek forma rządu sprzeciwia się celowi, w jaki była ustanowioną, naród ma prawo zmienić ją lub znieść zupełnie i ustanowić rząd nowy na takich zasadach i na takiej organizacji władz

oparty, jakie mu się wydadzą najstosowniejszymi do zapewnienia własnego bezpieczeństwa i pomyślności. […]
Wskutek tego wszystkiego my, przedstawiciele Stanów Zjednoczonych Ameryki, zgromadzeni na ogólny kongres, biorąc na świadka Najwyższego Sędziego, któremu znana jest prawość naszych zamiarów, ogłaszamy uroczyście w imieniu władzy zbożnego ludu tych osad, iż te Zjednoczone Osady są i mają prawo być Państwami wolnymi i niepodległymi; że wyzwolone są spod posłuszeństwa wszelkiego królowi Wielkiej Brytanii, że wszelki węzeł zależności politycznej pomiędzy nimi a państwem Wielkiej Brytanii jest i powinien być ostatecznie zerwanym, i że jako Państwo wolne i niepodległe mają one pełne prawo prowadzić wojnę, zawierać pokój i przymierze, ustalać handel, tudzież przedsiębrać to wszystko, co leży w granicach możności państw niezależnych.

Wiek XVI–XVIII w źródłach, oprac. M. Sobańska-Bondaruk, S.B. Lenard, Warszawa 1997, s. 470–473.

? **PRACA ZE ŹRÓDŁAMI**

1. Wyjaśnij, w jaki sposób twórcy dokumentu uzasadnili prawo kolonii do zerwania związków z metropolią.
2. Wskaż fragmenty tekstu źródłowego świadczące o kształtowaniu się amerykańskiej świadomości narodowej.

— JERZY WASZYNGTON —
1732–1799

Był jednym z założycieli Stanów Zjednoczonych. W czasie wojny siedmioletniej dowodził milicją kolonialną, wspomagającą armię brytyjską w walkach z Indianami i Francuzami. Karierę polityczną rozpoczął jako lokalny deputowany w Wirginii. Od 1774 r. reprezentował tę kolonię na obradach Kongresu Kontynentalnego. Ze zmiennym szczęściem dowodził słabo wyekwipowaną Armią Kontynentalną. Po wojnie odmówił przyjęcia korony króla Stanów Zjednoczonych, jednak zgodził się ubiegać o godność prezydenta nowego państwa. Urząd ten sprawował przez dwie kadencje – w latach 1789–1797.

Francja i Hiszpania. Hasło walki o wolność ściągnęło też do Ameryki przepełnionych ideami oświecenia ochotników z Europy, w tym wielu doskonale wyszkolonych oficerów. Toczone ze zmiennym szczęściem walki Brytyjczyków z połączonymi siłami amerykańsko-francuskimi zakończyły się klęską tych pierwszych. **19 października 1781 r.** zostali oni zmuszeni do złożenia broni **pod Yorktown**.

W listopadzie 1783 r. w Wersalu podpisano pokój. Jego sygnatariusze uznawali powstanie na kontynencie amerykańskim nowego państwa, niezależnego od metropolii europejskiej. Terytorium Stanów Zjednoczonych zostało też rozszerzone o tereny położone między pasmem Apallachów a rzeką Missisipi.

Wojnę o niepodległość Stanów Zjednoczonych zakończyła honorowa kapitulacja wojsk brytyjskich. Według legendy składającym broń Anglikom towarzyszyła orkiestra wojskowa, która grała melodię z czasów rewolucji angielskiej: *Świat stanął na głowie* (ang. *The World Turned Upside Down*).

▪ obraz, USA, XIX w.

■ MIĘDZYNARODOWE SKUTKI REWOLUCJI AMERYKAŃSKIEJ

W wyniku wojny toczonej w latach 1775–1783 w Ameryce Północnej ukształtowała się państwowość o republikańskiej formie rządów. U podstaw tamtejszego systemu leżały hasła oświecenia europejskiego, m.in. trójpodział władzy na wykonawczą, ustawodawczą i sądowniczą. Powstanie Stanów Zjednoczonych miało istotne znaczenie dla międzynarodowego układu sił, ponieważ zakończyło dominację brytyjską w Ameryce Północnej. Brytyjczycy stracili tam nie tylko posiadłości, lecz także ogromny rynek zbytu.

Mimo tej porażki Wielka Brytania nadal pozostawała „władczynią mórz" i kontrolowała najważniejsze szlaki handlowe ówczesnego świata. Dla Francji pomoc udzielona kolonistom oraz triumf nad wrogiem zza kanału La Manche okazały się kosztowne. Zwiększony ucisk fiskalny i seria klęsk naturalnych doprowadziły w przeciągu kilku lat do wybuchu rewolucji w tym państwie.

Wsparcie zwycięzców nie przyniosło też większych korzyści monarchii hiszpańskiej, pogrążonej w głębokim kryzysie ekonomicznym i politycznym. Ponadto wydarzenia, do których doszło na kontynencie północnoamerykańskim, stały się wkrótce niebezpiecznym wzorcem dla poddanych króla Hiszpanii w Nowym Świecie.

■ KOLONIE HISZPAŃSKIE W AMERYCE NA POCZĄTKU XIX WIEKU

Hiszpanie traktowali swoje rozległe posiadłości w Ameryce głównie jako źródło dochodów fiskalnych. Majątki ziemskie w koloniach amerykańskich należały do **Kreolów** – potomków przybyszy zza oceanu. Kultywowali oni tradycje szlacheckie obowiązujące w Hiszpanii. Niższe warstwy społeczne stanowili Metysi, czyli potomkowie białych osadników mający domieszkę krwi indiańskiej, oraz Indianie, wykorzystywani jako siła robocza na plantacjach kreolskich. Na ziemiach tych nie istniał przemysł. Bardzo silną pozycję miał tam Kościół katolicki.

Mimo swojego statusu ekonomicznego Kreole byli niezadowoleni z ówczesnej sytuacji politycznej w koloniach. Traktowano ich bowiem gorzej niż mieszkańców hiszpańskiej metropolii. Nie mogli obejmować najwyższych urzędów – były one zarezerwowane dla rodowitych Hiszpanów. Przybyszom z Europy powierzano stanowiska wicekrólów w administracji kolonialnej i biskupów w strukturach kościelnych.

W XVIII w. na młodzież z Nowego Świata kształcącą się na uniwersytetach europejskich silny wpływ wywierały prądy oświeceniowe. Rewolucje: amerykańska i francuska przyczyniły się do decyzji Kreolów o zerwaniu związków z Hiszpanią.

Walka oddziałów wysłanych przez Napoleona na Santo Domingo toczyła się w trudnych dla Europejczyków warunkach. Zbuntowanymi niewolnicy nie tylko doskonale znali teren, lecz także byli przyzwyczajeni do panującego tam klimatu.

▪ *rycina, Francja, XIX w.*

■ KOLONIE FRANCUSKIE NA KARAIBACH

Rewolucja, która w 1789 r. ogarnęła Francję, miała wpływ także na sytuację panującą w jej zamorskich posiadłościach na Karaibach. Na Santo Domingo czarnoskórzy niewolnicy wzniecili powstanie przeciwko plantatorom. Na czele tego zrywu stanął François Dominique Toussaint, zwany L'Ouverture, były niewolnik. Z uwagi na sukcesy jego sił oraz ich późniejszy udział w walkach z wrogami rewolucji: Anglikami i Hiszpanami, którzy próbowali zająć Santo Domingo, rewolucyjny rząd w Paryżu musiał mianować przywódcę powstania wicegubernatorem kolonii. W 1801 r. Toussaint wykorzystał zaangażowanie Francji w wojnę w Europie i ogłosił się dożywotnim gubernatorem. Napoleon Bonaparte, nowy władca Francji, postanowił przeprowadzić interwencję zbrojną na wyspie. Wycofał się również z decyzji rządu rewolucyjnego o zniesieniu niewolnictwa. Siłom Napoleona udało się wprawdzie odnieść zwycięstwo, lecz ostatecznie trudne warunki klimatyczne spowodowały klęskę interwencji. W 1804 r. kolonia ogłosiła niepodległość i przyjęła nazwę „Haiti". Było to drugie po Stanach Zjednoczonych państwo w Nowym Świecie niezależne od metropolii europejskiej.

■ ZERWANIE ZWIĄZKÓW Z HISZPANIĄ

Wydarzenia na Santo Domingo oraz uwikłanie Hiszpanii w wojny napoleońskie, podczas których zdetronizowano króla Ferdynanda VII i oddano tron Józefowi Bonapartemu, przyspieszyły zerwanie związków hiszpańskiej Ameryki z metropolią. Pod pozorem wypowiedzenia posłuszeństwa uznanemu za uzurpatora Józefowi, bratu Napoleona, Kreole przejęli nadzór nad administracją. Władzę sprawowali za pomocą wybieranych spośród siebie rad prowincjonalnych – junt.

Do otwartego konfliktu pomiędzy kolonistami a Madrytem doszło jednak dopiero po klęsce Napoleona i powrocie na tron Ferdynanda VII. W imperium hiszpańskim usiłowano wtedy przywrócić stary porządek, co wywołało zbrojny sprzeciw mieszkańców kolonii. Kolejne amerykańskie prowincje ogromnego imperium ogłaszały niepodległość. Przywódcami tego ruchu byli **José de San Martín** (na południu kontynentu) oraz **Simon Bolivar** (na północy). W latach 1810–1823 toczono walki w Wicekrólestwie La Platy. W ich wyniku proklamowano niepodległość nowych państw: Argentyny i Paragwaju. Na północy dzięki zwycięstwom sił Bolivara powstała niezależna Republika Kolumbii. W jej skład weszły tereny dzisiejszych: Kolumbii, Wenezueli, Ekwadoru, Panamy. Pierwszym prezydentem nowego państwa został przywódca powstania. Najdłużej Hiszpanie utrzymali się w Peru. Kraj ten wyzwolono spod zwierzchności Madrytu w efekcie wspólnych działań Bolivara i San Martína po zwycięskiej dla Kreolów bitwie **pod Ayacucho**, stoczonej **9 grudnia 1824 r.**

W 1810 r. do podobnych wystąpień doszło w **Nowej Hiszpanii**, czyli dzisiejszym Meksyku. Miały one jednak charakter nie tyle ruchu niepodległościowego, ile powstania chłopskiego, skierowanego zarówno przeciwko administracji hiszpańskiej, jak i posiadaczom ziemskim. Ruch ludowy, na którego czele stał ksiądz

— SIMON BOLIVAR —
1783–1830

Pochodził z arystokratycznej rodziny kreolskiej z Nowej Granady (Wenezueli). W młodości studiował w Europie, gdzie poznał idee oświecenia. Po powrocie do Ameryki włączył się w walkę z Hiszpanami. Wykazywał duże zdolności przywódcze. W 1819 r. został prezydentem Wenezueli, a w 1821 r. stanął na czele Kolumbii (zwanej też Wielką Kolumbią). Na cześć Bolivara jedno z państw Ameryki Południowej nosi miano „Boliwia". Oficjalna nazwa ojczyzny przywódcy – Boliwariańska Republika Wenezueli – również stanowi nawiązanie do nazwiska Libertadora (z hiszp. 'wyzwoliciela').

ROZWÓJ TERYTORIALNY STANÓW ZJEDNOCZONYCH W XIX WIEKU

obszar Meksyku do 1835 r.

Rozwój terytorialny Stanów Zjednoczonych:

Stany Zjednoczone na początku XIX w.

Luizjana, zakupiona od Francji w 1803 r.

obszary uzyskane od Hiszpanii (1819), Wielkiej Brytanii (1842) i zdobyte w wojnie z Meksykiem (1848)

obszary odstąpione przez Wielką Brytanię w 1818 i 1846 r.

obszary sporne z Meksykiem, anektowane w 1845 r. i zakupione od Meksyku w 1853 r.

Alaska, zakupiona od Rosji w 1867 r.

obszar Stanów Zjednoczonych pod koniec XIX w.

1821 rok uzyskania niepodległości

1848 rok przyłączenia obszaru do Stanów Zjednoczonych

Ważniejsze bitwy podczas:

wojny brytyjsko-amerykańskiej (1812–1815)

wojny amerykańsko-meksykańskiej (1861–1848)

0   800 km

? PRACA Z MAPĄ

1. Omów kierunki ekspansji amerykańskiej w XIX w.
2. Wymień nazwy terenów w Ameryce Środkowej, które pozostały w rękach Hiszpanów po 1830 r.

Miguel Hidalgo, nie uzyskał poparcia elit kreolskich, ponieważ zagrażał ich interesom. Wojska królewskie szybko stłumiły rewoltę. Mimo to władza wicekrólów uległa osłabieniu. Meksykańscy Kreole wykorzystali tę sytuację oraz kryzys wewnętrzny w monarchii hiszpańskiej – w 1821 r. proklamowali niepodległe państwo. Przywódcą buntu był **Agustín de Iturbide**, generał wojsk królewskich, który został ukoronowany w maju 1822 r. na cesarza Meksyku. Jego rządy nie trwały długo – po roku został zmuszony przez własnych oficerów do abdykacji. Meksyk ogłoszono wówczas republiką.

Ostatecznie na gruzach imperium hiszpańskiego powstało wiele niepodległych państw. Bolivar chciał utworzyć silną federację, obejmującą obszar całego kontynentu, jednak dążenia poszczególnych krajów do pełnej niepodległości wzięły górę nad ideą jedności. Z uwagi na specyfikę społeczeństwa latynoskiego, w którym dostęp do władzy i bogactwa miała wyłącznie wąska elita kreolska, ukształtował się tam system władzy odmienny niż w Stanach Zjednoczonych. Na północy zwyciężyła idea reprezentacji, w Ameryce Południowej zaś rządy w każdym z państw sprawował

Niepodległość Brazylii

Po inwazji francuskiej na sprzymierzoną z Wielką Brytanię Portugalię dwór królewski i członkowie rządu wyemigrowali do Brazylii. Mimo wyzwolenia kraju monarcha nie wrócił do Lizbony, a imperium było administrowane z Rio de Janeiro. Rozszerzono wówczas swobody polityczne tamtejszych Kreolów. Ostatecznie wystąpienia niezadowolonych Portugalczyków zmusiły króla do powrotu do Europy i wycofania samorządu wprowadzonego wcześniej w Brazylii. Spowodowało to sprzeciw syna monarchy, Piotra I, który w 1822 r. ogłosił się cesarzem Brazylii i zerwał zależność kolonialną od Portugalii. Brazylia stała się niepodległą monarchią konstytucyjną.

Pomnik Chrystusa Odkupiciela w Rio de Janeiro został wzniesiony dla uczczenia 100. rocznicy niepodległości Brazylii. Odsłonięto go w 1931 r. Wznosi się na szczycie góry Corcovado i ma 30 m wysokości. Został umieszczony na liście nowych cudów świata, ogłoszonej w 2007 r.

▪ *pomnik, Brazylia, XX w.*

jeden przywódca – dopóty, dopóki miał oparcie w elitach (wojsku, plantatorach). Jeśli utracił ich zaufanie, pozbawiano go urzędu. Taki los spotkał także Bolivara. W wyniku dokonanego zamachu stanu musiał on ustąpić ze stanowiska prezydenta Kolumbii.

AMERYKA DLA AMERYKANÓW

Od powstania Stanów Zjednoczonych Amerykanie konsekwentnie eliminowali wpływy europejskie w Nowym Świecie. Gdy odkupili od napoleońskiej Francji ogromne obszary Luizjany, rozwój terytorialny ich państwa zaniepokoił Brytyjczyków, stosujących wobec dawnych poddanych ograniczenia gospodarcze w handlu z Azją. Rywalizacja brytyjsko-amerykańska doprowadziła do wybuchu wojny. Toczono ją w latach **1812–1814**. Amerykanie odparli inwazję, ale wojskom brytyjskim udało się zdobyć i spustoszyć ich stolicę – Waszyngton. Ostatecznie tzw. **II wojna o niepodległość** wzmocniła pozycję USA w stosunku do Wielkiej Brytanii. W czasie gdy na obszarach Ameryki Łacińskiej likwidowano panowanie kolonialne, w Europie po zakończeniu wojen napoleońskich zapanował nowy ład polityczny na skutek decyzji uczestników **kongresu wiedeńskiego** (1814–1815 r.). Wprowadzono zasadę restauracji, co w praktyce oznaczało powrót do sytuacji politycznej sprzed wybuchu rewolucji francuskiej. Jej gwarantem stało się Święte Przymierze, zawarte pomiędzy Rosją, Austrią i Prusami. Jego członkowie zastrzegli sobie prawo do interwencji zbrojnej w razie wystąpień przeciwko legalnej władzy.

Realne zagrożenie dla niepodległości państw amerykańskich stanowiła możliwość udzielenia pomocy zbrojnej Hiszpanii przez mocarstwa europejskie w celu restytucji jej władzy w koloniach. Budziło to zaniepokojenie Amerykanów, którzy odnosili się niechętnie do wpływów europejskich w Ameryce Łacińskiej, a także byli zainteresowani eksploatacją ekonomiczną tych terenów. Zdobycie wpływów politycznych w tym rejonie świata przez mocarstwa europejskie oznaczałoby pojawienie się konkurencji dla gospodarki amerykańskiej. 2 grudnia 1823 r. prezydent **James Monroe** w przemówieniu wygłoszonym na forum Kongresu wyraził protest przeciwko ingerencji Europejczyków w sprawy dotyczące kontynentu amerykańskiego. Tezy ogłoszone w tym wystąpieniu stały się na dziesiątki lat podstawami amerykańskiej polityki **izolacjonizmu**, która zakładała zarówno brak zainteresowania Stanów Zjednoczonych kwestiami europejskimi, jak i sprzeciw wobec ingerencji mocarstw ze Starego Kontynentu w sprawy amerykańskie.

ĆWICZENIA

1. Porównaj społeczeństwa Stanów Zjednoczonych oraz nowych państw Ameryki Łacińskiej.
2. Wyjaśnij przyczynę popularności haseł izolacjonizmu w Stanach Zjednoczonych.
3. Omów proces uzyskiwania niepodległości przez kolonie hiszpańskie.

2 NOWY KOLONIALIZM

ZANIM POZNASZ NOWY TEMAT

1. Przypomnij, które obszary zostały skolonizowane przez Europejczyków do XVIII w.
2. Wyjaśnij, na czym polegał handel w tzw. złotym trójkącie.

■ WALKA Z HANDLEM NIEWOLNIKAMI

Na kongresie wiedeńskim ustanowiono również formalny **zakaz handlu niewolnikami**. Choć dokument regulujący tę kwestię miał formę deklaracji, to jednak w wyniku działań floty brytyjskiej ten haniebny, lecz zyskowny proceder powoli zanikał. W posiadłościach

La Amistad był hiszpańskim statkiem, na którym przewożono niewolników. W 1839 r. doszło na nim do buntu Afrykanów. Zabili oni część załogi i opanowali żaglowiec, a następnie popłynęli do Nowego Jorku. Tam odbyła się słynna sprawa sądowa o międzynarodowej skali, w wyniku której buntownicy odzyskali wolność i mogli wrócić do Afryki.

▪ *grafika, USA, XIX w.*

państw europejskich stopniowo znoszono niewolnictwo, ale był to proces długotrwały. Wielka Brytania zakazała niewolnictwa w 1833 r., Francja – w 1848 r., Portugalia – w 1869 r. Zniesienie niewolnictwa w Stanach Zjednoczonych zostało poprzedzone przez wybuch wojny secesyjnej, podczas której prezydent Abraham Lincoln zakazał takich działań (w 1863 r.). Najdłużej – aż do 1888 r. – niewolnictwo utrzymywało się w Brazylii.

Równocześnie z powstaniem niepodległych państw na kontynentach amerykańskich, a także z rosnącym uprzemysłowieniem rozpoczęła się ekspansja polityczna i ekonomiczna krajów zachodnioeuropejskich oraz Stanów Zjednoczonych w Afryce, Azji, Australii i Oceanii.

■ IMPERIUM KRÓLOWEJ WIKTORII

U progu XIX w. o potędze Wielkiej Brytanii decydowała jej dominacja na morzach i oceanach. Imperium temu siłę gwarantowała również nowoczesna gospodarka, mająca u podstaw przemysł. Handel międzynarodowy przynosił ogromne zyski zarówno poddanym, jak i państwu. Duże znaczenie zyskała także londyńska **giełda**. Wielka Brytania w XIX w. stanowiła potęgę finansową i stała się „bankierem świata". Finansiści londyńscy czerpali ogromne zyski z wymiany handlowej z mieszkańcami terenów zamorskich. Jednak utrzymanie przez Brytyjczyków dominującej pozycji na świecie zmuszało ich do ciągłej ekspansji terytorialnej.

Mimo powstania USA posiadłości brytyjskie w Ameryce Północnej nadal były imponujące. Do Wielkiej Brytanii należały: Kanada, Nowa Szkocja, Nowy Brunszwik, Wyspa Księcia Edwarda oraz Nowa Fundlandia. Mieszkańcy tych ziem – osadnicy pochodzenia francuskiego i brytyjskiego oraz Indianie z licznych plemion – podczas rewolucji amerykańskiej i wojny brytyjsko-amerykańskiej z lat 1812–1815 pozostali lojalni wobec Londynu. Rząd brytyjski, pamiętający o nieskuteczności polityki prowadzonej w koloniach amerykańskich, postanowił zjednoczyć ziemie położone na północy oraz nadać im szeroką autonomię. W **1867 r.** utworzono **Dominium Kanady** – federację prowincji

■ Podbój Algierii przez Francuzów

Północną Afrykę, należącą formalnie do imperium osmańskiego, zamieszkiwali głównie muzułmanie pochodzenia arabskiego, a także członkowie licznych plemion berberyjskich. Egiptem, Trypolitanią, Tunezją i Algierią rządzili lokalni władcy, których zależność od sułtana miała luźny charakter. Na południowych obszarach Morza Śródziemnego zagrożenie dla żeglugi stwarzali piraci, którzy pojmanych marynarzy i podróżnych sprzedawali jako niewolników. Centrum tego procederu stanowił port w Algierze. W latach 1830–1847 ziemie położone wokół Algieru podbili Francuzi. Wyeliminowali oni niebezpieczne dla żeglugi korsarstwo. Tereny te ogłoszono posiadłościami Francji i rozpoczęto na nich tworzenie struktur administracyjnych oraz – przede wszystkim – fiskalnych. W następnym dziesięcioleciu Francuzi przeprowadzili tam reformę rolną – ograniczyli tradycyjną (rodową) własność gruntów. Skorzystali na tym osadnicy francuscy, którzy rozpoczęli na tych obszarach intensywną uprawę zbóż i winorośli. Wykorzystywali przy tym nowoczesne środki irygacyjne.

Przejmowanie przez Francuzów gruntów od Algierczyków oraz ogólne niezadowolenie z rządów kolonialnych doprowadziły do wybuchu buntu w okresie szczególnie trudnej dla Francji wojny z Niemcami z lat 1870–1871. Został on krwawo stłumiony, a osadnicy francuscy przejęli wówczas większość ziem należących do rodów arabskich i berberyjskich. Francuzi zmierzali do całkowitej integracji terytoriów zamorskich

z metropolią. Ich celem stała się też pełna asymilacja ludności algierskiej ze społeczeństwem francuskim. Algierczycy, na ogół przywiązani do tradycji, nie akceptowali tych działań. W drugiej połowie XIX i na początku XX w. francuska Algieria była terenem bezpośrednich codziennych kontaktów dwóch kultur: europejskiej i arabskiej.

Legia Cudzoziemska została utworzona podczas podboju Algierii. Składała się z ochotników niebędących obywatelami Francji. W pierwszej połowie XIX w. w szeregach tej formacji walczyło wielu Polaków, m.in. byłych powstańców listopadowych.

▪ *ilustracja, Francja, XX w.*

> [?] Jakie korzyści przyniosła Francuzom kolonizacja Algierii?

o silnym rządzie centralnym, pozostającą częścią imperium Brytyjczyków. Głową tego państwa był monarcha brytyjski, a polityka zagraniczna Kanady zależała od interesów imperialnych Wielkiej Brytanii.

Na skutek rozwoju przemysłu w Anglii wzrosła liczba mieszkańców miast, czego efektem stał się m.in. rozkwit przestępczości. Po utracie kolonii położonych za Atlantykiem Brytyjczycy poszukiwali nowego terytorium, na które można by zsyłać skazańców. Wybór padł na Nową Południową Walię w Australii. W **styczniu 1788 r.** do wybrzeży tego kontynentu przybiły pierwsze okręty z więźniami. Zainteresowanie Brytyjczyków zagospodarowaniem tych terenów było również rezultatem ich rywalizacji z Francuzami, którzy w drugiej połowie XVIII w. próbowali zdobyć wpływy na południowych morzach. Ogromne przestrzenie Nowej Południowej Walii nadawały się do hodowli owiec, a tamtejsze porty stały się ośrodkami wielorybnictwa. Dogodne warunki klimatyczne sprzyjały rozwojowi osadnictwa, które z czasem zatraciło swój pierwotny charakter karny. Od

1840 r. do Nowej Południowej Walii nie sprowadzano już przestępców. Nasilenie osadnictwa doprowadziło do wyniszczenia znacznej części populacji pierwotnych mieszkańców kontynentu – **Aborygenów**.

Brytyjczycy stopniowo rozszerzali zakres samorządu w poszczególnych koloniach australijskich. W **1901 r.** utworzyli **dominium** o nazwie **Związek Australijski**.

Królowa Wiktoria pochodziła z dynastii niemieckiej. Monarchini ta panowała 63 lata. Stała się symbolem epoki, w której Wielka Brytania zbudowała imperium rozciągające się na wszystkich zamieszkanych kontynentach. Od imienia królowej pochodzi wiele nazw geograficznych, a jej pomniki do dziś stoją w licznych zakątkach dawnego imperium.

▪ *obraz, Wielka Brytania, XIX w.*

Dominium – dawna kolonia brytyjska, która po uzyskaniu niezależności weszła jako państwo w skład Brytyjskiej Wspólnoty Narodów i uznała za głowę państwa monarchę brytyjskiego.

■ Aborygeni

Przed przybyciem Brytyjczyków liczba Aborygenów wynosiła ok. 400 tys. Rdzenni mieszkańcy Australii tworzyli setki plemion i posługiwali się różnymi narzeczami języka. Ich bogatej duchowości towarzyszyła nieskomplikowana kultura materialna. Aborygeni nie znali rolnictwa ani hodowli zwierząt. Prowadzili wędrowny tryb życia, zajmowali się łowiectwem i zbieractwem. Europejczycy usiłowali wykorzystywać ich jako tanią siłę roboczą na powstających farmach, lecz przynosiło to nikłe rezultaty. Biali osadnicy zaczęli więc zamykać tubylców w rezerwatach. Stosowali także wobec nich brutalne metody eksterminacji. Spustoszenie wśród populacji Aborygenów siały również nieznane im wcześniej choroby, przywleczone z Europy.

Bumerang był wielofunkcyjnym narzędziem Aborygenów. Używali go m.in. w czasie wojny i polowań, a nawet jako instrumentu muzycznego.

▪ *fotografia, Australia, XX w.*

? Odszukaj w dostępnych źródłach informacje dotyczące okoliczności uzyskania praw politycznych przez Aborygenów.

Zastrzegli sobie tylko prawo do prowadzenia polityki zagranicznej w imieniu dawnej kolonii. Związek Australijski był jednym z pierwszych krajów, w których obowiązywało powszechne prawo wyborcze, obejmujące także kobiety (od 1902 r.). Z egalitarnego systemu politycznego wyłączono rdzennych mieszkańców tych ziem. Aż do lat 80. XX w. nie mieli oni prawa do reprezentacji w australijskim systemie politycznym.

■ INDIE – „PERŁA W KORONIE BRYTYJSKIEJ"

W XVIII w. Europejczycy toczyli pomiędzy sobą wojny o dominację także w Indiach. W zmagania zbrojne między Brytyjczykami a Francuzami byli angażowani lokalni władcy hinduscy. Indie, pozostające pod zwierzchnictwem islamskiej dynastii **Wielkich Mogołów**, nie stanowiły bowiem politycznej jedności. Składały się z dziesiątek mniej lub bardziej zależnych księstw, rządzonych przez odrębne dynastie. Od początku XVII w. silne wpływy na półwyspie zdobywała angielska Kompania Wschodnioindyjska. Jej dominację umocniło zwycięstwo Wielkiej Brytanii w wojnie siedmioletniej. Podobnie jak z Ameryki Północnej, także i z tej części świata wyeliminowano wówczas wpływy francuskie.

W XVIII w. posiadłości w Indiach nie podlegały bezpośrednio władzom brytyjskim, ale były zarządzane przez Kompanię Wschodnioindyjską, która prowadziła rabunkową eksploatację bogactw tego kraju. Kompania

ściągała od ludności podatek gruntowy, miała też wyłączność na handel solą, prawo bicia monety oraz utrzymywania oddziałów wojskowych złożonych z Hindusów (tzw. sipajów), dowodzonych przez oficerów angielskich. Prowadziło to do niezadowolenia i buntów mieszkańców Indii przeciwko władzy Brytyjczyków. W 1793 r., po stłumieniu kolejnego powstania, ucisk podatkowy ze strony Kompanii Wschodnioindyjskiej ograniczono. Ściąganie opłat powierzono wówczas

Herbata aż do XIX w. była uprawiana wyłącznie w Chinach. Aby obniżyć wysokie ceny tego towaru, Brytyjczycy zdecydowali się wykraść chińskie sadzonki i nasiona oraz poznać metody uprawy herbaty. Następnie rozpoczęli uprawiać tę roślinę w koloniach o wystarczająco ciepłym klimacie – w Indiach, a także w Kenii i na Cejlonie.

▪ *fotografia, Indie, XX w.*

arystokracji hinduskiej. W efekcie ta warstwa społeczeństwa indyjskiego stała się w pełni lojalna wobec Brytyjczyków. Kompania, której działania były ukierunkowane na eksploatację gospodarczą ziem indyjskich, nadal nie dbała o interesy zróżnicowanej etnicznie i wyznaniowo ludności. W tej sytuacji wybuchł tzw. **Wielki Bunt**. W latach 1857–1859 powstanie to ogarnęło znaczną część północnych Indii. Zmusiło to Brytyjczyków do gruntownego zreformowania zarządzania Indiami. Zniesiono panowanie Wielkich Mogołów, a ostatniego z nich uwięziono. Kompania Wschodnioindyjska została pozbawiona władzy nad posiadłościami. Bezpośrednia administracja przeszła w ręce **wicekróla** – urzędnika podległego Koronie. Indie zostały też w sposób bezpośredni związane z monarchą brytyjskim, który ogłoszony został **cesarzem Indii**.

Indie stanowiły ogromny rynek zbytu dla wyrobów przemysłu angielskiego, a także źródło wszelkich surowców. Taki związek z metropolią doprowadził do znaczących przekształceń hinduskiej gospodarki. Niemal całkowicie zlikwidowano cenione wcześniej rzemiosło, m.in. w brutalny sposób wyeliminowano tkactwo, konkurencyjne wobec przemysłu angielskiego. Rolnictwo miało być nastawione na produkcję roślin eksportowych: herbaty, trzciny cukrowej i bawełny.

Maharadżowie – władcy na wpół zależnych państw indyjskich – utrzymali w okresie kolonialnym swoją pozycję pod warunkiem uznania brytyjskiego zwierzchnictwa. Współuczestniczyli w brytyjskim panowaniu nad Indiami, odpowiadając m.in. zbieranie podatków. Wielu z nich, nie zatracając indyjskiej tożsamości, przejmowało zachodnie zwyczaje i styl życia, takie jak gra w polo czy krykieta.

■ *fotografia, Indie, XIX w.*

W związku z tym zmniejszył się areał uprawy zbóż. W efekcie cyklicznie następowały klęski głodu, które przyniosły śmierć milionom Hindusów. W latach 1896–1897 tzw. **Wielki Głód** dotknął 22 mln mieszkańców Indii.

■ PAŃSTWO ŚRODKA I „WIEK UPOKORZEŃ"

Największym i najludniejszym państwem Dalekiego Wschodu na początku XIX w. były Chiny. Dzięki dużemu potencjałowi kulturowemu, ludnościowemu i ekonomicznemu Chińczycy podporządkowali sobie także sąsiednie kraje: Koreę, Tybet, Mongolię, Wietnam, Kambodżę oraz Laos. Zachowały one jednak pewną samodzielność (panowały w nich osobne dynastie królewskie i cesarskie). Wasalna podległość wobec Chin gwarantowała pokój w całym regionie.

Chińczycy uważali swoje państwo za samowystarczalne gospodarczo i doskonałe pod względem kulturowym, dlatego nie szukali kontaktów z Europejczykami, których uznawali za barbarzyńców. W połowie XVIII w. władze cesarskie wprowadziły zakaz handlu z obcymi kupcami. Jedynym portem otwartym na świat zachodni był Kanton. Bogactwa Chin, a także panująca w Europie i Ameryce moda na wyroby chińskie (takie jak porcelana, jedwab, herbata) skłaniały Europejczyków do nawiązywania ściślejszych kontaktów z Państwem Środka. Jednak Chińczyków nie interesowały europejskie produkty. Chętnie przyjmowali jedynie srebro oraz **opium**. Głównym eksporterem tego narkotyku stała się brytyjska Kompania Wschodnioindyjska. Produkowano go przede wszystkim w Indiach administrowanych przez tę organizację. W zamian za opium Europejczycy otrzymywali chińskie towary, które wysyłali na Stary Kontynent lub do Ameryki.

Masowe kupowanie i zażywanie narkotyków przynosiły Chinom rosnące straty społeczne oraz gospodarcze. Gdy władze chińskie próbowały ograniczyć ten proceder, Brytyjczycy postanowili wymusić na Chińczykach koncesje gospodarcze i wypowiedzieli im wojnę. **I wojna opiumowa** zakończyła się spektakularną klęską anachronicznej armii i floty cesarskiej. Brytyjczycy na mocy traktatu nankińskiego z 1842 r. zmusili Chińczyków do otwarcia pięciu największych portów, w których miało dochodzić do wymiany handlowej (m.in. dalszego handlu opium). Państwo Środka odstąpiło również Wielkiej Brytanii port w Hongkongu. Stał się on bazą do dalszej eksploatacji ekonomicznej Chin przez Brytyjczyków. Dla potężnego niegdyś cesarstwa rozpoczął się **„wiek upokorzeń"**, czyli epoka

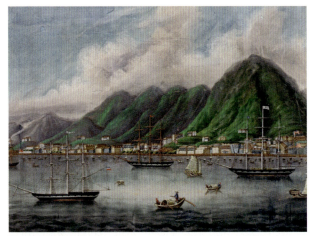

Port w Hongkongu, zdobyty przez Brytyjczyków w 1842 r. i mający do nich należeć „po wieczne czasy", z biegiem lat stał się jednym z najważniejszych centrów handlowych oraz finansowych świata. Potęgę zawdzięczał wymianie towarowej między Zachodem a Chinami i całym Dalekim Wschodem. Na mocy układu brytyjsko-chińskiego z 1898 r. Wielka Brytania na 99 lat wydzierżawiła kolonię od Chin. W 1997 r. uroczyście przekazano to terytorium Chińskiej Republice Ludowej. Dawna posiadłość brytyjska do 2047 r. zachowa autonomię polityczną, kulturalną i gospodarczą w obrębie ChRL.

▪ *obraz, Chiny, XIX w.*

zależności politycznej od obcych mocarstw. Państwo to, osłabione kryzysem wewnętrznym, zezwalało na europejską i amerykańską penetrację swoich terenów oraz kontrolę gospodarki. Od lat 40. XIX w. mocarstwa europejskie i Stany Zjednoczone ingerowały w sytuację wewnętrzną Chin – najczęściej poprzez interwencje zbrojne (jeszcze dwukrotnie pretekstu do rozpoczęcia konfliktu dostarczyły próby ograniczenia handlu opium).

Klęski Chińczyków zmusiły ich także do podpisania nierównoprawnych układów handlowych oraz politycznych z Francuzami, Rosjanami, Niemcami i Amerykanami. W drugiej połowie XIX w. obszar Państwa Środka podzielono na uzależnione od mocarstw strefy wpływów, a wiele chińskich portów stało się koloniami europejskimi (na wzór Hongkongu, zajętego przez Brytyjczyków).

CIEKAWOSTKA

Liberia

W XIX w. wyjątkowym tworem państwowym była Liberia. Zasiedlono ją wyzwolonymi niewolnikami ze Stanów Zjednoczonych, którzy dzięki organizacjom abolicjonistycznym powrócili do „dawnej ojczyzny". Na bezpośrednie związki ze Stanami Zjednoczonymi wskazują nazwa stolicy Liberii – Monrowia, pochodząca od nazwiska ówczesnego prezydenta USA, oraz flaga narodowa, przypominająca amerykańską.

Słabość Chin, które nie były w stanie obronić swoich stref wpływów na Półwyspie Indochińskim, wykorzystali Francuzi. Rozpoczęli oni ekspansję na tym obszarze. W jej rezultacie uzależnili od Francji tereny dzisiejszego Wietnamu, Kambodży oraz Laosu. Zamierzali zrównoważyć w ten sposób wpływy brytyjskie i holenderskie na Dalekim Wschodzie.

■ WYŚCIG KOLONIALNY W AFRYCE

Na przełomie XVIII i XIX w. wnętrze Afryki pozostało dla Europejczyków nieznane. Żyły tam setki odrębnych etnicznie i kulturowo plemion. Afrykanie byli zróżnicowani także pod względem wyznaniowym. Na północy i wschodzie kontynentu dominował **islam**, sawanny na południu były zamieszkiwane przez ludy oddające cześć duchom przodków (**animistów**), a na obszarach dzisiejszej Etiopii od czasów starożytnych istniał Etiopski Kościół Prawosławny.

W Afryce funkcjonowały organizacje państwowe różnego typu. Kraje arabskie położone nad Morzem Śródziemnym były formalnie zależne od państwa osmańskiego. W chrześcijańskiej Etiopii doszło do rozbicia dzielnicowego na księstwa, ale istniała też tradycja zwierzchniej władzy cesarskiej (tzw. króla królów). W innych częściach Czarnego Lądu powstawały i upadały państwa plemienne rządzone przez wojowniczych władców.

Do czasu uzyskania skutecznego leku na malarię (chininy) Afryka była właściwie niedostępna dla białych ludzi. Wyprawy w głąb Czarnego Lądu umożliwiło dopiero rozpowszechnienie się tego medykamentu. Władcy i członkowie rządów państw europejskich podejmowali działania mające na celu podporządkowanie sobie coraz większych obszarów afrykańskich. Skłaniały ich do tego konieczność zdobywania nowych rynków zbytu dla europejskich produktów przemysłowych oraz potrzeba poszukiwania źródeł tanich surowców. Ponadto mieli oni również ambicje rozszerzania wpływów politycznych swoich państw, rywalizujących o dominację na świecie.

Francuzi w czasach rządów Napoleona III chcieli poprzez zdobycze kolonialne wzmocnić prestiż swojego kraju jako mocarstwa światowego. Pokonani w 1871 r. przez Niemców, poprzez rozbudowę imperium kolonialnego, którego trzon stanowiła północno-zachodnia Afryka, powetowali sobie militarną i polityczną klęskę w Europie.

Na przełomie XIX i XX w. terytoriami podlegającymi bezpośrednio państwu francuskiemu lub częściowo zależnymi protektoratami były: Algieria, Tunezja,

Incydent w Faszodzie (1898 r.) stał się symbolem rywalizacji mocarstw europejskich o zdobycie jak największych obszarów w Afryce. Dowodzona przez kapitana francuskiego Jeana Marchanda ekspedycja, która kierowała się z zachodniej Afryki w stronę Egiptu, spotkała oddziały brytyjskie przemieszczające się na południe w celu stłumienia ruchu mahdystów. Brytyjczycy zażądali od Francuzów ustąpienia z drogi i zwinięcia flagi zawieszonej przez Marchanda nad Faszodą – niewielką wioską w Sudanie. Incydent ten wywołał ostry kryzys dyplomatyczny, ostatecznie zażegnany pokojowo. Wschodnia Afryka znalazła się pod dominacją brytyjską.

▪ *grafika, Francja, XIX w.*

Maroko, saharyjskie obszary dzisiejszej Mauretanii, Mali, Nigru i Czadu, nadatlantyckie Senegal, Gwinea, Wybrzeże Kości Słoniowej, Benin (ówczesny Dahomej), a także rozległe obszary Afryki równikowej. Francuzi starali się także umocnić swoje wpływy we wschodniej części Czarnego Lądu. W latach 80. XIX w. ostatecznie podbili największą wyspę Afryki – Madagaskar. Zajęli również niewielkie Dżibuti – strategiczny punkt wybrzeża Morza Czerwonego.

W Afryce toczyła się tradycyjna rywalizacja Francuzów i Brytyjczyków. Ci ostatni od początku stulecia władali dawnymi posiadłościami holenderskimi w południowej Afryce. Poprzez przejęcie nadzoru nad finansami Egiptu zyskali kontrolę nad tym mającym ogromne znaczenie strategiczne terytorium. Trasa ekspansji brytyjskiej wiodła wzdłuż Nilu. Brytyjczycy wraz z Egipcjanami opanowali rozległe obszary Sudanu. W latach 80. XIX w. podporządkowali sobie także Kenię i wybrzeże Zatoki Adeńskiej w Somalii, a na zachodzie Afryki – Nigerię, Złote Wybrzeże oraz Sierra Leone.

Do wyścigu o przejęcie terenów w Afryce stanęły także Niemcy, spóźnione w stosunku do Francji czy Wielkiej Brytanii z uwagi na zjednoczenie przeprowadzone dopiero w 1871 r. Z inicjatywą dotyczącą zamorskich ziem wyszli przedstawiciele niemieckich kręgów kupieckich. Kanclerz Rzeszy Otto von Bismarck nie był zainteresowany tego rodzaju posiadłościami. Działania podjęte przez spółki niemieckie doprowadziły na początku lat 80. XIX w. do opanowania przez Niemców znacznych obszarów Czarnego Lądu. Ostatecznie do Rzeszy należały: południowo-zachodnia Afryka (dzis. Namibia), Niemiecka Afryka Wschodnia (Tanganika, czyli część dzis. Tanzanii), Togo oraz Kamerun.

Włosi w latach 80. XIX w. zajęli Erytreę, a następnie rozległe obszary Somalii. W 1911 r., w wyniku wojny z osłabionym imperium osmańskim, podbili też Trypolitanię i utworzyli tam kolonię o nazwie „Libia". Na początku XX w. do grona państw kolonialnych dołączyła niewielka, ale bogata Belgia, która przejęła znaczną część Konga, należącą dotąd do jej władcy – Leopolda II.

W przededniu wybuchu I wojny światowej niemal cała Afryka (oprócz Liberii oraz Abisynii) znalazła się pod panowaniem kilku państw europejskich, które nieustannie rywalizowały ze sobą o wpływy polityczne i ekonomiczne. Panowanie Europejczyków na Czarnym Lądzie wiązało się przede wszystkim z eksploatacją przez metropolie jego bogactw naturalnych oraz pracy ludności tubylczej.

ĆWICZENIA

1. Określ główne kierunki ekspansji kolonialnej Brytyjczyków i Francuzów. Wyjaśnij, czym były spowodowane ich działania.
2. Przedstaw okoliczności ograniczania niewolnictwa w XIX w. oraz zmiany polityczne i gospodarcze, które mu towarzyszyły.
3. Omów politykę mocarstw europejskich oraz Stanów Zjednoczonych wobec państw Dalekiego Wschodu.
4. Przedstaw kolonizację Afryki w XIX w.

3 KONFLIKTY KOLONIALNE

ZANIM POZNASZ NOWY TEMAT

1. Wymień nazwy najważniejszych posiadłości kolonialnych Wielkiej Brytanii w XIX w.
2. Przypomnij, w jaki sposób mocarstwa europejskie w XIX w. uzależniły od siebie Chiny.

■ PRZECIW KOLONIZATOROM

W niemal wszystkich przypadkach podczas XIX-wiecznej ekspansji kolonialnej dochodziło do konfliktów między najeźdźcami a ludnością podbijanych terytoriów. Mimo że kolonie często powstawały na mocy układów zawieranych przez Europejczyków z lokalnymi władcami, jak w Nowej Zelandii, a nawet umów międzypaństwowych, np. z Chinami, to nieodłączną częścią kolonizacji były zmagania zbrojne. Bunty i powstania stały się odpowiedzią miejscowych ludów na nowe porządki sprzeczne z ich kulturą i obyczajami. Stanowiły również reakcję na wyzysk gospodarczy stosowany przez kolonizatorów. W starciach z cywilizacją zachodnią ludność afrykańska, australijska czy nawet chińska i indyjska nie miała szans na wywalczenie wolności czy poszerzenie swobód. O przewadze Europejczyków i Amerykanów decydowały: nowoczesna technika wojenna, szybkie środki komunikacji i transportu, a także jakość wyposażenia. Liczebność sił stosujących tradycyjne metody walki miała zaś coraz mniejsze znaczenie.

Kolonizacja wywoływała zbrojny opór na wszystkich kontynentach. Przykładowo podbój Algierii przez Francuzów dokonany na przełomie lat 30. i 40. XIX w. oraz dalsze umacnianie wpływów francuskich w tym regionie wiązały się z przeciągającymi się walkami, przynoszącymi duże straty obu stronom. Konflikt był trudny do wygaszenia, ponieważ zbuntowani Algierczycy, dzięki bliskim kontaktom z cywilizacją zachodnią, dysponowali niemal równorzędnym uzbrojeniem. Jako że ważną część tożsamości mieszkańców Algierii stanowił islam, powracały wezwania do muzułmańskiej solidarności w walkach z „niewiernymi". Z tego powodu sytuacja polityczna wymagała nieustannego zaangażowania militarnego Francji w Afryce Północnej.

■ BUNT SIPAJÓW

W skolonizowanych przez imperium brytyjskie Indiach często wzniecano powstania. W latach 1857–1859 wybuchł **Wielki Bunt** niezadowolonych ze swojej sytuacji **sipajów** – żołnierzy indyjskich służących pod komendą Brytyjczyków. Rozpoczął się od pogłoski o wprowadzeniu do uzbrojenia nowych karabinów typu Enflid, których ładunki miały być powleczone tłuszczem zwierzęcym. Godziło to w zwyczaje religijne żołnierzy – zarówno muzułmanów, jak i hindusów. Choć brytyjscy oficerowie zapewniali, że plotki nie mają nic wspólnego z prawdą, sytuacji nie udało się już opanować. Uzbrojeni w nowoczesną broń i doskonale wyszkoleni, sipaje

---

Abd al-Kadir honorowo poddał się francuskiemu dowództwu w 1847 r., ponieważ utracił poparcie sułtana Maroka i pozostało mu niewielu ludzi. Obiecano mu bezpieczny transport na Wschód, jednak Francuzi nie dotrzymali słowa i umieścili go w więzieniu. Po wyjściu na wolność w 1852 r. Abd al-Kadir cieszył się powszechnym szacunkiem.

■ *rysunek, Francja, XIX w.*

zdobyli szerokie poparcie różnych warstw ludności Indii. Powstanie poparli tak hinduisi, jak i muzułmanie, tak arystokracja, jak i lud niezadowoleni z rabunkowej gospodarki stosowanej przez brytyjską Kompanię Wschodnioindyjską. Rozwarstwione społeczeństwo Indii po raz pierwszy zjednoczyło się przeciwko białym najeźdźcom. Dopiero zaangażowanie przez Brytyjczyków znacznych sił oraz niezwykła brutalność pozwoliły im stłumić ten masowy zryw. Władze w Londynie zostały zmuszone do wprowadzenia zasadniczych zmian w zarządzaniu swoją „perłą w koronie". Administrację nad nią z rąk Kompanii Wschodnioindyjskiej przejęło brytyjskie państwo. Królowa Wiktoria i jej następcy nosili tytuł cesarzy Indii, co podniosło rangę tego kraju w brytyjskim systemie imperialnym. Wielki Bunt z połowy XIX w. stał się symbolem, do którego nawiązywali przedstawiciele inteligencji indyjskiej wykształconej na brytyjskich uniwersytetach. Coraz częściej głosili oni w drugiej połowie wieku i na początku następnego stulecia hasła zerwania zależności od Londynu.

■ POWSTANIA W CHINACH

Ingerencja mocarstw zachodnich w życie wewnętrzne Chin, kraju, którego społeczeństwo odnosiło się z pogardą do Europejczyków i ich wynalazków, wywołała wiele konfliktów. Przybierały one charakter zarówno regularnych wojen (np. wojny opiumowe z lat 1839–1842 i 1856–1860 czy wojny chińsko-francuskiej z lat 1884–1885), jak i powstań skierowanych bezpośrednio przeciwko zachodnim mocarstwom lub uległej im dynastii mandżurskiej. Gniew poddanych budziła nieudolna polityka cesarzy wobec Zachodu i Rosji, która godziła w interesy „Państwa Środka", jego niezależność polityczną i gospodarczą. Właśnie przeciwko władcom z tej dynastii wybuchło długotrwałe **powstanie tajpingów** (1851–1864). Zyskało ono poparcie przede wszystkim najbiedniejszej warstwy społeczeństwa chińskiego – chłopów. Europejskie mocarstwa w obawie przed zwycięstwem powstańców aktywnie pomogły w jego stłumieniu, za co uzyskały od cesarza kolejne koncesje, których przyznanie doprowadziło do jeszcze większego podporządkowania Chin.

Bezpośrednio przeciwko Europejczykom było skierowane kolejne wielkie wystąpienie – **powstanie bokserów**, które w latach 1898–1901 ogarnęło północno-wschodnie Chiny. Początek buntowi dał tajny związek „**Pięść w imię sprawiedliwości i pokoju**", którego członkowie trenowali tradycyjne sztuki walki i w związku z tym byli pogardliwie nazywani przez Europejczyków bokserami. Po wkroczeniu do Pekinu powstańcy otoczyli dzielnicę dyplomatyczną. W trakcie

Bokserzy cieszyli się początkowo poparciem chińskiej cesarzowej, która wypowiedziała wojnę obcym potęgom. Jednak kiedy połączone siły mocarstw wkroczyły do Pekinu, władczyni zbiegła ze stolicy i przyjęła upokarzające warunki pokoju.

■ *fotografia, USA, 1901 r.*

zamieszek został zabity niemiecki poseł, co posłużyło mocarstwom europejskim za pretekst do zorganizowania karnej ekspedycji. Korpus interwencyjny złożony z wojsk brytyjskich, francuskich, niemieckich, a także rosyjskich i japońskich z niezwykłą brutalnością zdławił ten ruch. Okrucieństwo interwentów oburzyło jednak zachodnią opinię publiczną, poza tym skonsolidowało chińskie siły polityczne niechętne nieudolnej monarchii i dążące do zasadniczej przebudowy wewnętrznej Chin. Zaledwie dziesięć lat po zdławieniu ruchu bokserów, po serii powstań i buntów w różnych częściach „Państwa Środka", obalono słabą władzę cesarską, a Chiny proklamowano republiką i przeprowadzono wiele reform mających unowocześnić to państwo.

■ POWSTANIE MAHDIEGO

Po otwarciu Kanału Sueskiego, stanowiącego najkrótszą drogę do Indii, teren Afryki Wschodniej wzbudził szczególne zainteresowanie Londynu. Brytyjczycy rozpoczęli zatem penetrację ziem rozciągających się wzdłuż biegu Nilu. Współdziałając z uzależnionym od siebie finansowo i politycznie Egiptem, umocnili panowanie nad Sudanem. Wprowadzili tam m.in. zakaz handlu niewolnikami, co stanowiło od wieków podstawę gospodarki tych obszarów. Działania kolonizatorów wzbudziły niezadowolenie ludności i doprowadziły do zbrojnej konfrontacji, która przybrała formę ruchu religijnego – **powstania Mahdiego**. Na czele tego zrywu stanął duchowny islamski **Mohammed Ahmed**, który ogłosił się **Mahdim**, czyli następcą proroka Mahometa, i wezwał do świętej wojny w obronie islamu. Hasła walki z niewiernymi oraz bunt przeciwko skorumpowanej i nieudolnej władzy egipskiej znalazły duży oddźwięk wśród muzułmanów we wschodniej Afryce. Państwo mahdystów w latach 80. XIX w. zagroziło dominacji imperium brytyjskiego w tej części globu. Symbolem triumfu powstańców stało się zdobycie w 1885 r. głównej twierdzy brytyjsko-egipskiej – Chartumu. Dziesięć lat później Brytyjczycy w celu przywrócenia kontroli nad Sudanem zorganizowali ekspedycję wojskową dowodzoną przez generała Horatio Kitchenera. O klęsce mahdystów zadecydowała przewaga techniczna sił brytyjskich. Kitchener posuwał się na południe wzdłuż Nilu, dzięki czemu utrzymywał nieprzerwaną komunikację za pomocą parowców. Budował przy tym linię kolejową oraz telegraficzną, a jego armia była zaopatrzona w karabiny maszynowe i działa. W decydującej **bitwie pod Omdurmanem** 2 września 1898 r. wojska Wielkiej Brytanii i Egiptu straciły 48 żołnierzy, a straty wojowników sudańskich wyniosły 9700 zabitych. Państwo zbudowane przez Mahdiego przestało istnieć, a Sudan stał się zależny od imperium brytyjskiego.

■ KONFLIKTY W POŁUDNIOWEJ AFRYCE

Brytyjskiej ekspansji kolonialnej przeciwstawiali się także Burowie w Afryce Północnej. Ci potomkowie holenderskich kolonistów z XVII w., przywiązani do swojej religii i zwyczajów, nie uznawali praw rdzennej

Bitwa pod Omdurmanem była decydującym starciem podczas powstania Mahdiego. Doskonale wyposażone połączone siły Wielkiej Brytanii i Egiptu zadały klęskę przeważającym liczebnie, lecz bez porównania gorzej uzbrojonym buntownikom.

▪ *grafika, Francja, XIX w.*

ludności afrykańskiej. Nie chcieli przyjąć zwierzchnictwa angielskiego, ponieważ wiązałoby się to m.in. z rezygnacją z niewolnictwa. Kilkanaście tysięcy Burów w latach 30. XIX w. opuściło Kraj Przylądkowy, by na ziemiach wydartych plemionom afrykańskim (głównie Zulusom) zbudować dwa nowe państwa – Transwal i Oranię. Odkrycie bogatych złóż diamentów na terenie opanowanym przez Burów, a także zainteresowanie tym regionem ze strony Niemiec zaniepokoiło Londyn.

ŹRÓDŁA I INTERPRETACJE

WYPRAWA GENERAŁA KITCHENERA

Winston Churchill, uczestnik wyprawy generała Kitchenera, po powrocie do Londynu opisał przebieg kampanii sudańskiej w książce *The River War.*

Pięćdziesiąt tysięcy wiernych wojowników spoczywało tej nocy każdy w pobliżu flagi swego emira. Kalif [Abdullah – następca Mahdiego] spał w centrum otoczony przez swoich generałów. Nagle cała scena została rozświetlona białą poświatą. Abdullah i jego wodzowie skoczyli na nogi. Wszystko wokoło nich było skąpane w ohydnej białej iluminacji. Daleko nad rzeką świecił jarzący się krąg światła: zimne, bezlitosne oko szatana. Kalif położył rękę na ramieniu Osmana Azraka, który miał o świcie poprowadzić atak frontalny, i szepnął:
– Cóż to za dziwna rzecz?
– Panie – oni patrzą na nas.
Ich umysły przepełnił wielki strach. Kalif miał mały namiot, który niebezpiecznie uwidaczniał się na świetle. Pospiesznie kazał go zwinąć. Niektórzy spośród emirów zakrywali twarze, bojąc się, że promienie oślepią ich. Wszyscy obawiali się, że

w ślad za światłem zostanie wysłany jakiś straszliwy pocisk. Lecz nagle światło zagasło, ponieważ obsługujący reflektor saper nie mógł na tę odległość niczego dojrzeć, z wyjątkiem brunatnej równiny.

Mahdi uważał, że jego święta misja to oczyszczenie islamu i usunięcie wrogich tej religii władz Egiptu. Szybko zyskiwał zwolenników. Po przejęciu władzy w Sudanie administrowanie państwem powierzył wybranym przez siebie kalifom, sam zaś sprawował władzę religijną. Jego rządy nie trwały długo – zmarł na tyfus w 1885 r.

▪ *rycina, Sudan, XIX w.*

? PRACA ZE ŹRÓDŁAMI

1. Na podstawie relacji Churchilla opisz wpływ nowoczesnej techniki na ekspansję Europejczyków w Afryce i innych kontynentach.
2. Odszukaj informacje o innych konfliktach kolonialnych, w których w młodości uczestniczył Churchill.

W latach 1880–1881 wojska brytyjskie podjęły próbę zajęcia państewek, jednak burskie oddziały partyzanckie obroniły niepodległość. W latach 80. XIX w. na obszarze kontrolowanym przez Burów oprócz znanych już złóż diamentów rozpoczęto eksploatację równie bogatych zasobów złota. „Gorączka złota", jaka wówczas zapanowała, doprowadziła do szybkiego napływu ludności z Europy do południowej Afryki. W krótkim czasie Burowie stali się mniejszością w rządzonych przez siebie krajach, w których zaczęli dominować Brytyjczycy. Ostatecznie napięcia pomiędzy obiema grupami spowodowały w 1899 r. wybuch II wojny burskiej. Mimo początkowych zwycięstw oddziałów burskich po trzech latach pokonali je Brytyjczycy, wspierani przez oddziały z Australii i Indii. Wojna z Burami przybrała

Johannesburg – obecnie największe miasto w Republice Południowej Afryki – został założony w 1886 r. w miejscu, w którym odkryto główne złoża złota. Miasto rozwijało się niezwykle szybko – pod koniec XIX w. zamieszkiwało je już 100 tys. osób.

■ *fotografia, Afryka Południowa, 1888 r.*

KOLONIALIZM W XIX WIEKU

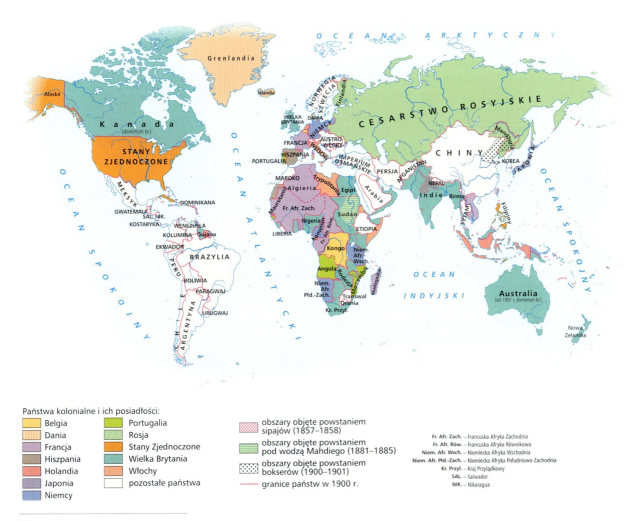

Państwa kolonialne i ich posiadłości:
- Belgia
- Dania
- Francja
- Hiszpania
- Holandia
- Japonia
- Niemcy
- Portugalia
- Rosja
- Stany Zjednoczone
- Wielka Brytania
- Włochy
- pozostałe państwa

- obszary objęte powstaniem sipajów (1857–1858)
- obszary objęte powstaniem pod wodzą Mahdiego (1881–1885)
- obszary objęte powstaniem bokserów (1900–1901)
- granice państw w 1900 r.

Fr. Afr. Zach. – Francuska Afryka Zachodnia
Fr. Afr. Rów. – Francuska Afryka Równikowa
Niem. Afr. Wsch. – Niemiecka Afryka Wschodnia
Niem. Afr. Płd.-Zach. – Niemiecka Afryka Południowo-Zachodnia
Kr. Przyl. – Kraj Przylądkowy
SAL. – Salwador
NIK. – Nikaragua

? PRACA Z MAPĄ

1. Wyjaśnij, w jaki sposób Wielka Brytania i Francja podzieliły między sobą wpływy w Afryce.
2. Wymień kontynenty, na których posiadłości brytyjskie graniczyły z francuskimi, niemieckie z belgijskimi, a holenderskie z brytyjskimi.

CZAKA
1787–1828

Był królem plemienia Zulusów i twórcą ich potęgi militarnej. Zjednoczył plemiona zuluskie i w wielu wojnach z sąsiednimi plemionami podporządkował sobie rozległe obszary południowej Afryki leżące pomiędzy ziemiami Burów a Tanzanią. Został zamordowany w wyniku spisku zorganizowanego przeciwko niemu przez przyrodnich braci. Król Czaka stał się jednym z czołowych bohaterów narodowych współczesnej Republiki Południowej Afryki.

charakter brutalnej pacyfikacji. W trakcie tego konfliktu Brytyjczycy po raz pierwszy zastosowali przymusowe odosobnienie ludności cywilnej (w tym kobiet i dzieci) w **obozach koncentracyjnych**. W odróżnieniu od tego rodzaju obozów, tworzonych przez Niemców w czasie II wojny światowej, nie były to jednak miejsca zagłady. Ostatecznie brytyjskie władze, świadome strategicznego znaczenia południowej Afryki oraz jej bogactw naturalnych, ułożyły stosunki polityczne z Burami w sposób kompromisowy. W **1910 r.** z południowoafrykańskich kolonii zamieszkanych przez osadników angielskich i burskich utworzono **Związek Południowej Afryki**, któremu przyznano status dominium.

Podczas podboju południowej Afryki w drugiej połowie XIX w. Brytyjczycy toczyli walkę nie tylko z Burami, ale także zmagali się z najpotężniejszym plemieniem zamieszkującym te tereny – **Zulusami**. Na początku XIX w. ten lud utworzył pod wodzą Czaki silne państwo plemienne. Królowie Zulusów stali na czele doskonale wyszkolonych drużyn wojowników, wyposażonych jednak tylko w tradycyjną broń, uzupełnioną nielicznymi sztukami broni palnej. Lud ten stanowił istotny element gry politycznej toczonej pomiędzy Brytyjczykami a Burami. Pod koniec lat 70. XIX w. ziemie zamieszkane przez Zulusów stały się obiektem zainteresowania Wielkiej Brytanii, która systematycznie podporządkowywała sobie tereny w tym regionie. Opór, jaki stawiły oddziały zuluskie, zaskoczył Brytyjczyków, lecz zastosowanie nowoczesnej broni szybko przechyliło szalę

■ Konflikty z Indianami

Rdzenni mieszkańcy sprzeciwiali się kolonizacji również w Stanach Zjednoczonych. Osadnictwo białego człowieka w szybkim tempie rozszerzało się na zachód, co zmuszało zamieszkujących te ziemie Indian do obrony. Podobnie jak w Afryce czy Azji, również tam, mimo wojowniczości i determinacji obrońców, o ich klęsce zadecydowała przewaga techniczna najeźdźców.

Siedzący Byk – wódz plemienia Hunkpapa z grupy Siuksów, sprzeciwiał się ekspansji Amerykanów na tereny Wielkiej Prerii. Prowadził walkę z armią Stanów Zjednoczonych, którą zwyciężył w spektakularny sposób w 1876 r. pod Little Bighorn. Zwycięstwo nie zatrzymało jednak postępów białych osadników i zamykania Indian (m.in. Siedzącego Byka) w odosobnionych rejonach, tzw. rezerwatach.

▪ *fotografia, USA, ok. 1885 r.*

Rezerwaty wyznaczano na okrojonych obszarach, na które Indianie mieli przenosić się ze swoich dotychczasowych ziem. Jeżeli ignorowali nakaz, zmuszano ich do tego siłą.

▪ *fotografia, USA, XIX w.*

? Jakie wynalazki przyspieszyły kolonizację terenów Indian przez Amerykanów?

zwycięstwa na ich stronę. Włączenie zuluskich ziem w granice imperium brytyjskiego spowodowało oskrzydlenie republik burskich.

Do buntów tubylczej ludności dochodziło również w innych rejonach Afryki. Na początku XX w. w Niemieckiej Afryce Południowo-Zachodniej (Namibia) wybuchło powstanie tamtejszych plemion **Hererów i Hotentotów**. Niemcy stłumili je w niezwykle krwawy sposób, dopuszczając się ludobójstwa. Tak brutalne działania wzbudziły jednak oburzenie opinii publicznej w Rzeszy.

ĆWICZENIA

1. Wyjaśnij, jakie były przyczyny klęsk ponoszonych przez ludność tubylczą w zmaganiach z kolonizatorami.
2. Wskaż cechy wspólne buntów przeciwko najeźdźcom w Algierii i Sudanie.
3. Wymień najważniejsze konflikty pomiędzy kolonizatorami i autochtonami.

4 GOSPODARKA W OKRESIE IMPERIALIZMU

ZANIM POZNASZ NOWY TEMAT

1. Przypomnij znaczenie terminu „rewolucja przemysłowa".
2. Wymień nazwy kontynentów, na których główne mocarstwa europejskie prowadziły w XIX w. ekspansję kolonialną.

■ ROLA KOLONII W EPOCE INDUSTRIALNEJ

Aby przemysł mógł się rozwijać, potrzebował surowców. Tymczasem ich zasoby – szczególnie w Wielkiej Brytanii – były ograniczone. Poszukiwanie źródeł surowców mineralnych oraz roślinnych (np. bawełny, kauczuku) stanowiło dla rządów poszczególnych mocarstw ważny powód do podjęcia ekspansji kolonialnej. Do przyczyn dziewiętnastowiecznego kolonializmu należała również konieczność pozyskiwania ziem, które mogłyby stać się **rynkami zbytu** dla towarów wytwarzanych przez przemysł w metropoliach. Obszary kolonialne podlegały grabieżczej eksploatacji. Starano się, aby przynosiła ona możliwie wysokie zyski przy minimalnych nakładach. Wszelkie inwestycje w posiadłościach zamorskich miały służyć interesom metropolii, a nie przyczyniać się do tworzenia w koloniach stabilnego i samodzielnego systemu ekonomicznego.

W epoce prowadzenia ekspansji kolonialnej przez mocarstwa europejskie Stany Zjednoczone, a także – w późniejszym okresie – Japonię ważne stało się **lokowanie kapitału** w różne przedsięwzięcia gospodarcze realizowane na terytoriach zamorskich, zarówno w koloniach, jak i w krajach niepodległych. Finansiści brytyjscy inwestowali przede wszystkim w gospodarki dominiów, zamieszkiwanych głównie przez ludność białą i mających samorządy. Francuzi lokowali swoje kapitały w Rosji, panującej nad rozległymi obszarami azjatyckimi, które stanowiły niewyczerpane źródła surowców naturalnych. Niemcy, nieco spóźnieni w wyścigu o wpływy, prowadzili inwestycje na terenach bliskowschodnich zależnych od imperium tureckiego, z którym zacieśnili współpracę polityczną i militarną.

■ SZLAKI OCEANICZNE

Istotny cel rywalizacji o pozyskanie nowych ziem na obszarach pozaeuropejskich stanowiło zdobycie kontroli nad oceanicznymi szlakami komunikacji

Wypłynięcie parowca z Nowego Jorku zostało przedstawione na francuskiej karcie pocztowej. Podróże tym środkiem transportu do Europy skróciły czas, jaki zajmowało pokonanie Oceanu Atlantyckiego.

▪ ilustracja, Francja, XIX w.

AFRYKA SKOLONIZOWANA

W XIX w. kontynent afrykański został prawie w całości skolonizowany przez Europejczyków. Podporządkowali oni sobie także tereny uznawane dotąd za zbyt niedostępne lub pozbawione bogactw naturalnych. Ekspedycje europejskich podróżników przeprowadzane w XIX w. dawały nowy, znacznie dokładniejszy obraz Afryki. Polityka prowadzona przez państwa kolonialne była skoncentrowana na osiągnięciu jak największych zysków z podległych im terytoriów. Jedynie nieliczne kolonie, w których mieszkańcy metropolii osiedlali się na stałe, były miejscem znaczących inwestycji.

Europejczycy ze schwytanym czarnoskórym niewolnikiem zostali utrwaleni na ludowej rzeźbie afrykańskiej.

▪ *rzeźba, Wybrzeże Kości Słoniowej, XIX w.*

Satyryczne przedstawienie podziału Afryki pomiędzy Francję i Wielką Brytanię na początku XX w. odzwierciedla sposób postępowania państw europejskich. Decyzje dotyczące stref wpływów i podziałów terytorialnych na Czarnym Lądzie były podejmowane arbitralnie. Mieszkańcy tego kontynentu nie mieli na nie wpływu.

▪ *karykatura, Portugalia, 1904 r.*

Kanał Sueski był budowany w latach 1859–1869. Jego długość wynosi 163 km. Znajduje się na terytorium Egiptu i łączy Morze Śródziemne z Czerwonym. Dzięki niemu znacznemu skróceniu uległa droga morska z Azji do Europy, ponieważ statki nie musiały już okrążać Afryki.

▪ *ilustracja, Francja, XIX w.*

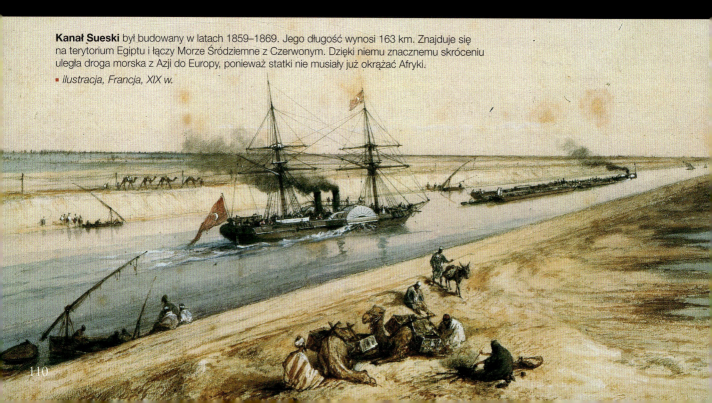

Congo.

No. 28.   l'achat d'Jvoire.

Kość słoniowa była jednym z towarów eksportowanych z Afryki. Na fotografii przedstawiono mieszkańców Konga, którzy dostarczali kły zabitych słoni Europejczykom. Działania takie, kontynuowane w XX w., doprowadziły do bardzo dużego zmniejszenia się populacji tych zwierząt.

▪ *fotografia, Kongo, ok. 1904 r.*

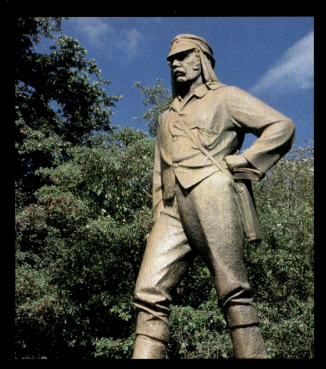

Członkowie plemienia Hererów, którzy uciekli z niemieckich kolonii podczas powstania skierowanego przeciwko kolonizatorom. Ocaleni znajdowali się w stanie wyczerpania fizycznego.

▪ *fotografia, Afryka, pocz. XX w.*

David Livingstone był jednym z najważniejszych XIX-wiecznych badaczy Afryki. Podczas trwającej 15 lat ekspedycji zbadał i opisał znaczną część wschodniej Afryki, odkrył m.in. Wodospad Wiktorii. Opracował również mapy poznanych terenów. Był zagorzałym przeciwnikiem niewolnictwa, starał się też zmienić panujący wówczas w Europie pogardliwy stosunek do Afryki i jej mieszkańców.

▪ *pomnik, Zimbabwe, XX w.*

? PRACA Z INFOGRAFIKĄ

1. Przedstaw skutki kolonizacji Afryki i wpływu państw europejskich na ten kontynent.

2. Zaprezentuj własną ocenę zmian zachodzących w Afryce w XIX w.

międzykontynentalnej. Wymagało to opanowania najważniejszych portów. Umożliwiało ono czerpanie zysków z handlu światowego, opartego na żegludze. Statkom parowym trzeba było bowiem dostarczać ogromne ilości węgla, a ze względu na ograniczone możliwości przewozu paliwa pod pokładami należało uzupełniać je w portach. Władanie tymi ośrodkami łączyło się więc ze sprawowaniem kontroli nad szlakami wodnymi.

W XVIII i XIX w. kluczowe obszary przejęła Wielka Brytania. Brytyjczycy zakładali na nich ufortyfikowane bazy wojskowe oraz porty handlowe. Przed I wojną światową sprawowali władzę m.in. nad Gibraltarem, Krajem Przylądkowym w południowej Afryce i wybrzeżem Morza Czerwonego w Somalii. W miejscach tych krzyżowały się najważniejsze drogi morskie ówczesnego świata.

Gdy nastąpił rozwój żeglugi oceanicznej, konieczne stało się skrócenie szlaków komunikacyjnych. Dotychczasowa droga morska z Europy do Azji przebiegała wokół Przylądka Dobrej Nadziei w Afryce. Już w starożytności powstały plany wykopania kanału łączącego Morze Śródziemne z Morzem Czerwonym, jednak realizacja tego przedsięwzięcia, wymagająca użycia zaawansowanych technicznie środków, była możliwa dopiero w połowie XIX w. Jej inicjator, **Ferdinand de Lesseps**, przedsiębiorca francuski, kierował tymi pracami przez 10 lat. **Kanał Sueski** został oddany do użytku w listopadzie 1869 r. Jego otwarcie przyczyniło się do silniejszego uzależnienia Egiptu od Brytyjczyków. Wykupili oni akcje spółki, do której należał kanał. Wielka Brytania była bowiem szczególnie zainteresowana tym strategicznym połączeniem Europy z Indiami.

Dwie dekady później twórca Kanału Sueskiego rozpoczął prace nad połączeniem Oceanu Atlantyckiego z Pacyfikiem w rejonie kolumbijskiej prowincji Panama. Ta operacja miała szczególne znaczenie dla Stanów Zjednoczonych, ponieważ najkrótsze połączenie morskie pomiędzy ich wschodnimi wybrzeżami a Kalifornią przebiegało wokół przylądka Horn. Jednak działania podjęte przez de Lessepsa zakończyły się niepowodzeniem – malwersacje w spółce nadzorującej budowę doprowadziły do jej bankructwa. Budowę kontynuowali Amerykanie, ale ich plany stały w sprzeczności z oczekiwaniami rządu kolumbijskiego, zainteresowanego czerpaniem zysków z połączenia. W tej sytuacji rząd w Waszyngtonie zaczął podsycać idee separatystyczne w Panamie. Ostatecznie prowincja ta odłączyła się od Kolumbii i ogłosiła niepodległość. Następnie Amerykanie podpisali z Panamczykami umowę, w której zagwarantowali sobie pełne prawo do korzystania z Kanału Panamskiego oraz jego kontroli. Kanał otwarto 15 sierpnia 1914 r.

— FERDINAND DE LESSEPS —
1805–1894

Był francuskim dyplomatą i przedsiębiorcą. Pochodził z rodziny, w której tradycją była praca w służbie dyplomatycznej. Swoją karierę zaczął w 1825 r., pełniąc funkcję asystenta wicekonsula w Lizbonie. Następnie sam otrzymał urząd konsula w Kairze, gdzie zaprzyjaźnił się z Saidem Paszą, późniejszym wicekrólem Egiptu. W latach 1848–1849 był posłem w Hiszpanii. Po pewnym czasie wrócił do Egiptu i w 1854 r. otrzymał zgodę na powstanie Kanału Sueskiego. W latach 70. XIX w. zaczął myśleć o nowym projekcie, który dotyczył stworzenia morskiej drogi łączącej Ocean Atlantycki ze Spokojnym. Z tego powodu zainicjował w 1879 r. budowę Kanału Panamskiego. Firma odpowiedzialna za to przedsięwzięcie upadła, a on sam został oskarżony o zaistniałą sytuację, doczekał jednak rehabilitacji.

Budowa Kanału Panamskiego budziła wiele emocji. Jego otwarcie zgromadziło mnóstwo osób, zaciekawionych tym przedsięwzięciem. Na ilustracji przedstawiono również portrety ludzi odpowiedzialnych za jego zakończenie.

▪ *ilustracja, Stany Zjednoczone, XX w.*

■ KOLEJ A KOLONIZACJA

Najważniejszym symbolem dziewiętnastowiecznego postępu w komunikacji była kolej. Budowa dróg żelaznych łączących oddalone od siebie, trudno dostępne regiony umożliwiła przeprowadzenie tam szeroko zakrojonych przekształceń gospodarczych oraz społecznych. Kolej odegrała ważną rolę w integracji Stanów Zjednoczonych, Kanady i Rosji. Otwarta w 1869 r. linia łącząca wybrzeże Atlantyku z Kalifornią w Stanach Zjednoczonych zespoliła dwie części kraju, pomiędzy którymi wcześniej najlepiej było podróżować drogą morską. Dzięki niej osadnicy mogli masowo wyruszyć na zachód kontynentu, a wzdłuż linii kolejowych powstawały osady, które z czasem rozwinęły się w miasta. Kanadyjska Kolej Pacyficzna od 1885 r. łączyła prowincje dominium, w których dotąd kierowano się odrębnymi interesami. Ukończona w 1916 r. Kolej Transsyberyjska umożliwiła Rosjanom eksploatację ogromnych bogactw naturalnych na niezmierzonych przestrzeniach północnej Azji oraz ekspansję dalekowschodnią. W 1917 r. otwarto linię kolejową Indian Pacific, poprowadzoną z Perth na zachodnim wybrzeżu Australii do Sydney na wschodzie tego kontynentu.

Europejczycy budowali linie kolejowe w wielu posiadłościach kolonialnych. Umożliwiały one zarówno

Wiadukt na trasie kolejowej w Indiach prowadzącej z miejscowości Kalka do Shimla. Pociągi tam kursujące ułatwiają poruszanie się przez tereny wysokogórskie. Od 2007 r. trasa ta znajduje się na liście Światowego Dziedzictwa UNESCO.

■ *fotografia, Indie, XX w.*

kontrolę podbitych terenów, np. szybkie przerzucanie wojsk do niespokojnych regionów, jak i eksploatację gospodarczą kolonii. W Indiach po stłumieniu przez Brytyjczyków tzw. Wielkiego Buntu oraz przejęciu przez nich administracji zbudowano ponad 25 tys. km torów kolejowych – od głównych portów w głąb półwyspu. Linie kolejowe powstały również w koloniach afrykańskich, przede wszystkim w Kraju Przylądkowym oraz posiadłościach francuskich w Maghrebie – Tunezji i Algierii.

ŹRÓDŁA I INTERPRETACJE

EKSPANSJA KOLONIALNA I RYWALIZACJA GOSPODARCZA

Jules Ferry, francuski minister spraw zagranicznych, podczas podboju Indochin uzasadniał potrzebę prowadzenia ekspansji kolonialnej przez mocarstwa europejskie.

Polityka kolonialna jest córką polityki przemysłowej. Dla bogatych krajów [...] eksport jest zasadniczym czynnikiem powszechnej pomyślności. [...] Gdyby można było ustalić między społeczeństwami przemysłowymi coś w rodzaju międzynarodowego podziału pracy, jej rozdział według zdolności [...], Europa mogłaby nie szukać zbytu dla własnej produkcji poza swoimi granicami. Wszyscy jednak [w Europie] chcą prząść, kuć metal, destylować, wyrabiać cukier i eksportować go.

M. Ferro, *Historia kolonizacji*, Warszawa 1997, s. 23.

Plakat zachęcający do codziennego zakupu towarów pochodzących z zamorskich terytoriów. Pokazano na nim również, jak wzrastała ilość tych produktów w poprzednich dziesięcioleciach.

■ *plakat, Wielka Brytania, 1926 r.*

? PRACA ZE ŹRÓDŁAMI

1. Wyjaśnij znaczenie zdania: *Polityka kolonialna jest córką polityki przemysłowej.*
2. Wytłumacz, w jaki sposób – zdaniem autora tekstu źródłowego – można było zapobiec rywalizacji gospodarczej.

Wicekról Indii był najwyższym rangą przedstawicielem władzy brytyjskiej w tej kolonii aż do uzyskania przez nią niepodległości. Zdjęcie przedstawia Edwarda Wooda, zwanego wówczas lordem Irwinem, który sprawował ten urząd w latach 1926–1931.

▪ *fotografia, Indie, 1928 r.*

Belgijski król Leopold II został przedstawiony na rysunku satyrycznym jako gumowy wąż, który oplata Afrykańczyka. Uprawa kauczuku była jednym z największych źródeł dochodów tego władcy w Kongo. Brutalne działania króla spowodowały wzburzenie i niezadowolenie w Europie.

▪ *ilustracja, Wielka Brytania, 1906 r.*

▪ ADMINISTROWANIE KOLONIAMI

Sposoby sprawowania władzy w posiadłościach kolonialnych należących do poszczególnych mocarstw miały wiele cech wspólnych, ale zachodziły też między nimi zasadnicze różnice. Wyższe stanowiska w administracji wszędzie były zastrzeżone dla przybyszów z metropolii. Wicekrólem Indii oraz gubernatorem generalnym Kanady zawsze zostawał Brytyjczyk, ale pozostałe znaczące funkcje kolonizatorzy brytyjscy częściej niż inni powierzali przedstawicielom miejscowych elit. Niejednokrotnie – nawet w Afryce – sprawowali władzę przy pomocy władców lokalnych plemion. Francuzi stosowali zasadę centralizacji – preferowali bezpośrednią podległość posiadłości ministerstwu kolonii w Paryżu. Jednak także i oni sprawowali kontrolę nad niektórymi terenami (np. Marokiem, Tunezją, Ammanem) w luźniejszej formie protektoratu. Pozostawiali przy władzy miejscowe dynastie, lecz przejmowali kontrolę nad znaczną częścią administracji. Sprawny system zarządzania koloniami wprowadzili Niemcy. Przekazali oni niższe stanowiska urzędnicze przedstawicielom lokalnych klanów najbardziej uległych wobec władzy kolonialnej.

W systemie kolonialnym dziewiętnastowiecznego świata wyjątkowa była sytuacja **Konga**. Ogromne dorzecze rzeki Kongo wzbudziło zainteresowanie Europejczyków na przełomie lat 70. i 80. XIX w. Szczególną aktywnością wykazał się tu król Belgów **Leopold II**, który finansował wyprawy badawcze na te tereny. Rywalizacja między Francuzami a Brytyjczykami, Portugalczykami i Niemcami, sprzeciwiającymi się ekspansji francuskiej w tym regionie, doprowadziła do zwołania w 1884 r. **międzynarodowej konferencji dyplomatycznej w Berlinie**. W jej trakcie przedstawiciele rządów europejskich uzgodnili podział Czarnego Lądu. Drażliwą kwestię Konga rozwiązano kompromisowo – utworzono **Niezależne Państwo Kongo**. Suwerennym władcą tego kraju miał być Leopold II.

Ogromne przestrzenie Afryki równikowej stały się właściwie prywatną własnością monarchy belgijskiego, który rozpoczął tam jedne z najbrutalniejszych rządów w historii kolonializmu. Przez 20 lat czerpał z tego państwa ogromne zyski. W tym samym czasie 10–15 mln mieszkańców Konga (czyli połowa populacji kolonii) zginęło lub zostało zmuszonych do ucieczki ze swoich domów. Bogactwo tego kraju początkowo stanowiła kość słoniowa, a później stał się nim kauczuk. Do pozyskiwania tych surowców zmuszano tubylców. Aby zagwarantować sobie dostarczenie przez mężczyzn odpowiedniej ilości kauczuku, porywano ich rodziny. Do położonych w dżungli wiosek wysyłano ekspedycje karne, których zadaniem była grabież różnego rodzaju towarów. Za niedostarczenie odpowiedniej ilości surowca najczęściej obcinano dłoń. Karę tę wymierzano mężczyznom, kobietom i dzieciom. Na początku XX w. działania Leopolda II oraz jego administracji zostały nagłośnione. Informacje o zbrodniach poruszyły opinię publiczną na całym świecie. Rząd belgijski został zmuszony do powołania specjalnej komisji, która miała zbadać poczynania monarchy. W wyniku jej działań Kongo stało się kolonią Belgii. Dzięki temu od 1908 r. jeden z najmniejszych krajów Europy zarządzał ogromnym obszarem Czarnego Lądu.

ĆWICZENIA

1. Wymień powody ekspansji kolonialnej w XIX w. mające charakter gospodarczy.
2. Oceń rolę, jaką odgrywały linie kolejowe budowane w posiadłościach kolonialnych.
3. Przedstaw przyczyny budowy Kanału Sueskiego i Kanału Panamskiego.

5 BRZEMIĘ BIAŁEGO CZŁOWIEKA

ZANIM POZNASZ NOWY TEMAT

1. Wymień konflikty kolonialne, do których doszło w XIX w. w Afryce.
2. Wyjaśnij, jakie znaczenie miały dla Europejczyków kolonie.

■ STOSUNEK EUROPEJCZYKÓW DO SKOLONIZOWANEJ LUDNOŚCI

Kontakty przedstawicieli cywilizacji zachodniej z reprezentantami innych kultur w XIX w. nie były równorzędne i partnerskie. Europejczycy z reguły występowali w roli zdobywców, mających przewagę technologiczną oraz dużą wiedzę naukową. Pozwalało im to łatwo uzyskiwać kontrolę nad kolonizowanymi społecznościami. Dysponowanie nowoczesnym, coraz bardziej śmiercionośnym uzbrojeniem stanowiło ich najważniejszy środek perswazji także w stosunkach z wysoko rozwiniętymi kulturami azjatyckimi (indyjską, chińską, japońską).

Siłowym działaniom ludzi Zachodu często towarzyszyło przeświadczenie o misji cywilizacyjnej i chrystianizacyjnej. Europejczycy oraz Amerykanie traktowali przedstawicieli innych cywilizacji i kultur z wyższością, a nawet z pogardą. Uważali je za gorsze od cywilizacji zachodniej. Autochtonom niejednokrotnie odmawiano przynależności do gatunku ludzkiego. W skolonizowanej przez Brytyjczyków Australii Aborygeni przez bardzo długi czas znajdowali się na liście gatunków fauny. W europejskich ogrodach zoologicznych, cieszących się wówczas dużą popularnością, obok egzotycznych zwierząt można było oglądać także ludzi pochodzących z kolonii.

Europejczyków i Amerykanów w przekonaniu o słuszności takiego traktowania autochtonów utwierdzały ich niezrozumiałe, przerażające praktyki.

ŹRÓDŁA I INTERPRETACJE

WYSTAWY KOLONIALNE

Pewien paryżanin opisał swoje wrażenia z wizyty w ogrodzie zoologicznym w 1887 r.

W tym tygodniu nie było wcale nowych widowisk. Widziałem jedynie Aszantów w Ogrodzie Zoologicznym. Ogród ten jest uroczy [...], małe dzieci cieszą się, odnajdując tu tajemnicze zwierzęta. [...] A żeby zabawie niczego nie brakowało, pokazuje się im dzikich. [...] Zapytacie mnie bez wątpienia, po co ci ludzie pojawili się na świecie? Dobrze, powiedzmy sobie: Aszantowie ze Złotego Wybrzeża i inni dzicy istnieją po to, aby kiedyś nam służyć.

M. Ferro, *Historia kolonizacji*, Warszawa 1997, s. 177.

Jardin Zoologique d'Acclimatation „Les Malabares"

Przedstawiciele jednego z plemion znajdujących się pod władzą francuską byli atrakcją ogrodu zoologicznego w Paryżu. Ludzi tych – podobnie jak zwierzęta – prezentowano za ogrodzeniem. Ostatnia taka „wystawa" została zorganizowana w tym ośrodku w latach 30. XX w. Jej celem była prezentacja kultur znajdujących się pod zwierzchnictwem Francji.

■ *fotografia, Paryż, 1907 r.*

? PRACA ZE ŹRÓDŁAMI

1. Scharakteryzuj stosunek społeczeństwa europejskiego do ludności zamieszkującej kolonie.
2. Przedstaw własną opinię na temat prezentowania ludzi na takich „wystawach".

Brytyjczycy zwalczali w Indiach m.in. kult bogini Kali oraz zwyczaj przymusowej śmierci wdowy po zgonie małżonka. Obrzydzenie mieszkańców Zachodu budziły kanibalizm, którego dopuszczano się na wyspach Oceanu Spokojnego, oraz utrzymujący się w drugiej połowie XIX w. handel niewolnikami w Afryce. Jednocześnie kultury egzotyczne fascynowały wielu badaczy. Prowadzili oni – często z narażeniem życia i majątku – badania w najodleglejszych zakątkach globu.

■ IDEOLOGIA IMPERIALNA

Uzależnienie większości zamieszkanych terenów od mocarstw europejskich przyczyniło się do rozwoju ideologii imperialnej. Zgodnie z nią biali ludzie mieli być przywódcami i przewodnikami przedstawicieli innych ras. O posłannictwie tego rodzaju nauczano na uniwersytetach oraz rozprawiano na łamach prasy. Ważną rolę odegrała tu również literatura. Rozwój popularnego piśmiennictwa przygodowo-awanturniczego, w którym fabuła powieści toczyła się w egzotycznej scenerii, utrwalał stereotypowe postrzeganie roli białego człowieka w koloniach.

Znaczące rozprzestrzenienie się ideologii imperialnej wiąże się z działalnością **Rudyarda Kiplinga**, poety i pisarza, który w 1907 r. zdobył Nagrodę Nobla w dziedzinie literatury. W swoich utworach głosił on hasła posłannictwa białego człowieka i sprawowania przez niego opieki nad kolorowymi ludami w koloniach. W zamian za możliwość korzystania z bogactw posiadłości zamorskich kolonizatorzy mieli krzewić postęp cywilizacyjny w zakresie edukacji oraz ochrony zdrowia. Jeden z wierszy Kiplinga, zatytułowany *Brzemię białego człowieka*, jest uważany za manifest zwolenników ideologii imperialnej.

Najbardziej wyrazistą postacią imperializmu brytyjskiego był **Cecil Rhodes**. W latach 80. XIX w. działał on na rzecz umocnienia dominacji brytyjskiej w południowej Afryce. W rozszerzaniu granic imperialnych widział sposób na rozwiązanie problemów społecznych ówczesnej Wielkiej Brytanii: bezrobocia, przeludnienia miast i biedy proletariatu. Wszelkie nadwyżki demograficzne metropolii mogły – jego zdaniem – znaleźć zatrudnienie w administracji lub gospodarce kolonii. Rhodes dostrzegał także w imperializmie brytyjskim skuteczną metodę wyeliminowania międzynarodowych konfliktów zbrojnych. W myśl jego założeń imperium rządzone przez Brytyjczyków powinno ostatecznie objąć cały świat, to zaś miało w konsekwencji doprowadzić do powszechnego pokoju. Pierwszy etap takiego procesu

CECIL RHODES
1853–1902

Był brytyjskim przedsiębiorcą i politykiem. W 1870 r. wyjechał do brytyjskiej kolonii w Afryce Południowej, gdzie pomagał bratu w prowadzeniu interesów. Dzięki jego działaniom Wielka Brytania uzyskała znaczne tereny w Afryce Południowej nazwane później jego nazwiskiem (Rodezja). Stał się bogatym człowiekiem i uzyskał kontrolę nad wszystkimi kopalniami diamentów na tym obszarze. Jako premier rządu Kolonii Przylądkowej postanowił połączyć brytyjskie kolonie w Afryce za pomocą linii kolejowej biegnącej z Kapsztadu do Kairu. Choć jego plan nie został zrealizowany, to Rhodes stał się symbolem dziewiętnastowiecznego imperializmu.

stanowiło opanowanie wschodniej Afryki. Realizację tego celu umożliwiła budowa linii kolejowej łączącej Kair (leżący w uzależnionym od Londynu Egipcie) z Kapsztadem – stolicą Kraju Przylądkowego. Dzięki temu przedsięwzięciu Rhodes planował nawiązać stałą komunikację między oddalonymi oraz odmiennymi od siebie pod względami: gospodarczym i kulturowym rejonami pozostającymi we władaniu Brytyjczyków. W Afryce, podobnie jak w Kanadzie, kolej miała przyczynić się do integracji ziem, które znajdowały się pod panowaniem brytyjskim.

THE RHODES COLOSSUS
STRIDING FROM CAPE TOWN TO CAIRO

Nowy Kolos Rodyjski – Cecil Rhodes to karykatura obrazująca imperialne założenia Brytyjczyka. Mężczyzna został przedstawiony w pozie przypisywanej jednemu z siedmiu cudów świata. W dłoniach trzyma drut telegraficzny. Telegraf, podobnie jak kolej, był wynalazkiem integrującym odległe terytoria. Sprawne zarządzanie nimi było możliwe dzięki funkcjonowaniu tej sieci. Telegraf jest nazywany obecnie „wiktoriańskim Internetem".

■ karykatura, Wielka Brytania, XIX w.

SKUTKI KOLONIALIZMU DLA LUDNOŚCI POZAEUROPEJSKIEJ

Kolonializm oraz związana z nim dominacja polityczna i ekonomiczna Europy nad resztą świata przyniosły skutki, które w mniejszym lub większym stopniu są dostrzegalne również obecnie. Eksploatacja terenów kolonialnych i nieprzestrzeganie przez zdobywców zasad tradycyjnych systemów ekonomicznych uczyniły z kolonii organizmy niesamodzielne, elementy gospodarki metropolii. Wszelkie decyzje o działaniach w nich były podejmowane w stolicach mocarstw, a nie przez przedstawicieli ludności lokalnej. Wyjątek stanowiły jedynie dominia brytyjskie.

Kolonizatorzy nie przyznawali uzależnionym ludom szerokich praw politycznych. W związku z tym miejscowe elity, często wykształcone i potrafiące funkcjonować w cywilizacji europejskiej, były pozbawione podstawowego prawa do decydowania o losie ojczystej ziemi.

Kolonializm oraz towarzysząca mu ideologia imperialna działały destrukcyjnie na kulturę podbitych ludów i narodów, szczególnie w Afryce, Australii czy Ameryce Północnej. Dla Europejczyków i Amerykanów krzewienie postępu cywilizacyjnego z reguły oznaczało niszczenie tradycyjnych obyczajów, często postrzeganych jako zabobony. Za gorsze od zachodniej uznawano nawet starożytne kultury Chin czy Indii, chociaż wiele ich osiągnięć budziło fascynację ludzi Zachodu.

ALBERT SCHWEITZER
1875–1965

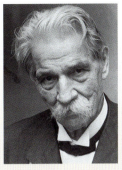

Był lekarzem, muzykiem i muzykologiem. Bezinteresownie zaangażował się w misję niesienia pomocy medycznej ludności żyjącej w koloniach. W prowadzonym przez niego szpitalu w Lambrane we francuskim Gabonie leczono tysiące pacjentów, w tym także trędowatych. Na swoją działalność zbierał środki w Europie i Ameryce, dając koncerty i sprzedając nagrane przez siebie płyty. Za swoją działalność Schweitzer został uhonorowany w 1952 r. Pokojową Nagrodą Nobla. Albert Schweitzer napisał również jedną z najważniejszych biografii Jana Sebastiana Bacha.

W czasach kolonializmu doszło do swoistego **transferu kulturowego**. Ludzie biali – przede wszystkim naukowcy – zgłębiali rozmaite aspekty kultur mieszkańców różnych części świata. W XIX w. zainicjowano **badania etnograficzne** i **antropologiczne**, dzięki którym nauka światowa do dziś może czerpać wiele informacji o kulturze człowieka. Kolonializm sprzyjał również prowadzeniu badań archeologicznych,

Etnografia – nauka poświęcona badaniu kultur ludowych poszczególnych grup etnicznych.

ŹRÓDŁA I INTERPRETACJE

BRZEMIĘ BIAŁEGO CZŁOWIEKA

Rudyard Kipling napisał ten utwór w 1899 r., po przejęciu przez Amerykanów kontroli nad Filipinami. Obecnie część krytyków literackich dopatruje się w tym wierszu satyry antykolonialnej.

Dźwigaj białych ludzi brzemię
Wyślij swych synów daleko,
Niechaj podbite plemiona
Otoczą troskliwą opieką;

Niech służą w ciężkim trudzie
Nowo zdobytym szczepom

Stworzonym dzikim ludom,
Wpół diabłom, a wpół dzieciom. […]

Dźwigaj białych ludzi brzemię […]
Ujarzmij głód i choroby
W surowym zaczętym boju. […]
Nie wolno ci się uchylić.

R. Kipling, *Brzemię białego człowieka*, cyt. za: N. Davies, *Wyspy. Historia*, Kraków 2012, s. 745–746.

? PRACA ZE ŹRÓDŁAMI

1. Przedstaw obraz ludności autochtonicznej zaprezentowany w utworze Rudyarda Kiplinga. Wytłumacz, czy – Twoim zdaniem – był on zgodny z rzeczywistością.
2. Sformułuj własną opinię na temat wymowy wiersza. Wyjaśnij, czy uważasz go za utwór napisany ku pochwale ideologii imperialnej, czy też za satyrę antykolonialną. Uzasadnij swoją odpowiedź.

■ *W pustyni i w puszczy*
Henryka Sienkiewicza

Przygody nastoletniego Polaka Stasia Tarkowskiego opiekującego się małą Angielką Nel Rawlison przedstawiono na kartach powieści *W pustyni i w puszczy*. Jest to jedno z wielu dzieł wpisujących się w nurt literacki popularny w ówczesnej Europie. Staś – reprezentant cywilizacji europejskiej – został ukazany na tle sfanatyzowanych zwolenników Mahdiego, parających się handlem niewolnikami. Chłopiec jest przykładem pozytywnego bohatera, który na nieznanych obszarach Afryki niesie europejskie posłannictwo sprawiedliwości i postępu cywilizacyjnego.

? Jakie inne dzieła literackie można zaliczyć do nurtu reprezentowanego przez powieść *W pustyni i w puszczy*?

Powieść *W pustyni i w puszczy* została dwukrotnie zekranizowana. Pierwszy z tych obrazów, powstały w 1973 r., nadal cieszy się dużą popularnością.

kadr filmowy, Sudan, 1973 r.

umożliwiających – mimo stosowanych działań rabunkowych – poznanie historii dawnych cywilizacji, m.in. egipskiej oraz mezopotamskiej. Podbite społeczności przejmowały umiejętności potrzebne do funkcjonowania w nowoczesnym świecie. Ten transfer zachodniej wiedzy przyniósł korzyści przede wszystkim wysoko rozwiniętym cywilizacjom azjatyckim. Przedstawiciele arystokracji i niższych warstw społecznych Indii pobierali nauki w prestiżowych szkołach oraz na europejskich uniwersytetach. W efekcie w państwie tym ukształtowała się warstwa nowoczesnej inteligencji. Japonia, zagrożona utratą niepodległości, dzięki zachodnim wzorcom kulturowym w ciągu zaledwie półwiecza przekształciła się w mocarstwo zdolne do ekspansji kolonialnej. Japończycy zachowali przy tym swoją tożsamość kulturową.

Funkcjonowanie w koloniach linii kolejowych i telegraficznych było podporządkowane przede wszystkim potrzebom polityki kolonialnej, jednak umożliwiały one też rozwój gospodarczy obszarów, przez które przebiegały. W Indiach dzięki zbudowanym przez Brytyjczyków kolejom udawało się niwelować straszliwe skutki powracającej cyklicznie klęski głodu – szybki i masowy transport pozwalał bowiem dostarczać żywność na dotknięte nią tereny.

Mieszkańcy kolonii mogli też – choć w bardzo ograniczonym zakresie – korzystać z nowych osiągnięć medycyny. Pozwalało to eliminować najgroźniejsze choroby oraz epidemie.

■ KRYTYKA KOLONIALIZMU

Stosunek społeczeństw mocarstw kolonialnych do ideologii imperialnej był na ogół pozytywny, ale pojawiały się głosy negujące celowość ekspansji zamorskiej

i poddające jej skutki surowej ocenie etycznej. W drugiej połowie XIX w. poważną krytykę polityki kolonialnej prowadzili pacyfiści oraz partie socjaldemokratyczne, zdobywające coraz silniejsze wpływy w parlamentach państw europejskich. Na ich forach ujawniano informacje o okrucieństwach, których dopuszczali się kolonizatorzy wobec ludności tubylczej.

W Niemczech kwestia brutalnego stłumienia powstania afrykańskich plemion Hererów i Hotentotów na początku XX w. doprowadziła do kryzysu politycznego. Zakończył się on rozwiązaniem parlamentu oraz rozpisaniem nowych wyborów. Przewagę w tym państwie zdobyli przeciwnicy ostrego kursu wobec czarnoskórych powstańców. Część zachodniej opinii publicznej z oburzeniem przyjęła także interwencję mocarstw zachodnich w Chinach w trakcie tzw. powstania bokserów. Gdy mieszkańcy niewielkich republik burskich zmagali się z imperium Wielkiej Brytanii, wielu Europejczyków sympatyzowało z potomkami holenderskich osadników.

Hererowie i Hotentoci nie mieli najmniejszych szans w starciu z Niemcami. Ludność ta, w tym kobiety i dzieci, została potraktowana bezlitośnie – trafiła do obozów.

■ *rysunek, Niemcy, XIX w.*

Podczas dyskusji w parlamentach mocarstw kolonialnych aktywni byli przeciwnicy polityki ekspansji, podkreślający nieopłacalność utrzymywania kolonii. Twierdzili oni, że w posiadłościach zamorskich fortuny zbijają jedynie prywatne osoby i spółki, podczas gdy państwo oraz podatnicy tracą – ponoszą bowiem koszty utrzymywania silnych garnizonów i rozbudowywania administracji. Przyznanie Kanadzie statusu dominium o szeroko zakrojonym samorządzie było podyktowane m.in. koniecznością ograniczenia finansowania obrony jej terytorium przez armię brytyjską.

Pod wpływem oburzenia światowej opinii publicznej zlikwidowano Niezależne Państwo Kongo i przekształcono je w kolonię kontrolowaną przez rząd belgijski. Szczegóły związane z funkcjonowaniem krwawego systemu stworzonego przez Leopolda II nagłośnił dyplomata brytyjski Roger Casement. W cyklu publikacji prasowych oraz wykładów publicznych, a także podczas wystąpień przed Izbą Gmin przedstawiał on informacje kompromitujące belgijskiego władcę. Do dramatu ludności Konga nawiązał też Joseph Conrad, który w opowiadaniu *Jądro ciemności* opisał zmiany ludzkiej psychiki pod wpływem brutalnej rzeczywistości panującej w afrykańskich posiadłościach Leopolda II.

■ **WPŁYW KOLONIALIZMU NA KULTURĘ EUROPEJSKĄ**

Penetracja i eksploatacja terenów Afryki, Azji, Australii oraz Oceanii wpływały również na kulturę europejską. Zarówno w literaturze popularnej, jak i wyższej pojawiały się motywy egzotyczne. Europejczycy, którzy czerpali z dokonań cywilizacji wschodnich – indyjskiej, chińskiej, japońskiej – już w poprzednich epokach, w XIX w. czynili tak nadal. Procesowi temu sprzyjał rozwój kultury masowej. Popularny stał się wówczas **orientalizm** – prąd powstały na gruncie fascynacji starą, bogatą kulturą Wschodu. Wątki orientalne podejmowano w literaturze (np. *Giaur* George'a Byrona), sztukach plastycznych i architekturze.

Popularnością cieszyły się także towary luksusowe sprowadzane z Chin czy Japonii – przede wszystkim wyroby z porcelany oraz laki. W bogatych domach arystokracji i burżuazji europejskiej urządzano osobne

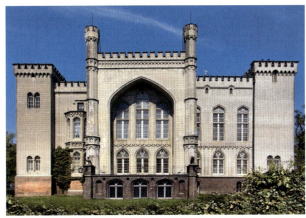

Południowa fasada zamku w Kórniku została przebudowana w XIX w. według projektu architekta Karla F. Schinkla. Ta rezydencja Górków i Działyńskich stanowi przykład orientalizmu w architekturze – jej elementy nawiązują do rozwiązań arabskich. Popularny w całej Europie neogotyk szczególnie silnie rozwijał się w Wielkiej Brytanii. Twórcy wznoszonych tam budynków reprezentujących ten styl bardzo często stosowali zapożyczenia z architektury indyjskiej.

■ *fotografia współczesna, Kórnik*

pokoje w stylu dalekowschodnim, w których ustawiano m.in. cenne wazy. Uznanie Europejczyków zyskały także sztuka oraz rzemiosło Indii. Na przełomie XIX i XX w. wzrosło zainteresowanie duchowością indyjską – wiarą w reinkarnację i wędrówkę dusz.

Kolonializm wpłynął również na zwyczaje kulinarne panujące na Starym Kontynencie. W epoce „elektryczności i pary", gdy doszło do skrócenia szlaków morskich, zaczęto sprowadzać na masową skalę produkty uważane dotąd za luksusowe. Intensywne uprawy egzotycznych roślin (m.in. pieprzu, kawy, herbaty, ananasów) na plantacjach zakładanych przez kolonizatorów w ich posiadłościach znacznie obniżyły koszty produkcji. Dzięki temu towary te stały się powszechnie dostępne w Europie i Stanach Zjednoczonych. Świadczy o tym m.in. fakt, że najpopularniejszy rodzaj placówek handlu detalicznego nosił nazwę **sklepów kolonialnych** (także na ziemiach polskich). Można w nich było kupić produkty pochodzące z całego świata, m.in.: herbatę i ryż z Azji, kakao z Afryki, chałwę z Bliskiego Wschodu, wiórki kokosowe z Oceanii. Na stołach Europejczyków, i to nie tylko tych należących do najwyższych klas społecznych, pojawiały się potrawy charakterystyczne dla innych rejonów świata.

ĆWICZENIA

1. Wyjaśnij, co było przyczyną protekcjonalnego stosunku kolonizatorów do społeczeństw pozaeuropejskich i ich kultur.
2. Wymień podstawowe założenia ideologii imperialnej.
3. Podaj przykłady wymiany kulturowej pomiędzy Europą a resztą świata w epoce kolonializmu.
4. Określ skutki stosowania w posiadłościach zamorskich rozwiązań technologicznych z metropolii.

6 ŚWIAT WOBEC DOMINACJI MOCARSTW KOLONIALNYCH

ZANIM POZNASZ NOWY TEMAT

1. Wyjaśnij, w jaki sposób państwa europejskie realizowały cele kolonialne na Dalekim Wschodzie.
2. Podaj przyczyny porażek Chińczyków w starciach z Europejczykami.

■ JAPONIA: OD IZOLACJI DO OTWARCIA NA ŚWIAT

Japonia była cesarstwem, jednak od początku XVII w. rzeczywistą władzę w tym kraju sprawował najwyższy dostojnik wojskowy – **szogun**, pochodzący z rodu Tokugawa. W tym czasie rola cesarza została ograniczona do funkcji reprezentacyjnych i religijnych. Społeczeństwo japońskie miało charakter feudalny. Obowiązywał ścisły podział na cztery stany: samurajów (rycerzy), którzy cieszyli się szczególnymi przywilejami, oraz chłopów, rzemieślników i kupców.

Od lat 30. XVII w. Japonia prowadziła politykę izolacji zewnętrznej. Dość intensywne w XVI w. kontakty z Europejczykami ograniczono do minimum, czemu sprzyjało wyspiarskie położenie kraju.

Na początku XIX w. Japonia nie była dla ludzi Zachodu obszarem tak atrakcyjnym jak zasobniejsze od niej Chiny. Jednak jej izolacja utrudniała kontakty z całym Dalekim Wschodem. Statki handlowe nie mogły zawijać do portów japońskich w celu uzupełnienia zapasów czy dokonania niezbędnych napraw, ponieważ groziło to uwięzieniem lub śmiercią członków załogi. Na pomoc ze strony Japończyków nie mogli liczyć nawet rozbitkowie europejscy.

Na otwarciu portów japońskich szczególnie zależało Amerykanom, którzy rozpoczęli ekspansję na Pacyfiku i we wschodniej Azji. Japonia była dla nich naturalnym pomostem ułatwiającym kontakty z Chinami i Azją. W **1853 r.** w porcie tokijskim pojawiła się eskadra złożona z czterech amerykańskich okrętów wojennych. Jej dowódca, komandor Matthew Perry, zażądał od szoguna nawiązania kontaktów ze Stanami Zjednoczonymi i otwarcia portów dla amerykańskich statków. Japończycy, pomni losu Chin, musieli zgodzić się na te roszczenia. Zawarto dwustronny traktat, na mocy którego przyznano Stanom Zjednoczonym przywileje handlowe,

■ Japońskie okno na świat

Ścisłą izolację Japonii od reszty świata ustanowiono po stłumieniu powstania japońskich chłopów, nawróconych przez misjonarzy na chrześcijaństwo. Porty japońskie zamknięto wtedy dla obcych kupców. Z kraju wydalono wszystkich cudzoziemców oprócz Holendrów, którzy pomogli w zdławieniu zrywu, a Japończykom zakazano opuszczania wysp pod karą śmierci. Jedynym punktem wymiany z Zachodem stała się sztuczna wysepka Dejima w porcie Nagasaki, należąca do holenderskiej Kompanii Wschodnioindyjskiej. Pośredniczyła ona nie tylko w wymianie handlowej, lecz także naukowej – poprzez nią docierały do Japonii informacje o nauce i technice europejskiej. W kraju tym – podobnie jak w Chinach – Europejczyków traktowano z pogardą, jednak z zainteresowaniem śledzono ich osiągnięcia naukowe.

Dejima powstała dzięki Portugalczykom, którzy później zostali z niej wypędzeni. Wyspa stała się wówczas własnością Holendrów. Spośród wszystkich Europejczyków tylko im zezwolono na utrzymywanie kontaktów handlowych z Japonią.

■ *rysunek, Japonia, XVII w.*

? Jaką rolę odegrała wyspa Dejima w relacjach Japończyków z Europejczykami?

przede wszystkim dostęp do dwóch portów. W ten sposób została przełamana trwająca ponad 200 lat samoizolacja Kraju Kwitnącej Wiśni. Wkrótce Japonia zawarła podobne umowy z Wielką Brytanią, Francją i Rosją.

■ REFORMY W JAPONII

Podpisanie porozumień z mocarstwami kolonialnymi wzbudziło w Japonii powszechne niezadowolenie. W 1867 r. na tron wstąpił 15-letni cesarz **Mutsuhito**. Skupił on wokół siebie siły polityczne niechętne dotychczasowemu systemowi rządów i zmusił szoguna do ustąpienia.

Po przejęciu władzy Mutsuhito odrzucił popularne dotąd hasła wrogości wobec „białych barbarzyńców" i rozpoczął reformy zmierzające do uczynienia z Japonii państwa podobnego do zachodnich. W takiej **modernizacji** widział jedyną szansę na zachowanie niepodległości swojego kraju. Zlikwidowano urząd szoguna, zniesiono przywileje samurajów, stany społeczne zrównano pod względem prawnym i przeznaczono duże środki na **rozwój przemysłu**. W ciągu 45 lat rządów Mutsuhito Japonia z zacofanego i mało znaczącego państwa przekształciła się w nowoczesne mocarstwo o silnej gospodarce oraz z dużą, waleczną armią.

■ PODBOJE JAPOŃSKIE I WOJNA Z ROSJĄ

Rozwój przemysłu oraz tworzenie nowoczesnej armii wymagały dużych ilości surowców, przede wszystkim węgla i rud metali, które w Japonii nie występowały. Modernizowana gospodarka potrzebowała także rynków zbytu. Dlatego już w połowie lat 70. XIX w. Japończycy rozpoczęli podporządkowywanie sobie sąsiednich terytoriów, głównie kosztem osłabionych Chin.

Rządy cesarza Mutsuhito przyniosły zmianę obowiązującego wcześniej wizerunku władcy Japonii. Mutsuhito często pokazywał się publicznie, z reguły w mundurze.

■ *rysunek, Japonia, XIX w.*

W latach 1894–1895 toczyła się **wojna japońsko--chińska**. W jej wyniku Japonia uzyskała zwierzchnictwo nad Koreą i przejęła wiele obszarów, m.in. Półwysep Liaotuński, będący częścią Mandżurii. Japończycy wystawili również najsilniejszy kontyngent w trakcie ekspedycji zbrojnej przeciwko uczestnikom tzw. powstania bokserów.

Umacnianie się Japończyków na kontynencie azjatyckim wzbudziło zaniepokojenie w mocarstwach europejskich – przede wszystkim w Rosji, która uważała Mandżurię za swoją strefę wpływów. W 1895 r. Rosjanie, Francuzi i Niemcy wymusili na Japończykach zrzeczenie się Półwyspu Liaotuńskiego wraz z bazą morską **Port Artur**. Tereny te zostały zajęte przez wojska rosyjskie. Jednak Japończycy nie pogodzili się z tą stratą. Żadna ze stron nie zamierzała także rezygnować z poszerzania swojej strefy wpływów.

ŹRÓDŁA I INTERPRETACJE

DEKLARACJA CESARZA MUTSUHITO

W 1869 r. Mutsuhito wydał deklarację, w której przedstawił wizję odnowionej monarchii.

Każdy poddany, od urzędników i wojowników aż do najprostszego człowieka, powinien posiadać możliwość osiągnięcia swego celu życiowego i wykorzystania swych zdolności w sposób przynoszący korzyści. Należy wyzbyć się dotychczasowych nawyków i zwyczajów; sprawiedliwość i bezstronność według naturalnych zasad powinny stać się podstawą wszelkich działań. Ze wszystkich stron świata winny być przyjmowane umiejętności i wiedza w celu stworzenia mocnych podstaw cesarstwa.

Wiek XIX w źródłach, oprac. M. Sobańska-Bondaruk, S.B. Lenard, Warszawa 2002, s. 267–268.

? PRACA ZE ŹRÓDŁAMI

1. Wymień zasady, którymi powinni kierować się poddani cesarza.
2. Wskaż podobieństwa pomiędzy treścią dokumentu a postulatami politycznymi formułowanymi w XIX w. w Europie.

W trakcie **bitwy pod Cuszimą** Japończycy niemal doszczętnie rozbili rosyjską Flotę Bałtycką, która dotarła w rejon ich wysp po trwającej ponad pół roku żegludze wokół Afryki i przez Ocean Indyjski. Skorzystanie z krótszej drogi – przez Kanał Sueski – uniemożliwili Rosjanom Brytyjczycy.

▪ *litografia, Japonia, XX w.*

Bitwa pod Ghazni w Afganistanie zakończyła się zwycięstwem Brytyjczyków. Po zdobyciu miasta i osadzeniu w nim niewielkiego garnizonu żołnierzy pozostała część wojska wyruszyła na Kabul. Tam również miejscowa obrona została pokonana.

▪ *litografia, Wielka Brytania, XIX w.*

Na przełomie XIX i XX w. ekspansjonistyczne dążenia Japończyków zaczęli popierać Brytyjczycy i Amerykanie, obawiający się wzrostu potęgi rosyjskiej na Dalekim Wschodzie. W tym czasie na dworze rosyjskim uznano, że najlepszym sposobem na pokonanie kryzysu wewnętrznego jest „mała zwycięska wojna". Długotrwałe pertraktacje w sprawie podziału wpływów w regionie nie przyniosły rezultatów. Na początku **1904 r.** Japończycy zerwali stosunki dyplomatyczne z Rosją. Flota japońska zaatakowała bazę rosyjską w Port Artur i zniszczyła stacjonujące tam okręty. Japończycy odnosili również zwycięstwa na lądzie, w Mandżurii. Do ostatecznej klęski Rosjan doszło w maju **1905 r.** w bitwie morskiej **pod Cuszimą**. W traktacie pokojowym, zawartym w tym samym roku w Portsmouth (Stany Zjednoczone), Japonii zagwarantowano zdobycze terytorialne kosztem Rosji oraz umocnienie wpływów w formalnie niepodległych Chinach.

W późniejszym okresie Japończycy często odwoływali się do tego sukcesu. Głosili hasło „Azja dla Azjatów" i wzywali mieszkańców kontynentu do wyzwolenia go spod władzy białych ludzi. Jednak ich intencją nie była pomoc skolonizowanym narodom w uzyskaniu niepodległości, lecz dalsza ekspansja w regionie. W 1910 r. ogłosili aneksję Korei.

■ NIEPOWODZENIE EUROPEJSKICH PRÓB KOLONIZACJI

Podczas wojny rosyjsko-japońskiej naprzeciwko siebie stanęły państwa reprezentujące podobny poziom cywilizacyjny i dysponujące porównywalnym uzbrojeniem. Europejczycy ponosili jednak porażki również w walkach z przeciwnikami niedysponującymi nowoczesnym sprzętem wojskowym.

Przed zakusami potęg kolonialnych obroniono **Afganistan**. Na przełomie lat 30. i 40. XIX w. próbowali roztoczyć nad nim panowanie Brytyjczycy, usiłujący w ten sposób zabezpieczyć północne granice Indii. Wprawdzie zamieszkujące Afganistan plemiona góralskie były ze sobą skłócone, ale łączył je islam. W sytuacji zagrożenia ze strony chrześcijan potrafiły się zjednoczyć i stawić agresorom silny opór. Brytyjczycy zostali zmuszeni do odwrotu. W latach 70. Afganistanem zainteresowali się Rosjanie, którzy przez cały XIX w. umacniali swoje wpływy w środkowej Azji. Zaniepokojeni tym Brytyjczycy po raz drugi podjęli próbę zdobycia tego kraju. W latach 1878–1880 toczyły się tam walki pomiędzy wojskami brytyjskimi a Afgańczykami, wspomaganymi przez doradców rosyjskich. Brytyjczycy znowu nie zdołali włączyć Afganistanu do swojego imperium, choć doprowadzili do objęcia rządów w tym państwie przez uległego wobec nich władcę. Po raz trzeci Afgańczycy obronili swoją niepodległość w 1885 r., gdy ich kraj zaatakowali Rosjanie. Mimo poważnych strat obrońcom udało się uniknąć niewoli dzięki ostremu zatargowi dyplomatycznemu pomiędzy Petersburgiem a Londynem, grożącemu wybuchem wojny między mocarstwami. Ostatecznie Rosja i Wielka Brytania doszły do porozumienia. Afganistan uczyniono obszarem buforowym, rozdzielającym ich strefy wpływów. Dzięki temu jego obywatele mogli cieszyć się względną niezależnością.

Niezawisłość udało się także obronić mieszkańcom chrześcijańskiej **Etiopii** (Abisynii), położonej we wschodniej Afryce. O terytorium tego cesarstwa, rozbitego na wiele częściowo niepodległych księstewek, w drugiej połowie XIX w. rywalizowały Wielka Brytania, Francja oraz Włochy. Władca Etiopii, cesarz Teodor II, starał się przezwyciężyć jej zacofanie

--- ŹRÓDŁA I INTERPRETACJE ---

EUROPEIZACJA JAPONII

Hirobumi Ito, pierwszy japoński premier, tak pisał o modernizacji Japonii w drugiej połowie XIX w.

Byłem jednym z pierwszych Japończyków, którzy udali się do obcych krajów. Uczyniłem to potajemnie. Bardzo niedawno otwarto Japonię dla obcego handlu i obowiązywał jeszcze zakaz opuszczania kraju. Zawsze popierałem przyjęcie zasad zachodniej cywilizacji, oddałem swe usługi dla postępu i przekształcenia Japonii. [...] Od początku uważaliśmy, że nie tylko lud japoński musi przyjąć zachodnie metody, ale winien szybko obyć się bez pomocy Europejczyków, ich wskazań i doglądu.
Zrazu ściągaliśmy wielu cudzoziemców do Japonii, ale pilnowaliśmy, aby kształcili młodzież japońską, aby mogła zająć ich miejsce. [...] Gdy byłem posłem japońskim w Londynie,
zaproponowano mi utworzenie szkoły inżynierskiej różnych gałęzi wiedzy. Po powrocie uruchomiłem przy pomocy obcych profesorów wyższą szkołę inżynieryjną, która dziś stanowi część uniwersytetu w Tokio. Z tego instytutu wyszła większość inżynierów pracujących dziś w przemyśle Japonii. [...] Potrzeba było nie tylko oświaty, ale i praw, nim przystąpiono do rewizji układów zagranicznych. Przez jakiś czas było to naszym głównym zadaniem. Dwa wydarzenia są najważniejsze w historii Japonii: pierwsze, to zmiana formy rządu i ogłoszenie konstytucji, drugie, to wojna chińsko-japońska. Cesarz polecił mi przygotować projekt konstytucji. W tym celu studiowałem ustroje różnych krajów.

G. Chomicki, L. Śliwa, *Wiek XIX. Teksty źródłowe*, Kraków 2001, s. 107–108.

? PRACA ZE ŹRÓDŁAMI

1. Oceń stosunek Japończyków do cudzoziemców.
2. Wyjaśnij, co zadecydowało o wzroście znaczenia Japonii na świecie.

cywilizacyjne. W tym celu wzmocnił władzę centralną i zabiegał o pomoc mocarstw europejskich. Jednak Brytyjczycy i Francuzi w zamian za udzielenie wsparcia zażądali dużych przywilejów. Cesarz uznał to za naruszenie suwerenności swojego państwa i uwięził konsula brytyjskiego, Francuzów zaś wypędził. W odpowiedzi Brytyjczycy wysłali do Etiopii ekspedycję karną. Słabo uzbrojone wojska etiopskie zostały pokonane, a Teodor II w 1868 r. popełnił samobójstwo. W Etiopii doszło wówczas do konfliktów wewnętrznych. Sytuację opanował dopiero cesarz Menelik II, który starał się lawirować pomiędzy dążeniami Londynu, Paryża i Rzymu.

Starcie wojsk etiopskich z oddziałami włoskimi, rozegrane w 1896 r. pod Aduą. Zakończyło się ono klęską tych drugich, co przyczyniło się do obrony niepodległości przez Etiopię. Na ilustracji widoczne jest również nowoczesne wyposażenie armii afrykańskiej, która ponadto miała przewagę liczebną na polu bitwy.

■ *Ilustracja, Etiopia, XX w.*

■ Początki działalności Mahatmy Gandhiego

Mohandas Karamchand Gandhi (1869–1948), zwany Mahatmą (z sanskr. 'wielki duchem'), bohater narodowy Indii, ukończył studia prawnicze na uniwersytecie w Londynie. W 1891 r. wrócił do Indii, a dwa lata później podjął pracę w firmie indyjskiej w południowej Afryce. Jako prawnik walczył tam o równe prawa dla dyskryminowanych robotników hinduskich. Przełom w życiu Gandhiego nastąpił na skutek podróży koleją, podczas której – mimo wykupienia biletu uprawniającego do przejazdu wagonem pierwszej klasy – został on poproszony przez konduktora (po interwencji jednego z białych pasażerów) o przeniesienie się do wagonu klasy trzeciej, przeznaczonego dla nie-Europejczyków. Gdy odmówił, twierdząc, że prawo nie zabrania mu odbywania podróży w wybranym wagonie, konduktor oraz przywołany przez niego policjant siłą usunęli go z pociągu i pozostawili na peronie. W efekcie tych wydarzeń Gandhi poświęcił się walce z dyskryminacją rasową. Po powrocie do Indii stanął na czele pokojowego ruchu dążącego do zrzucenia zwierzchności brytyjskiej.

Kadr z filmu przedstawiającego życie Mahatmy Gandhiego. Ukazano na nim fragment, w którym główny bohater prowadzi marsz przeciwko nierówności rasowej w Afryce Południowej. Na jednym z transparentów widnieje hasło: „Jesteśmy obywatelami imperium".

■ *kadr filmowy, 1980 r.*

? Jakie znaczenie dla ukształtowania się poglądów Gandhiego miała rasistowska polityka prowadzona w koloniach?

Włochy nie zamierzały jednak rezygnować z podporządkowania sobie Etiopii i rozpoczęły przeciwko niej wojnę. W 1896 r. w pobliżu miejscowości Adua wojska Menelika II rozbiły nowoczesną armię włoską. Podobnie jak Afganistan, Etiopia utrzymała niepodległość dzięki poświęceniu rdzennej ludności i rywalizacji między mocarstwami kolonialnymi.

■ POCZĄTKI RUCHÓW NIEPODLEGŁOŚCIOWYCH W KOLONIACH

Porażka Włochów w bitwie pod Aduą czy późniejsza klęska Rosji w wojnie z Japonią pokazały, że dominacja białych ludzi na świecie może zostać podważona. Miało to istotne znaczenie dla tych społeczeństw azjatyckich i afrykańskich, które wprawdzie popadły w zależność kolonialną, ale były silnie zakorzenione we własnej, nieraz bardzo chlubnej tradycji (np. dla Chińczyków, Hindusów oraz części ludów z kręgu kultury islamu).

Na przełomie XIX i XX w. w wielu krajach skolonizowanych pojawiła się – początkowo słaba – warstwa lokalnej inteligencji. Jej przedstawiciele odebrali wykształcenie w stylu europejskim, poznali panujące na Zachodzie stosunki polityczne oraz tamtejszy styl życia, ale nie odcinali się od swoich korzeni. Ze względu na kolor skóry ludność nieeuropejska nie mogła w pełni korzystać z możliwości, jakie dawało wówczas wykształcenie. Wykluczeni tworzyli zaczątki organizacji politycznych, które dążyły do uzyskania większych swobód lub nawet niepodległości od metropolii europejskich. Takie działania były zwalczane przez rządy kolonialne.

ĆWICZENIA

1. Wymień przyczyny reform przeprowadzonych przez cesarza Mutsuhito.
2. Wyjaśnij znaczenie klęski Rosji w zmaganiach z Japonią dla sytuacji politycznej na świecie.
3. Wytłumacz, dlaczego tak słabe państwa jak Afganistan i Etiopia mogły zachować niepodległość w okresie kolonializmu.

WIEK XIX

Postanowienia pokoju paryskiego kończącego wojnę siedmioletnią (1756–1763) odmieniły układ sił na świecie. Dominującą rolę polityczną i militarną ugruntowała Wielka Brytania. Francja utraciła swoje posiadłości w Ameryce Północnej (Kanada) oraz silne wpływy w Indiach. Wojna osłabiła też Hiszpanię. Prowadzony w kolejnych latach ucisk fiskalny i ograniczenia polityczne oraz gospodarcze w północnoamerykańskich koloniach Wielkiej Brytanii doprowadziły do buntu i ogłoszenia przez nie niepodległości. Na kontynencie amerykańskim powstało pierwsze państwo niezależne od europejskiej metropolii o republikańskim systemie rządów – Stany Zjednoczone.

Rywalizacja francusko-brytyjska o supremację odżyła w czasie rewolucji francuskiej i wojen napoleońskich. Francja dążyła do odbudowy swoich wpływów w koloniach, lecz zaangażowanie militarne w Europie zmusiło ją do czasowej rezygnacji z podbojów. Skorzystały na tym Stany Zjednoczone, kupując od Paryża obszar Luizjany. Nastąpiło otwarcie osadnictwa amerykańskiego w kierunku zachodnim i dalsze wzmocnienie pozycji tego państwa wobec Wielkiej Brytanii i Hiszpanii, nadal posiadających kolonie w Ameryce. Zmagania między mocarstwami europejskimi osłabiły więzi między Madrytem a posiadłościami południowoamerykańskimi. Zamieszkujący je Kreole głosili hasła niepodległości. Cele te zrealizowali w pierwszych trzech dekadach XIX w. w wielu państwach Ameryki Środkowej i Południowej.

Kongres wiedeński potwierdził dominację Wielkiej Brytanii, która rozszerzyła swoje posiadłości kolonialne, zyskując strategiczne punkty globu (m.in. Kraj Przylądkowy w Afryce Południowej) i umocniła wpływy w Indiach. Jej rabunkowa gospodarka budziła jednak niezadowolenie indyjskiego i chińskiego społeczeństwa. Wielka Brytania rozszerzyła też panowanie na cały kontynent australijski.

Kongres wiedeński zabronił handlu niewolnikami. Rewolucja przemysłowa i rozwój kapitalistycznego systemu gospodarczego na zachodzie Europy i w Stanach Zjednoczonych doprowadziły do stopniowej likwidacji anachronicznego systemu niewolniczego, a także zmuszały do poszukiwań źródeł taniego surowca oraz rynków zbytu dla wzrastającej produkcji. Stany Zjednoczone, zagrożone dominacją gospodarczą i polityczną Europy, starały się oddalić wpływy tamtejszych mocarstw od całego kontynentu amerykańskiego. Doprowadziło to do sytuacji, w której stał się on strefą wpływów (ekonomicznych i politycznych) Waszyngtonu. Potęgi europejskie zostały zmuszone do szukania nowych dróg ekspansji. Od lat 30. XIX w. aż po wybuch I wojny światowej

trwała rywalizacja o nowe tereny i strefy wpływów w Afryce, Azji oraz obszarze Oceanu Spokojnego. Prawie cały kontynent afrykański został podzielony pomiędzy Francję, Wielką Brytanię, Niemcy, Włochy, Belgię, Portugalię oraz Hiszpanię. Chiny popadły w niemal całkowitą zależność od mocarstw zachodnich, Rosji i Stanów Zjednoczonych. Jedynie Japonia dzięki szybkiej i intensywnej modernizacji w stylu zachodnim obroniła niepodległość i sama stała się jednym z aktywniejszych mocarstw kolonialnych.

Większość społeczności zamieszkujących skolonizowane regiony, a także obszary amerykańskiej prerii i Syberii stanęło w obliczu eksterminacji. Biali odnosili się z pogardą i lekceważeniem do obyczajów i tradycji ludności podlegającej ich władzy. Wyzysk ekonomiczny prowadził do wielomilionowych ofiar. Wyższość techniczna (przede wszystkim w dziedzinie uzbrojenia) w kontaktach Europejczyków i Amerykanów z autochtonami ułatwiała zniewolenie. Popularności polityki kolonialnej sprzyjało przeświadczenie o wprowadzaniu wśród innych ludów postępu cywilizacyjnego. Traktowano to jako obowiązek – „brzemię białego człowieka". Jednak nadużycia oraz deformacja ideologii kolonialnej doprowadziły do reakcji. W Europie dostrzegano ujemne skutki posiadania terytoriów zamorskich i piętnowano metody wyzysku. Dominacja europejska spotykała się także ze sprzeciwem podbitych ludów. W Algierii nieustannie był obecny ruch antyfrancuski, Wielki Bunt w Indiach zjednoczył rozwarstwione dotąd społeczeństwo przeciw panowaniu Brytyjczyków, przeciwstawiające się ingerencji mocarstw kolonialnych powstanie bokserów spowodowało mobilizację Chińczyków wokół idei zerwania z monarchią i prób dokonania reform państwa. Kolonizatorzy przyczynili się również do powstawania nowoczesnej warstwy inteligencji, wykształconej na europejskich uczelniach. Jej przedstawiciele stali się przywódcami ruchów nawołujących do wywalczenia niepodległości (drogą zbrojną lub pokojową).

Kolonializm wzmógł zainteresowanie Europejczyków obcymi im tradycjami i zwyczajami. Prowadzono badania etnograficzne, popularnością cieszyły się wyroby artystyczne pochodzące z Dalekiego i Bliskiego Wschodu. Wątki egzotyczne zagościły na kartach literatury pięknej i naukowej, a style architektoniczne czerpały z orientalnych wzorców. Nastąpiła popularyzacja wielu potraw i produktów. Europejczycy także stali się propagatorami własnych upodobań smakowych. Dziedzictwem kolonializmu jest dominacja języka angielskiego, który w XIX w. stał się urzędowym środkiem komunikacji ludności zamieszkującej jedną czwartą część globu ziemskiego.

Ćwiczenia podsumowujące

1. Wymień konsekwencje powstania Stanów Zjednoczonych w Ameryce Północnej.
2. Porównaj sposób uzyskania niepodległości przez Stany Zjednoczone i państwa Ameryki Środkowej oraz Południowej.
3. Scharakteryzuj politykę gospodarczą prowadzoną w koloniach. Oceń jej skutki.
4. Wyjaśnij, dlaczego Indie nazywano „perłą w koronie brytyjskiej".
5. Zinterpretuj hasło propagowane w XIX w.: „Brzemię białego człowieka".
6. Wyjaśnij, gdzie i dlaczego doszło do konfliktów z władzami kolonialnymi. Podaj rozstrzygnięcia tych sporów.
7. Oceń wpływ kolonializmu na państwa europejskie. Wymień przykłady, które są widoczne również we współczesnym świecie.
8. Przedstaw własną ocenę na temat modernizacji Japonii w XIX i na początku XX w.

BRYTYJSKI IMPERIALIZM

Czołowy przedstawiciel brytyjskiej ideologii imperialnej – Cecil Rhodes, przedstawił premierowi brytyjskiemu swoje stanowisko dotyczące polityki zagranicznej Wielkiej Brytanii.

Wielka Brytania jest bardzo małą wyspą. Jej pozycja zależy od handlu. A jeśli nie pozyskamy w świecie posiadłości, które obecnie są pogrążone w barbarzyństwie, odetniemy się od handlu światowego. [...] Nasz handel zależy od świata i nasze życie też zależy od świata, a nie od Anglii. Oto dlaczego musi pan [tj. premier Wielkiej Brytanii William Gladstone] zajmować się zagadnieniem ekspansji i panowania nad światem. [...] Aby uchronić czterdzieści milionów mieszkańców Zjednoczonego Królestwa od niebezpieczeństwa wojny domowej, nasi kolonialni mężowie stanu muszą pozyskiwać nowe ziemie, aby osiedlić tam nadwyżkę ludności tego kraju, zapewnić nowe rynki dla towarów wytwarzanych w fabrykach i kopalniach.

? PRACA ZE ŹRÓDŁAMI

1. Wyjaśnij, jakie miejsce dla Wielkiej Brytanii w jej systemie imperialnym przeznaczył autor.
2. Przedstaw cel pozyskiwania nowych posiadłości kolonialnych przez Wielką Brytanię.

CHINY W DRUGIEJ POŁOWIE XIX WIEKU

Pozycja cesarstwa chińskiego względem mocarstw w XIX w. była bardzo słaba. Sytuację tę prezentowano wielokrotnie na karykaturach. Jedną z nich, powstałą w 1898 r., przedstawiono obok. Znajduje się pod nią podpis: *Jeszcze jedno energiczne szturchnięcie i kolos będzie w kawałkach.*

? PRACA Z ILUSTRACJĄ

1. Przedstaw dążenia przedstawicieli mocarstw, które tworzą krąg wokół postaci uosabiającej Chiny.
2. Podaj nazwy państw, które reprezentują poszczególne postacie na ilustracji. Uzasadnij swoją odpowiedź, odwołując się do ich cech charakterystycznych.

Encore, une vigoureuse poussée et le colosse sera en morceaux

V
NA DRODZE DO GLOBALIZACJI

1 SOJUSZNIK ZZA ATLANTYKU

ZANIM POZNASZ NOWY TEMAT

1. Przedstaw okoliczności powstania Stanów Zjednoczonych Ameryki.
2. Przypomnij założenia amerykańskiej polityki izolacjonizmu.

■ STANY ZJEDNOCZONE W XIX WIEKU

Powstałe w drugiej połowie XVIII w. państwo amerykańskie nie miało jednolitej struktury politycznej i ekonomicznej. **Konstytucja** z **1787 r.** gwarantowała szeroką autonomię poszczególnym częściom składowym federacji, zwanym **stanami**. W miarę postępów osadnictwa, które kierowało się na zachód kontynentu, jak również na drodze podbojów i umów z ościennymi mocarstwami kolonialnymi terytoria położone na zachód od rzeki Missisipi kolejno podporządkowywano Stanom Zjednoczonym. Poważnym problemem było zróżnicowanie gospodarcze ziem rozrastającego się państwa. W **stanach północnych** dominowała własność farmerska o charakterze kapitalistycznym. Jej podstawę stanowiły gospodarstwa rolne małej i średniej wielkości. Podobną strukturę agrarną przyjmowano również na nowych terytoriach. Ponadto na północy USA w XIX w. dynamicznie rozwijał się przemysł, powstawały linie kolejowe, kopalnie, huty i fabryki. Największe porty na Wschodnim Wybrzeżu – Boston i Nowy Jork – od kilkudziesięciu lat były ważnymi centrami handlu międzynarodowego. Gospodarka **stanów południowych** natomiast opierała się na pracy czarnoskórych niewolników na plantacjach bawełny.

Na południu USA nie istniał przemysł, a sieć kolejowa rozszerzała się dużo wolniej. Pomiędzy szybko rozwijającą się **Północą** a bazującym na rolnictwie **Południem** wybuchł ostry konflikt polityczny, który przerodził się w wojnę domową, toczoną w latach **1861–1865**. Jedenaście stanów południowych przeprowadziło secesję – odłączyło się od Stanów Zjednoczonych. To dlatego konflikt ten przeszedł do historii pod nazwą **„wojna secesyjna"**. Secesjoniści utworzyli wówczas nowe państwo – **Skonfederowane Stany Ameryki**. Określali się mianem **konfederatów**. Stany, które pozostały w składzie USA, funkcjonowały jako **Unia**, a zwolenników niepodzielności państwa nazywano **unionistami**. Po czterech latach krwawych zmagań i spustoszeniu znacznych obszarów Południa zwyciężyli unioniści, dzięki czemu jedność Stanów Zjednoczonych została zachowana.

■ „ZIEMIA OBIECANA"

W drugiej połowie XIX w. w Ameryce Północnej nastąpił dynamiczny rozwój gospodarczy. W jego efekcie nasiliła się **imigracja**. Już od połowy stulecia na kontynent ten napływała ludność poszukująca lepszych warunków bytowych. Pierwsza fala imigracji ekonomicznej

Bitwa pod Gettysburgiem była najkrwawszym starciem, do którego doszło podczas wojny secesyjnej. Stoczono ją w dniach 1–3 lipca 1863 r. na terenie wchodzącego w skład Unii stanu Pensylwania. Szacuje się, że w walkach wzięło udział łącznie ponad 170 tys. osób, spośród których zginęło lub zostało rannych ponad 50 tys. Zwycięstwo w tej bitwie odnieśli unioniści, jednak walki pomiędzy siłami Północy i Południa trwały jeszcze dwa lata.

▪ *obraz, USA, XIX w.*

Na wyspie Ellis, położonej w pobliżu nowojorskiej Statui Wolności, w 1892 r. otwarto centrum imigracyjne. Każdego dnia przybywały tam setki Europejczyków zamierzających osiedlić się w Ameryce. Do momentu ostatecznego zamknięcia centrum w 1954 r. przewinęło się przez nie 12 mln imigrantów. Tylko 2% spośród tych osób nie otrzymało zgody na osiedlenie się w USA – głównie ze względów zdrowotnych lub z uwagi na kryminalną przeszłość.

▪ *fotografia, USA, XIX w.*

Płaca robotnika w USA i Europie

W drugiej połowie XIX w. zarobki w Stanach Zjednoczonych były średnio o 40% wyższe niż w Wielkiej Brytanii. W latach 80. w stanie Illinois robotnik niewykwalifikowany zarabiał 13,87 dol. na tydzień. Wynajęcie mieszkania kosztowało go tygodniowo 1 dol., na bochenek chleba musiał wydać 5 centów, a cena kilograma wołowiny wynosiła tylko 25 centów. W Europie średnia płaca robotnicza ledwie starczała na pokrycie kosztów egzystencji.

do USA była związana z klęską głodu, która w latach 1845–1852 dotknęła Irlandię. Do Stanów Zjednoczonych przybyło wtedy „za chlebem" ok. 1 mln Irlandczyków. W kolejnych latach w państwie tym pojawili się również liczni imigranci z Niemiec, Skandynawii, Polski i Włoch, a także bardzo duża grupa Żydów z Europy Wschodniej. Szacunkowa liczba imigrantów, którzy trafili do Stanów Zjednoczonych w XIX w., to ponad **35 mln**. Zdolni i chętni do pracy przybysze w Ameryce łatwo znajdowali zatrudnienie. Ich wynagrodzenia znacznie przewyższały płace na Starym Kontynencie. Odmienne od europejskich warunki życia – przede wszystkim mniejsze koszty utrzymania oraz możliwość korzystania ze zdobyczy cywilizacyjnych – sprawiały, że Stany Zjednoczone (a w mniejszym stopniu również Brazylia i Argentyna) były porównywane przez zmagających się z biedą Europejczyków do starotestamentowej **ziemi obiecanej**. Na początku XX w. Stany Zjednoczone dzięki wysokiej industrializacji, rozwiniętej hodowli oraz nowoczesnemu rolnictwu zyskały pozycję lidera gospodarki światowej. Przodowały również w rozwoju technologicznym.

■ POLITYKA ZAGRANICZNA USA W DRUGIEJ POŁOWIE XIX WIEKU

Od początku XIX w. jednym z założeń polityki zagranicznej przywódców Stanów Zjednoczonych była konsekwentna eliminacja wpływów mocarstw europejskich na obszarze obu Ameryk, zgodna z tzw. doktryną Monroego. Aby je zrealizować, w **1867 r.** rząd waszyngtoński **kupił** rosyjską **Alaskę**, a w **1898 r.** doprowadził do wybuchu **wojny z Hiszpanią**. Strategicznym celem Amerykanów w tym zwycięskim dla nich konflikcie stało się przejęcie zwierzchności nad posiadłościami hiszpańskimi na Karaibach: **Kubą** oraz **Portorykiem**. Zwycięzcom przypadły także należące do Hiszpanii **Filipiny** i **Guam**, położone na Pacyfiku. W tym samym czasie do Stanów Zjednoczonych ostatecznie

■ Konstruktorzy i wynalazcy amerykańscy

Do najwybitniejszych wynalazców amerykańskich z czasów rewolucji przemysłowej zalicza się m.in. Thomasa Edisona, Henry'ego Forda oraz Fredericka Taylora. Pierwszy z nich opatentował udoskonaloną żarówkę elektryczną, drugi zaprojektował samochód (po raz pierwszy w historii składany na taśmie produkcyjnej), a trzeci dążył do opracowania najbardziej efektywnych metod organizacji pracy – zastosowanie jego pomysłów w jednej z hut pozwoliło zmniejszyć zatrudnienie z 600 do 140 robotników przy jednoczesnym obniżeniu kosztów produkcji o 50% i wzroście zarobków pracowników o 60%.

Ford T, produkowany w latach 1908–1927, był jednym z pierwszych samochodów składanych na linii montażowej. Zwiększało to wydajność i obniżało koszty produkcji. Model T został stworzony z myślą o przeciętnej rodzinie amerykańskiej. Miał prostą budowę, był tani, łatwy w prowadzeniu i naprawie.

▪ *fotografia, USA, XIX w.*

Thomas Edison opatentował ponad tysiąc wynalazków. Utworzył pierwszy na świecie instytut badań naukowo--technicznych. Nie wynalazł żarówki, pracował nad jej udoskonaleniem i prowadzeniem do masowej produkcji. Jego wynalazki to m.in. fonograf, lodówka i krzesło elektryczne.

▪ *fotografia, USA, XX w.*

? Jaki wpływ na życie Amerykanów i gospodarkę USA miały nowe wynalazki?

przyłączono **Hawaje**. Na przełomie XIX i XX w. Amerykanie podjęli również próbę ekspansji ekonomicznej oraz politycznej na Dalekim Wschodzie. W tym celu w Waszyngtonie prowadzono politykę pozyskiwania niewielkich terytoriów na Pacyfiku, mających stanowić dogodne bazy dla floty amerykańskiej – przyczółki umożliwiające dalsze działania. W stosunkach

50. stan USA

W XIX w. Hawaje były samodzielnym królestwem. Archipelag ten stał się terenem osadnictwa amerykańskiego i japońskiego. Interesowali się nim również Brytyjczycy, Rosjanie oraz Niemcy. Amerykanie ubiegli swoich konkurentów i w 1893 r. obalili dynastię władającą wyspami. Pięć lat później dokonali aneksji archipelagu. Jako terytorium inkorporowane Hawaje funkcjonowały do 1959 r., kiedy to uczyniono z nich 50. stan USA.

z Chinami dyplomaci amerykańscy przyjęli tzw. **zasadę otwartych drzwi**. Dzięki niej wszystkie chętne mocarstwa mogły korzystać z bogactw Państwa Środka. Zainteresowanie Amerykanów tym rejonem świata narażało ich jednak na konflikt z Japończykami, Brytyjczykami, Francuzami, Rosjanami i Niemcami, którzy również rościli sobie pretensje do panowania nad nim.

■ I WOJNA ŚWIATOWA

Wojnę, która wybuchła w Europie latem 1914 r., w Stanach Zjednoczonych potraktowano jako odległy konflikt mocarstw europejskich. Działania zbrojne nie pozostały jednak bez wpływu na amerykańskie społeczeństwo. Z uwagi na więzi kulturowe elity anglosaskie sympatyzowały z **ententą**. Jednak spora część Amerykanów – zwłaszcza ci mający niemieckie pochodzenie – popierała **państwa centralne**. Emigranci z Irlandii życzyli przegranej Wielkiej Brytanii, a Żydzi liczyli na klęskę Rosji, ponieważ w państwie tym na przełomie XIX i XX w. dochodziło do ich pogromów.

Konflikt światowy przyczynił się do znacznego zwiększenia obrotów handlowych Stanów Zjednoczonych i rozwoju ich gospodarki. Wprawdzie na skutek blokady

Parowiec Lusitania zatonął 7 maja 1915 r., trafiony torpedą wystrzeloną przez niemiecki okręt podwodny.

■ ilustracja, Wielka Brytania, 1915 r.

morskiej wprowadzonej przez Wielką Brytanię z grupy państw będących odbiorcami towarów amerykańskich wyeliminowano Niemcy, ale ententa zrekompensowała Ameryce te straty – zaopatrywała się tam w sprzęt, surowce oraz żywność, niezbędne do prowadzenia działań militarnych. Francuzi i Brytyjczycy zaciągali na ten cel wysokie kredyty w bankach amerykańskich. Aby nie łamać zasady neutralności USA w konflikcie, alianci wydawali pożyczone od nich pieniądze tylko na terytorium tego państwa. Powodowało to jeszcze bardziej intensywny rozwój gospodarczy Stanów Zjednoczonych.

Niemcy odpowiedzieli na blokadę morską użyciem okrętów podwodnych. Atakowały one statki handlowe i pasażerskie zmierzające do portów brytyjskich oraz francuskich. W maju 1915 r. niemiecki okręt podwodny (niem. *U-Boot*) storpedował u wybrzeży Irlandii **transatlantyk Lusitania**. Zginęło wówczas 1199 osób, w tym 124 obywateli amerykańskich. Zatopienie Lusitanii oraz nasilające się ataki na nieuzbrojone jednostki handlowe i pasażerskie wywołały powszechne oburzenie Amerykanów. Coraz częściej postulowano konieczność przystąpienia USA do wojny po stronie aliantów. Jednak wśród Amerykanów wciąż silne były również nastroje izolacjonistyczne. W 1916 r. prezydent **Thomas Woodrow Wilson** uzyskał reelekcję dzięki głoszonym podczas kampanii wyborczej hasłom neutralności Stanów Zjednoczonych w toczącym się konflikcie. Mimo to po ponownym objęciu urzędu prezydenckiego próbował mediować między walczącymi stronami. W styczniu 1917 r. sformułował program pokoju bez zwycięstwa, który nie został poparty przez żadną z nich. W lutym 1917 r. Niemcy rozpoczęły **nieograniczoną wojnę podwodną**, podczas której atakowano także statki pływające pod banderami państw neutralnych. W tym czasie wywiad brytyjski przejął tajny telegram dyplomatyczny skierowany do ambasadora niemieckiego w Meksyku. Znajdowała się tam propozycja zawarcia przez Rzeszę sojuszu z tym państwem, skierowanego przeciwko Stanom Zjednoczonym. Ta tzw. **depesza Zimmermanna** została przekazana ambasadorowi amerykańskiemu w Londynie, a następnie upubliczniona. Oburzenie wywołane jej treścią oraz informacje o zatopieniu statków amerykańskich doprowadziły **6 kwietnia 1917 r.** do wypowiedzenia wojny Niemcom przez Stany Zjednoczone. Wsparcie gospodarcze dla ententy oraz napływ doskonale wyposażonych oddziałów amerykańskich na front zachodni przechyliły ostatecznie szalę zwycięstwa na stronę aliantów. Wyczerpane Niemcy poprosiły o rozejm. Został on zawarty **11 listopada 1918 r.** Pertraktacje pokojowe w Wersalu prowadzono na podstawie sformułowanego jeszcze w styczniu 1918 r. tzw. **14-punktowego planu Wilsona**. Nowy ład światowy zapewnił Stanom Zjednoczonym status mocarstwa. Z peryferyjnego i prowadzącego do niedawna politykę izolacjonistyczną kraju USA zmieniły się w głównego gracza na arenie międzynarodowej. Mocarstwa europejskie (Wielka Brytania, Francja i Niemcy), wyniszczone wojną, uległy osłabieniu.

■ SZALONE LATA DWUDZIESTE

Podstawą powojennego ładu światowego stał się **traktat pokojowy**, który został podpisany **28 czerwca 1919 r.** w **Wersalu** przez państwa ententy oraz Niemcy. Ostateczny kształt nadali mu przywódcy trzech zwycięskich mocarstw: **Wielkiej Brytanii**, **Francji** i **Stanów Zjednoczonych**. Dowodem na aktywną rolę Thomasa Woodrowa Wilsona w trakcie obrad kongresu pokojowego było m.in. utworzenie z jego inicjatywy **Ligi Narodów**. Zadanie tej organizacji międzynarodowej miało polegać na niedopuszczaniu do nowych konfliktów zbrojnych. Izba Reprezentantów USA nie ratyfikowała jednak traktatu wersalskiego, a Stany Zjednoczone

WARTO WIEDZIEĆ

Liga Narodów

Główna siedziba Ligi Narodów znajdowała się w Genewie. Zbierało się tam Zgromadzenie Ogólne, skupiające przedstawicieli wszystkich państw członkowskich, a także działała Rada Ligi Narodów, złożona ze stałych delegatów wielkich mocarstw (Wielkiej Brytanii, Francji, Włoch, Japonii) oraz członków niestałych (początkowo czterech, później dziewięciu).

Liga Narodów podejmowała akcje zmierzające do zachowania pokoju, takie jak arbitraż w sporach międzypaństwowych, organizowanie konferencji rozbrojeniowych, nakładanie sankcji na państwa agresorów.

Brak odpowiednich środków nacisku, m.in. niemożność utworzenia międzynarodowych sił militarnych, sprawiał, że jej działania były nieskuteczne. Lidze nie udało się powstrzymać agresji Japonii na Chiny w 1933 r., ataku Włoch na Etiopię w 1935 r. czy napaści ZSRR na Finlandię w 1939 r. W okresie narastania napięć międzynarodowych w latach 30. XX w. z Ligi wystąpiły głoszące i stosujące politykę agresji na forum międzynarodowym: Japonia i Niemcy w 1933 r., Włochy w 1937 i ZSRR w 1939 r. Podczas II wojny światowej zawiesiła swoją działalność. Jej formalne rozwiązanie nastąpiło w 1946 r.

ŹRÓDŁA I INTERPRETACJE

14 PUNKTÓW WILSONA

Prezydent USA Thomas Woodrow Wilson w orędziu wygłoszonym 8 stycznia 1918 r. przedstawił swój plan pokojowy, liczący 14 punktów. Zgodnie z nimi powojenny ład miał zostać zbudowany na takich podstawach, które w przyszłości zapobiegłyby wybuchowi kolejnego konfliktu światowego.

Programem naszym jest program, który zapewni światu pokój; program ten — naszym zdaniem jedynie możliwy — jest następujący:

1. Jawne traktaty pokojowe, jawnie zawarte, po których nie będzie już żadnych tajnych porozumień międzynarodowych, dyplomacja zaś będzie działać zawsze szczerze i jawnie.

2. Zupełna wolność żeglugi na morzu, poza obrębem wód terytorialnych, zarówno w czasie pokoju, jak i w czasie wojny [...].

3. Zniesienie [...] wszelkich barier gospodarczych i ustanowienie równych warunków w handlu dla wszystkich narodów godzących się na pokój i jednoczących się celem jego utrzymania.

4. Wzajemna wymiana dostatecznych gwarancji, że zbrojenia każdego narodu zostaną zredukowane do minimum, które da się pogodzić z bezpieczeństwem wewnętrznym.

5. Swobodne, szczere i zupełnie bezstronne załatwienie wszystkich pretensji kolonialnych, oparte na ścisłym przestrzeganiu zasady, że przy rozstrzyganiu wszystkich tych problemów zwierzchnictwa interesy ludności miejscowej będą ważyły tyleż, co słuszne pretensje rządu, którego tytuł ma być przedmiotem decyzji. [...]

14. Winno być utworzone powszechne zrzeszenie narodów na podstawie szczegółowych umów celem udzielenia wszystkim państwom, zarówno wielkim, jak i małym, wzajemnych gwarancji niezawisłości politycznej i całości terytorialnej.

Wiek XX w źródłach, oprac. M. Sobańska-Bondaruk, S.B. Lenard, Warszawa 2002, s. 43–45.

? PRACA ZE ŹRÓDŁAMI

1. Przedstaw fundamenty programu światowego pokoju autorstwa prezydenta USA.
2. Wyjaśnij, w jaki sposób wizja pokojowego współistnienia narodów przedstawiona przez Thomasa Woodrowa Wilsona różniła się od metod stosowanych wcześniej przez mocarstwa w polityce międzynarodowej.

Greta Garbo i **Charlie Chaplin** należeli do największych gwiazd kina amerykańskiego lat 20. XIX w. Były to czasy filmu niemego. Kariera wielu aktorów załamała się wraz z nadejściem ery filmów dźwiękowych pod koniec dekady, jednak sława Garbo i Chaplina przetrwała te zmiany. Garbo urodziła się w Szwecji. Przybyła do Hollywood w 1925 r. i szybko zrobiła międzynarodową karierę jako aktorka. Chaplin pochodził z Anglii. Od 1913 r. pracował w Hollywood jako reżyser i aktor komediowy. Jest znany przede wszystkim z roli włóczęgi w meloniku. Zalicza się go do najważniejszych postaci w historii kina.

▪ *fotografie, USA, XX w.*

powróciły do polityki izolacjonizmu. Amerykanie dystansowali się wprawdzie od sytuacji w Europie, ale pozostawali wciąż aktywni w Ameryce Łacińskiej i na obszarze Oceanu Spokojnego. Rozwinięta w czasie wojny gospodarka nadal funkcjonowała pomyślnie. W latach 20. XX w. w Stanach Zjednoczonych powstawało 40% światowej produkcji przemysłowej. Statystyczny dochód na osobę wzrósł trzykrotnie, a koszty utrzymania pozostały na takim samym poziomie. Wielu Amerykanów swoje nadwyżki finansowe lokowało na giełdzie papierów wartościowych. Spekulacje finansowe pozwalały niekiedy osiągać zdumiewające zyski przy minimalnych wkładach. Dobra sytuacja gospodarcza oraz korzystanie z najnowszych osiągnięć technicznych przyczyniły się do przełomu cywilizacyjnego. W tym czasie nastąpił rozwój **kinematografii** i jej głównego ośrodka – **Hollywood**. Dynamicznie rozwijały się też radio oraz prasa, upowszechniały się motoryzacja i lotnictwo. Amerykańska **kultura masowa** rozpoczęła światową ekspansję.

■ WIELKI KRYZYS I *NEW DEAL*

Korzystny dla Stanów Zjednoczonych wynik I wojny światowej wpłynął nie tylko na wzrost ich roli politycznej, lecz także na dobrą kondycję finansową tego państwa. Kraje ententy były wierzycielami banków amerykańskich, zobowiązanymi do spłaty pożyczek zaciągniętych na prowadzenie wojny. Zamierzano przeznaczać na to środki pochodzące przede wszystkim z reparacji i odszkodowań nałożonych na Niemcy. Jednak Rzesza nie mogła podołać tak ogromnym

obciążeniom finansowym. W jej gospodarce nastąpiła zapaść związana z **hiperinflacją**. Napięta sytuacja na Starym Kontynencie wymuszała na Amerykanach rolę mediatorów – mieli uregulować coraz bardziej komplikujące się stosunki finansowe między mocarstwami europejskimi a pokonaną Rzeszą. Ostatecznie ukształtował się następujący mechanizm: banki amerykańskie udzielały kredytów i pożyczek Niemcom, dzięki czemu państwo to spłacało swoje wierzytelności Wielkiej Brytanii oraz Francji, które w efekcie mogły oddać długi zaciągnięte w czasie wojny w bankach amerykańskich. Rząd USA i tamtejsze banki udzielały też znacznych pożyczek na odbudowę krajów alianckich ze zniszczeń wojennych. Wycieńczonej Europy nie było jednak stać na dokonywanie zakupów w Stanach Zjednoczonych. Sytuacja ta prowadziła do znacznego ograniczenia rynku zbytu dla przedsiębiorstw amerykańskich oraz do odpływu kapitału z USA. Pod koniec lat 20. pojawiły się pierwsze oznaki załamania dotychczasowej koniunktury gospodarczej. Prowadzona przez rząd amerykański polityka tzw. **taniego kredytu** utwierdzała przedsiębiorców oraz zwykłych konsumentów w przekonaniu o nieograniczonych możliwościach kupowania na kredyt. Przedsiębiorcy nie orientowali się w ogólnej sytuacji gospodarczej, dlatego zwiększali produkcję, a także inwestowali na giełdzie operując w dużej mierze pożyczonymi pieniędzmi. Sztucznie wywołany popyt nie wynikał jednak z rzeczywistych możliwości rynkowych. Rozkręcona gospodarka produkowała ogromne ilości towarów, które jednakże już pod koniec lat 20. nie znajdowały nabywców

Panika na Wall Street wybuchła 24 października 1929 r. – w tzw. czarny czwartek. Tego dnia nastąpił największy giełdowy krach w historii USA. Zaniepokojeni ludzie tłoczyli się przed budynkiem nowojorskiej giełdy, chcieli się dowiedzieć, co właściwie się stało. Inni udali się do banków, aby czym prędzej wycofać swoje oszczędności.

▪ *fotografia, USA, XX w.*

i zalegały w magazynach oraz na półkach sklepowych. Inwestorzy amerykańscy, lokujący dużą część środków finansowych w przedsięwzięcia europejskie, od połowy 1928 r. przestali kupować akcje zagranicznych przedsiębiorstw oraz obligacje innych państw. Jednocześnie poczynili wzmożone inwestycje na giełdzie. Po okresie stosunkowo szybkiego wzrostu cen dóbr (tzw. boomu inwestycyjnego), **24 października 1929 r.** nastąpił **krach na giełdzie nowojorskiej**. W panice wyprzedawano papiery wartościowe. Upadła niemal połowa banków amerykańskich – w wyniku spekulacji giełdowych straciły one bowiem znaczne środki finansowe i nie były w stanie wypłacać depozytów swoim klientom. Wartość nieodzyskanych wkładów bankowych szacowano na 30 mld dol. Załamanie się systemu finansowego pociągnęło za sobą zaprzestanie produkcji oraz bankructwo przedsiębiorstw, które nie mogły uzyskać kredytów na inwestycje ani zbyć wytworzonych wcześniej dóbr. Na skutek powiązań gospodarczych między Stanami Zjednoczonymi a Europą i innymi kontynentami ten największy w historii kryzys ekonomiczny, zwany **wielkim kryzysem**, dotknął mieszkańców wszystkich państw kapitalistycznych. Miliony ludzi straciły pracę i musiały zrezygnować z mieszkań. Wokół kwitnących dotąd miast powstawały osiedla biedy.

W 1932 r. w wyborach prezydenckich zwyciężył **Franklin Delano Roosevelt**, głoszący hasła **Nowego ładu** (ang. *New Deal*) w polityce gospodarczej. W programie tym, określanym mianem **interwencjonizmu**, kładziono nacisk na większą niż do tej pory ingerencję państwa w stosunki ekonomiczne. Nowy prezydent doprowadził do uporządkowania sektora bankowego, odrzucił bezwzględną wymienialność dolara na złoto, a także wprowadził szeroki program robót publicznych oraz pomocy społecznej dla najbiedniejszych członków społeczeństwa. Działania te przyczyniły się do odbudowy przedsiębiorstw, ożywienia rolnictwa i zmniejszenia bezrobocia.

■ OD IZOLACJONIZMU DO ZAANGAŻOWANIA

W społeczeństwie amerykańskim popularnością cieszyły się hasła izolacjonizmu. Mimo to Stany Zjednoczone nie pozostały obojętne na sprawy polityki globalnej.

– FRANKLIN DELANO ROOSEVELT –
1882–1945

Był 32. prezydentem Stanów Zjednoczonych. Jako jedyny sprawował tę funkcję czterokrotnie, w latach 1933–1945. Jego prezydentura przypadła na czasy wielkiego kryzysu i II wojny światowej. Aby uporać się z problemami gospodarczymi, Roosevelt znacznie zwiększył uprawnienia rządu. Realizował serię reform w ramach programu Nowego Ładu. Był zwolennikiem przełamania polityki izolacjonizmu i większego zaangażowania USA w sprawy międzynarodowe. Uznał rząd ZSRR i nawiązał z nim stosunki dyplomatyczne. Zmierzał do współpracy z państwami Ameryki Łacińskiej, co wyrażało się w tzw. polityce dobrego sąsiedztwa. Z powodu postępującego paraliżu od 1921 r. poruszał się na wózku inwalidzkim.

W Europie od początku lat 30. XX w. nasilał się konflikt pomiędzy państwami demokratycznymi a totalitarnymi (III Rzeszą oraz ZSRR). Na Dalekim Wschodzie Japonia w 1937 r. zaatakowała Chiny i rozpoczęła ekspansję zagrażającą interesom amerykańskim w rejonie Pacyfiku. Sytuacja ta zmusiła Stany Zjednoczone do nawiązania stosunków dyplomatycznych z ZSRR, który w Waszyngtonie zaczęto postrzegać jako przeciwwagę dla rosnących wpływów japońskich. Gdy we wrześniu 1939 r. w Europie wybuchła wojna pomiędzy III Rzeszą i Związkiem Radzieckim a osamotnioną Polską, wspieraną tylko formalnie przez Francję oraz Wielką Brytanię, Amerykanie ogłosili wprawdzie swoją neutralność, jednak równocześnie rozpoczęli wzmożone przygotowania do działań wojennych. Zawarli wiele umów z Wielką Brytanią, Kanadą, Danią kontrolującą Grenlandię oraz Islandią. Porozumienia te umożliwiły im zakładanie baz morskich na terytoriach tych krajów. Od 1941 r. realizowali program *lend-lease* – wspierali finansowo i poprzez dostawy m.in. sprzętu wojskowego Brytyjczyków, walczących już wówczas z Niemcami. Zgodnie ze słowami Roosevelta, Stany Zjednoczone miały stać się dla świata *arsenałem demokracji*.

ĆWICZENIA

1. Wymień przyczyny dynamicznego rozwoju gospodarczego USA pod koniec XIX i na początku XX w.
2. Przedstaw polityczne i ekonomiczne konsekwencje I wojny światowej dla Stanów Zjednoczonych.
3. Wskaż główne cele oraz kierunki polityki zagranicznej USA u progu II wojny światowej.

2 STANY ZJEDNOCZONE DEMOKRATYCZNYM SUPERMOCARSTWEM

ZANIM POZNASZ NOWY TEMAT

1. Określ rolę USA w gospodarce światowej pierwszej połowy XX w.
2. Przypomnij, jakie znaczenie dla pozycji międzynarodowej Stanów Zjednoczonych miała I wojna światowa.

■ II WOJNA ŚWIATOWA

Wybuch wojny w Europie wpłynął na pobudzenie rozwoju gospodarki USA. Amerykańskie dostawy sprzętu, żywności i surowców dla walczących z Niemcami aliantów pozwoliły opanować ostatnie symptomy wielkiego kryzysu. **7 grudnia 1941 r.** lotnictwo japońskie przeprowadziło niespodziewany atak bombowy na amerykańską bazę wojskową w **Pearl Harbor** na Hawajach. W tej sytuacji Amerykanie musieli odrzucić zasadę formalnej neutralności i USA oficjalnie przystąpiły do wojny przeciwko Japonii. Oznaczało to również, że znalazły się w stanie wojny z pozostałymi **państwami osi**: III Rzeszą oraz Włochami. Z Japończykami wojska amerykańskie walczyły na Pacyfiku i Dalekim Wschodzie, a z Niemcami oraz Włochami – w Afryce i Europie.

Potencjał ekonomiczny USA miał bardzo duży wpływ na skuteczność działań militarnych podejmowanych

przez aliantów. W latach 1941–1945 Amerykanie wydali na cele związane z wojną ponad 321 mld dol. Dochód narodowy USA wzrósł w tym czasie dwukrotnie, zwiększył się również poziom zatrudnienia. Dzięki amerykańskiej pomocy, świadczonej poprzez wdrażanie programu *lend-lease*, sojusznicy USA – Wielka Brytania, ZSRR i Chiny – mogli skuteczniej stawiać opór agresorom.

Wojna wymuszała także postęp w dziedzinie technologii militarnej. Amerykanie wyprzedzili pod tym względem Rosjan i mieszkańców krajów zachodnioeuropejskich. W końcowej fazie konfliktu dysponowali najbardziej śmiercionośnym orężem w historii – **bronią jądrową**. W efekcie tych wszystkich czynników powtórzyła się sytuacja z końca I wojny światowej – w 1945 r. Stany Zjednoczone ponownie współdecydowały o kształcie ładu politycznego w powojennym świecie. Tym razem jednak wraz z demokratyczną Ameryką problemy te rozstrzygał totalitarny Związek Radziecki. Stare mocarstwa, Francja i Wielka Brytania, utraciły swoją pozycję. Powstał **układ dwubiegunowy**, w którym czołową rolę zaczęły odgrywać dwa **supermocarstwa**: **Stany Zjednoczone** oraz **ZSRR**.

■ PLAN MARSHALLA

Na skutek działań wojennych w krajach europejskich zginęły dziesiątki milionów ludzi, a gospodarki tych państw popadły w ruinę. Bezprecedensowe straty demograficzne nie dawały nadziei na szybką i sprawną rekonstrukcję systemu ekonomicznego. Ponadto po pokonaniu nazistowskich Niemiec osłabiona Europa mogła stać się celem innego totalitarnego państwa – stalinowskiego ZSRR. W latach 1945–1948 radzieckiemu dyktatorowi została bezpośrednio podporządkowana

Atak na Pearl Harbor został dokładnie zaplanowany przez dowództwo japońskie. Aby maksymalnie zaskoczyć przeciwników, przeprowadzono go w niedzielę rano. Załoga portu nie zachowała należytej czujności. Zakotwiczone w nim okręty stały się łatwymi celami dla samolotów wroga.

■ *fotografia, USA, XX w.*

środkowa i wschodnia część kontynentu. Partie komunistyczne miały bardzo silne wpływy także w niektórych krajach zachodnio- i południowoeuropejskich, przede wszystkim we Francji, Włoszech oraz w Grecji.

Rozszerzające się wpływy komunizmu w Europie, a także ekspansja ZSRR na Dalekim Wschodzie i popieranie przez Stalina tamtejszych ruchów komunistycznych (m.in. w Chinach oraz Korei) zaniepokoiły Amerykanów. **Harry Truman**, następca Roosevelta, rozpoczął wdrażanie polityki ograniczania wpływów komunistycznych na świecie, zwanej **doktryną powstrzymywania**. Jednym z jej elementów było wzmocnienie siły gospodarczej Europy. Zgodnie z założeniami działania te, ukierunkowane na poprawę warunków życia w krajach europejskich, miały zniwelować zagrożenie przejęcia władzy przez lokalne partie komunistyczne. Plan ekonomicznego wsparcia Europy opracował **George Marshall**, sekretarz stanu USA. Zamierzano udzielić pomocy wszystkim państwom europejskim. Jednak rządy krajów zdominowanych przez ZSRR odmówiły jej przyjęcia. W latach **1948–1951** do państw Europy Zachodniej trafiło ok. 13 mld dol. To wsparcie finansowe było bezzwrotne. Realizacja planu Marshalla wpłynęła pobudzająco na gospodarki krajów, które zostały nim objęte.

HARRY TRUMAN
1884–1972

Był politykiem i prezydentem amerykańskim. Walczył w I wojnie światowej. Po jej zakończeniu podjął nieudaną próbę działalności gospodarczej. Od 1922 r. sprawował funkcję sędziego hrabstwa w Missouri. W 1934 r. został wybrany na senatora z ramienia partii demokratycznej. W swoich wypowiedziach atakował zachłanność korporacji i ostrzegał przed spekulantami z Wall Street. W czasie II wojny światowej badał nadużycia finansowe w armii. W styczniu 1945 r. mianowano go wiceprezydentem, a 12 kwietnia, po śmierci Franklina Delano Roosevelta, zaprzysiężono na prezydenta. Podjął decyzję o użyciu broni atomowej, które przyczyniło się do kapitulacji Japonii. Był zwolennikiem utworzenia ONZ oraz NATO. Przypisuje się mu autorstwo tzw. doktryny Trumana, która dotyczyła przeciwdziałania wzrostowi wpływów ZSRR oraz popierania krajów antykomunistycznych. Truman sprawował urząd prezydencki do 1953 r. Jego wspomnienia okazały się bestsellerem.

■ Kryzys kubański

W pierwszej połowie XX w. jednym z państw najbardziej uzależnionych od USA była Kuba. Autorytarne i skorumpowane rządy Fulgencia Batisty, sprawowane z użyciem wojska oraz policji, doprowadziły tam do wybuchu rewolucji. Na jej czele stanął Fidel Castro. Dyktatura została obalona w 1959 r., a Castro rozpoczął radykalne reformy społeczne. Działania te zyskały poparcie ZSRR. Kubę stopniowo przekształcono w kraj komunistyczny. Amerykańskie tajne służby usiłowały wyeliminować Castro, ale wszystkie zamachy na jego życie zakończyły się niepowodzeniem. W tym samym czasie zwiększono wymiar radzieckiej pomocy wojskowej udzielanej Kubie. W 1962 r. na wyspie zamierzano zamontować radzieckie rakiety, czemu ostro sprzeciwili się Amerykanie. W dniach 15–28 października 1962 r. doszło do tzw. kryzysu kubańskiego, podczas którego oba supermocarstwa znalazły się na skraju wojny jądrowej. Ostatecznie Rosjanie wycofali się z instalacji broni rakietowej na Kubie, a Amerykanie zobowiązali się do uznania rządu komunistycznego w Hawanie i nieingerowania w sprawy wewnętrzne Kuby.

Fidel Castro zdobył władzę na Kubie dzięki szerokiemu poparciu społecznemu. Obiecał, że przywróci konstytucję z 1940 r., zorganizuje uczciwą administrację, wprowadzi wolności społeczne i polityczne oraz umiarkowane reformy. Jednak kiedy przejął rządy, jego polityka zradykalizowała się – Castro wywłaszczył przedsiębiorców amerykańskich, znacjonalizował handel i przemysł, a także zwrócił się ku ZSRR. W 1961 r. USA zerwały stosunki dyplomatyczne z Kubą.

■ *fotografia, Kuba, XX w.*

? Dlaczego Amerykanie sprzeciwiali się rządom Fidela Castro na Kubie?

■ RYWALIZACJA SUPERMOCARSTW

Agresywna polityka ZSRR godziła w bezpieczeństwo demokracji zachodnioeuropejskich. Napięcia pomiędzy niedawnymi sojusznikami koalicji antyhitlerowskiej przyczyniły się do powstania na terenie okupowanych po wojnie Niemiec dwóch państw niemieckich. W **1949 r.** utworzono podporządkowaną ZSRR **Niemiecką Republikę Demokratyczną** oraz sprzymierzoną z USA **Republikę Federalną Niemiec**. W tej sytuacji nie mogło również dojść do podpisania zapowiadanego od 1945 r. traktatu pokojowego z Niemcami. Rozpoczęła się **zimna wojna**, podczas której Amerykanie i Sowieci (oraz ich sojusznicy), liczący się z możliwością nowego konfliktu militarnego – III wojny światowej, toczyli ze sobą walkę gospodarczą, ideologiczną i propagandową, a jednocześnie prowadzili intensywny wyścig zbrojeń. Stary Kontynent został przedzielony **żelazną kurtyną**. Po jej wschodniej stronie znalazły się kraje, w których władzę objęły partie komunistyczne, po zachodniej zaś – państwa demokratyczne.

W krajach Zachodu z uwagi na zagrożenie radzieckie rozpoczęto procesy integracji zarówno gospodarek, jak i systemów obronnych. W **1949 r.** państwa Europy Zachodniej, USA oraz Kanada zawarły sojusz obronny zwany **Organizacją Traktatu Północnoatlantyckiego (NATO)**. Wiodącą rolę w tym porozumieniu odgrywały Stany Zjednoczone, mające największy potencjał gospodarczy i militarny. Na mocy postanowień sojuszniczych rządy państw zachodnioeuropejskich zgodziły się na stacjonowanie na ich terytoriach wojsk amerykańskich. Siły USA równoważyły potencjał militarny ZSRR i krajów demokracji ludowej. W okresie zimnej wojny stały się gwarantem bezpieczeństwa Europy Zachodniej.

■ STANY ZJEDNOCZONE WOBEC AMERYKI ŁACIŃSKIEJ I AZJI

Zasada wypierania wpływów komunistycznych z różnych rejonów świata stała się głównym założeniem polityki zagranicznej USA w okresie zimnej wojny. Ta wielopłaszczyznowa aktywność była prowadzona zarówno z pomocą dyplomacji oraz sił zbrojnych, jak i tajnych służb.

Podczas zmagań z systemem komunistycznym Amerykanie nierzadko stosowali metody niespełniające standardów demokratycznych. Na terenie Ameryki Łacińskiej udzielali wsparcia materialnego dyktaturom łamiącym prawa człowieka (m.in. w Gwatemali, Paragwaju, Argentynie, Chile i na Haiti), a także szkolili oddziały wojskowe bezwzględnie zwalczające prokomunistyczną partyzantkę oraz dopuszczające się zbrodni wojennych na cywilach.

Popieranie przez rządy USA systemów niedemokratycznych w krajach latynoskich rozbudzało wśród tamtejszych społeczeństw coraz silniejsze nastroje antyamerykańskie. Z tego względu w Waszyngtonie skorygowano taktykę stosowaną wobec państw Ameryki Łacińskiej. W 1961 r. Amerykanie postanowili udzielić tym krajom pomocy ekonomicznej. Głównym celem ich programu, znanego jako **Sojusz dla Postępu**, było ograniczenie wpływu haseł rewolucyjnych poprzez stopniowe likwidowanie nierówności społecznych, eliminację powszechnego ubóstwa oraz poprawę kondycji ekonomicznej mieszkańców.

Prowadzona przez Stany Zjednoczone polityka zwalczania wpływów komunistycznych niekiedy przekształcała się w zaangażowanie zbrojne. Po raz pierwszy doszło do tego już w czasie **wojny koreańskiej**

Podpisanie Traktatu Północnoatlantyckiego odbyło się 4 kwietnia 1949 r. w Waszyngtonie. Podpisy pod dokumentem złożyli przedstawiciele: Belgii, Kanady, Danii, Francji, Islandii, Włoch, Luksemburga, Holandii, Norwegii, Portugalii, Wielkiej Brytanii i USA.

■ fotografia, USA, 1949 r.

Marines, czyli żołnierze Korpusu Piechoty Morskiej Stanów Zjednoczonych, zyskali sławę podczas wojny koreańskiej, która pozostała nierozstrzygnięta. Wojska ONZ zmierzyły się w niej z siłami północnokoreańskimi wspieranymi przez komunistyczne Chiny.

■ fotografia, Korea, XX w.

(1950–1953 r.). W prowadzonej pod patronatem ONZ operacji militarnej mającej odeprzeć komunistyczną agresję na Koreę Południową największy kontyngent wojskowy wysłali Amerykanie.

Na początku lat 60. doszło również do **interwencji militarnej USA w Wietnamie**, od czasów II wojny światowej pozostającym w strefie zainteresowania ZSRR. Po zniesieniu francuskich rządów kolonialnych państwo to było podzielone na komunistyczną **Demokratyczną Republikę Wietnamu** (na północy) oraz związaną sojuszem z USA **Republikę Wietnamu** (na południu). Amerykanie postanowili udzielić pomocy rządowi południowowietnamskiemu. Przekazali mu sprzęt i wysłali do niego doradców wojskowych. Od 1963 r. do Wietnamu trafiały regularne oddziały armii amerykańskiej. Z uwagi na trudny teren walk oraz zacieкły opór wspieranej przez miejscową ludność partyzantki komunistycznej (**Wietkongu**) Amerykanie zdecydowali się użyć bomb zapalających (przede wszystkim **napalmu**) i środków chemicznych. Broń ta spowodowała śmierć bądź nieuleczalne choroby tysięcy cywilnych mieszkańców Wietnamu. Chociaż Amerykanie mieli ogromną przewagę techniczną, nie potrafili szybko doprowadzić do zwycięstwa. Tymczasem do opinii publicznej coraz częściej docierały wiadomości o niewinnych ofiarach tego konfliktu. Wywołało to masowe protesty społeczne w Stanach Zjednoczonych. W konsekwencji w 1973 r. rząd w Waszyngtonie wycofał się z wojny i w ten sposób umożliwił zwycięstwo Wietnamu Północnego.

■ OD ODPRĘŻENIA DO „GWIEZDNYCH WOJEN"

W latach 70. XX w. rywalizacja USA i ZSRR nieco osłabła, jednak nie wiązało się to z zahamowaniem zwiększania potencjału militarnego. Siły zbrojne obu stron nadal były wzmacniane, a pierwsze próby ograniczenia zbrojeń dotyczyły przede wszystkim arsenałów jądrowych.

W okresie tego tzw. odprężenia wzrosło znaczenie Chińskiej Republiki Ludowej. Chińczycy rozpoczęli rywalizację ideologiczną z Rosjanami, mającą doprowadzić do zdobycia przywództwa w świecie komunistycznym. Amerykanie wykorzystali tę okazję i w 1972 r. nawiązali stosunki dyplomatyczne z rządem komunistycznym w Pekinie. Ani USA, ani ZSRR nie zarzuciły aktywności ukierunkowanej na eliminację wpływów konkurenta w innych częściach świata. Sowieci popierali wszelkie ruchy rewolucyjne, najczęściej o orientacji marksistowskiej, w Afryce (Angoli, Mozambiku)

CIEKAWOSTKA

„Gorąca linia"

Zainstalowana po kryzysie kubańskim tzw. gorąca linia umożliwiała przywódcom USA i ZSRR prowadzenie bezpośrednich rozmów w razie nagłego kryzysu międzynarodowego. Początkowo kontaktowali się oni za pomocą dalekopisów, jednak z czasem urządzenia te zastąpiono telefonami. Ustanowienie bezpośredniej łączności telefonicznej między Białym Domem a Kremlem było przejawem odprężenia w relacjach między supermocarstwami, a „gorąca linia" stała się jednym z najbardziej charakterystycznych symboli zimnej wojny.

---

i Ameryce Łacińskiej (Nikaragui), a Amerykanie udzielali pomocy materialnej wszystkim siłom antykomunistycznym. Sformułowana w ZSRR tzw. **doktryna Breżniewa**, przyznająca państwom socjalistycznym prawo do zbrojnej interwencji w razie zagrożenia dla ustroju komunistycznego w jednym z nich, stanowiła ideologiczne uzasadnienie dla stłumienia w 1968 r. przez wojska Układu Warszawskiego „praskiej wiosny" w Czechosłowacji. Zarówno pacyfikacja tego kraju, jak i radziecka interwencja zbrojna w 1979 r. w Afganistanie, gdzie wcześniej doszło do komunistycznego zamachu stanu, budziły w Amerykanach coraz większe wątpliwości, czy normalizacja stosunków z Sowietami jest możliwa.

Kurs wobec ZSRR zdecydowanie zaostrzył się w **1981 r.**, kiedy to prezydentem USA został republikanin **Ronald Reagan**. Nowy gospodarz Białego Domu w swoich wystąpieniach porównywał Związek Radziecki do „imperium zła". Podjęty przez Amerykanów program zaawansowanych technologicznie zbrojeń, mających służyć do obrony przed radzieckim atakiem rakietowym, określano wówczas mianem „**gwiezdnych wojen**".

Inicjatywa Obrony Strategicznej (SDI) była amerykańskim programem obrony na wypadek ataku jądrowego ze strony ZSRR. Zainicjował ją Ronald Reagan podczas przemówienia na antenie telewizyjnej 23 marca 1983 r. Określenie tego programu mianem „gwiezdnych wojen" stanowiło nawiązanie do sagi filmów *science fiction* pod tym samym tytułem.

■ *fotografia, USA, XX w.*

W tym czasie USA udzieliły pomocy walczącym w Afganistanie bojownikom islamskim (mudżahedinom). Na znaczne wsparcie ze strony Amerykanów mogli liczyć również członkowie partyzantki antykomunistycznej w Nikaragui (Contras). W Polsce administracja amerykańska wspierała opozycję skupioną wokół NSZZ „Solidarność".

Dzięki wykorzystaniu przez USA nowoczesnych technologii doszło do znacznych przeobrażeń w produkcji zbrojeniowej. W gospodarkach krajów zachodnich kładziono coraz większy nacisk na innowacyjność, informatyzację i automatyzację produkcji – w przeciwieństwie do anachronicznej gospodarki ZSRR, w której wciąż dominował przemysł ciężki, a miarą postępu ekonomicznego był np. poziom produkcji stali. ZSRR, podobnie jak uzależnione od niego kraje demokracji ludowej, nie nadążał za rozwojem nowych technologii. Niewydolna gospodarka radziecka nie była w stanie wytrzymać wyścigu zbrojeń oraz finansować przedłużającego się konfliktu w Afganistanie, angażującego duże i kosztowne siły wojskowe.

Potencjał ekonomiczny wybranych krajów pod koniec XX wieku

Kraj	Miliardy $	USA = 100
USA	8880	100
Japonia	3190	35,9
Niemcy	1929	21,7
Francja	1148	15,2
Włochy	1267	14,3
Wielka Brytania	1321	14,8
Rosja	1023	11,5
Chińska Republika Ludowa	4387	49,4

W. Roszkowski, *Półwiecze. Historia polityczna świata po 1945 roku*, Warszawa 2001, s. 474.

W 1985 r. nowym przywódcą ZSRR został **Michaił Gorbaczow**. Podjęte przez niego próby zreformowania państwa sowieckiego – zarówno w dziedzinie politycznej, jak i ekonomicznej – zakończyły się fiaskiem. W krajach bloku komunistycznego dotychczasowy system polityczny zaczął się chwiać. W 1989 r. załamaniu uległy rządy komunistyczne w państwach Europy Wschodniej. Rozpoczęty w Polsce demontaż komunizmu, zwany **Jesienią Narodów**, miał pokojowy charakter we wszystkich krajach bloku wschodniego z wyjątkiem Rumunii. Symbolem końca zimnej wojny w Europie stało się obalenie muru berlińskiego. W 1990 r. na mocy porozumień międzynarodowych doszło do zjednoczenia Niemiec. ZSRR, borykający się z coraz większymi problemami gospodarczymi i targany konfliktami narodowościowymi, rozpadł się w 1991 r.

CIEKAWOSTKA

Mur berliński

Linie podziału świata na dwa rywalizujące ze sobą obozy często nie odpowiadały uwarunkowaniom historycznym, kulturowym czy gospodarczym. W efekcie zimnej wojny powstały dwa państwa niemieckie oraz doszło do trwałego podziału Korei. Symbolem tamtych czasów stał się Berlin. W latach 1961–1989 przez środek niemieckiej stolicy przebiegał mur o długości 156 km, dzielący na dwie części tę zamieszkiwaną przez ponad 3 mln ludzi metropolię.

Mur berliński wybudowano, aby powstrzymać emigrację obywateli z NRD do RFN. Od 1946 r. Niemcy wschodnie opuściło ok. 2,5 mln mieszkańców. W okresie istnienia muru 191 osób straciło życie podczas próby jego pokonania. Otwarcie granic nastąpiło w listopadzie 1989 r., po odsunięciu komunistów od władzy.

▪ *fotografia, Niemcy, XX w.*

Dolina Krzemowa to region przemysłowy położony nad Zatoką San Francisco w Kalifornii. Od lat 50. XX w. stanowi ona centrum amerykańskiego przemysłu nowych technologii, zwłaszcza komputerowego. Swoje siedziby mają w niej m.in. Apple, Intel i Google. Wiele regionów na świecie próbowało bez powodzenia powtórzyć sukces Doliny Krzemowej.

▪ *fotografia współczesna, USA.*

— ŹRÓDŁA I INTERPRETACJE —

WIEK AMERYKI

Bill Clinton, prezydent USA, w przemówieniu wygłoszonym 20 stycznia 1997 r. podczas inauguracji
drugiej kadencji odniósł się do roli, jaką Stany Zjednoczone odegrały w ciągu całego XX w.

Upływające stulecie było Wiekiem Ameryki. A był to wiek zaiste niezwykły. Ameryka stała się największą potęgą przemysłową świata, w dwóch wojnach światowych i długiej zimnej wojnie uratowała świat od tyranii, a potem raz po raz wyciągała rękę do tych milionów na całym ziemskim globie, które podobnie jak my łaknęły błogosławieństwa wolności. [...] Ameryka wyróżnia się jako kraj, bez którego świat nie może się obejść. Nasza gospodarka nie ma sobie równych. [...] Świat nie jest już podzielony na dwa wrogie obozy. Zamiast tego umacniamy więzi z naszymi niegdysiejszymi przeciwnikami. Rosnące powiązania handlowe i kulturowe dają nam szansę poprawienia losu narodów na całym świecie i podniesienia ich na duchu. Po raz pierwszy w dziejach naszej planety więcej ludzi żyje pod rządami demokracji niż dyktatury.

A. Czubiński, *Historia powszechna XX wieku*, Poznań 2006, s. 685.

❓ PRACA ZE ŹRÓDŁAMI

1. Wyjaśnij, w jaki sposób Bill Clinton uzasadnił tezę, że XX w. był *Wiekiem Ameryki*.
2. Rozstrzygnij, czy Amerykanie zawsze kierowali się w swoich działaniach potrzebą ratowania świata od tyranii.

■ „ŻANDARM ŚWIATA"

Upadek ZSRR doprowadził do sytuacji międzynarodowej całkowicie odmiennej od dotychczasowych. Zniknęło zagrożenie związane z możliwym wybuchem konfliktu pomiędzy supermocarstwami, zażegnana została groźba zagłady nuklearnej. Pod koniec XX w. USA znacznie wyprzedziły pod względem potencjału militarnego oraz ekonomicznego inne kraje pretendujące do statusu mocarstwa. Stany Zjednoczone stały się jedynym państwem zdolnym do skutecznej interwencji politycznej lub militarnej w razie zagrożenia pokoju i bezpieczeństwa. Stawiało je to w roli swoistego „żandarma świata", czyli strażnika ładu światowego oraz arbitra w sporach międzynarodowych. W latach 90. XX w. Amerykanie i ich zachodnioeuropejscy sojusznicy z NATO wielokrotnie uczestniczyli w akcjach zbrojnych mających na celu eliminowanie konfliktów lokalnych oraz stabilizowanie sytuacji politycznej w poszczególnych rejonach świata. Wzięli udział m.in.

Operacja Pustynna burza była zbrojną odpowiedzią koalicji pod przewodnictwem Stanów Zjednoczonych na atak Iraku na Kuwejt – wydarzenie, które zapoczątkowało I wojnę w Zatoce Perskiej. Jej najważniejszy element stanowiła kampania powietrzna. Samoloty zrzuciły na Irak tony bomb i w dużym stopniu zniszczyły tamtejszą infrastrukturę wojskową oraz cywilną.
■ *fotografia, USA, XX w.*

Protesty przeciwko interwencji NATO podczas konfliktu w Kosowie odbyły się w wielu krajach na świecie. W marcu 1999 r. siły sojuszu przeprowadziły operację lotniczą na terenie Jugosławii, mającą zakończyć czystki etniczne w Kosowie. Posunięcie to wzbudziło wiele kontrowersji – podczas nalotów zginęło bowiem wielu cywilów.
■ *fotografia, Jugosławia, XX w.*

w I wojnie w Zatoce Perskiej (1990–1991 r.) oraz przeprowadzili naloty na Serbię w trakcie konfliktu w Kosowie (1999 r.). W działania mające na celu zażegnanie najbardziej niebezpiecznych konfliktów angażowała się również dyplomacja Stanów Zjednoczonych. Przyczyniła się ona m.in. do podpisania porozumienia pomiędzy Izraelczykami a Palestyńczykami (1993 r.) oraz zakończenia wojny na terenie byłej Jugosławii (1995 r.).

Jednak rola „światowego policjanta" stała się wielkim obciążeniem dla budżetu USA. Interwencje zbrojne oraz utrzymanie baz wojskowych w różnych rejonach świata pochłaniały gigantyczne sumy. Tymczasem gospodarka amerykańska na przełomie XX i XXI w. nie rozwijała się już tak dynamicznie jak wcześniej. Wzrosło zadłużenie, nastąpiło spowolnienie produkcji oraz rozwoju nowych technologii, które dotąd były podstawą sukcesu ekonomiki amerykańskiej.

■ WYZWANIA GEOPOLITYCZNE W XXI WIEKU

Zniesienie podziału świata pomiędzy dwa zwalczające się nawzajem obozy polityczne otworzyło w stosunkach międzynarodowych perspektywy rozwoju **systemu wielobiegunowego**. Obok Stanów Zjednoczonych, które wciąż mają największy potencjał gospodarczy, pojawili się potężni konkurenci.

W Europie po 1989 r. nasiliły się procesy integracyjne – zarówno w dziedzinie gospodarczej, jak i politycznej. Z uwagi na coraz bardziej dynamiczny rozwój krajów Dalekiego Wschodu jednym z czynników warunkujących konkurencyjność gospodarek poszczególnych państw Starego Kontynentu stało się prowadzenie przez nie wspólnej polityki ekonomicznej w obrębie **Unii Europejskiej**.

W pozostających pod rządami partii komunistycznej Chinach w latach 80. XX w. wdrożono zmiany w zakresie stosunków gospodarczych i mechanizmy wolnego rynku. Dzięki potencjałowi demograficznemu oraz wynikającym z niego niskim kosztom pracy Państwo Środka stało się największym producentem wszelkich towarów.

Organizacje terrorystyczne stanowią zagrożenie dla stabilności politycznej w wielu regionach świata (m.in. na Bliskim Wschodzie i w Afryce). Islamiści próbujący stworzyć państwo islamskie w latach 90. XX w. przejściowo opanowali Afganistan, a po 2013 r. przejęli kontrolę nad częścią Syrii oraz Iraku.

■ *fotografia, Syria, 2014 r.*

Przez cały okres powojenny prężnie rozwijała się też Japonia. Mimo klęski w II wojnie światowej i okupacji przez USA Kraj Kwitnącej Wiśni, będący przyczółkiem amerykańskich interesów geopolitycznych na Dalekim Wschodzie, systematycznie odbudowywał swoją gospodarkę. Japończycy wyspecjalizowali się w produkcji zaawansowanej technologicznie. Równie dynamicznie rozwijały się w tym regionie inne państwa sojusznicze USA: Korea Południowa i Tajwan.

Niemal wszystkie państwa wysoko rozwinięte są położone na półkuli północnej. To tam powstaje większość towarów wyprodukowanych na świecie i funkcjonują najważniejsze instytucje finansowe. Czynniki te warunkują wysoki standard życia mieszkańców „**bogatej Północy**". Tymczasem na południu globu (w dużej części Afryki, Azji oraz Ameryki Południowej) ludność – mimo znacznego potencjału demograficznego – często funkcjonuje na granicy minimum egzystencji. Sytuacja ta powoduje migracje mieszkańców krajów „**biednego Południa**" do państw Europy oraz Ameryki Północnej. Ten coraz silniej zarysowujący się podział powoli staje się jednym z głównych wyzwań XXI w.

ĆWICZENIA

1. Wymień przyczyny wzrostu znaczenia USA na arenie międzynarodowej po 1945 r.
2. Przedstaw główne założenia doktryny powstrzymywania i podaj przykłady jej zastosowania w praktyce.
3. Oceń wpływ polityki Ronalda Reagana na przebieg rywalizacji amerykańsko-radzieckiej.
4. Omów rolę Stanów Zjednoczonych jako „żandarma świata".

3 KRES IMPERIÓW KOLONIALNYCH

ZANIM POZNASZ NOWY TEMAT

1. Wymień nazwy krajów, w których europejskie mocarstwa kolonialne poniosły klęskę.
2. Podaj nazwę państwa określanego w przeszłości mianem „imperium, nad którym nigdy nie zachodzi słońce".

■ OSŁABIENIE POZYCJI EUROPY

Koniec I wojny światowej pociągnął za sobą zmianę układu sił na świecie. Czteroletnie zmagania nie tylko doprowadziły do klęski Niemiec i upadku caratu w Rosji, lecz także nadwerężyły siły Wielkiej Brytanii oraz Francji. Jednocześnie wzrosło znaczenie potęg pozaeuropejskich: Stanów Zjednoczonych i (w mniejszym stopniu) Japonii. Zmiany te wpłynęły na osłabienie pozycji Europy. Główny ciężar polityki światowej stopniowo przesuwał się poza Stary Kontynent. Stworzony przez dwa zwycięskie mocarstwa europejskie powojenny ład wersalski przetrwał zaledwie dwie dekady i nie uchronił świata przed kolejnym globalnym konfliktem.

II wojnę światową toczono w latach 1939–1945 głównie na kontynencie europejskim, który w związku z tym został najbardziej spustoszony. Konsekwencją tego było dalsze osłabienie państw europejskich, w tym również mocarstw kolonialnych. Towarzyszył mu wzrost potęgi Stanów Zjednoczonych i drugiego głównego zwycięzcy tej wojny – ZSRR.

Obydwa światowe konflikty miały też ogromny wpływ na przemiany społeczne w posiadłościach kolonialnych. Wielu mieszkańców Afryki, zasilających podczas tych wojen szeregi armii europejskich, z zaskoczeniem przyjęło to, że Europejczycy – traktowani przez nich dotąd jako jednolita obca siła – walczą między sobą. Ponadto kosztowne działania militarne zmuszały do racjonalnej eksploatacji zasobów przywożonych z kolonii, a obawa przed wybuchem niepokojów wśród rdzennej ludności pociągała za sobą liczne ustępstwa, m.in. poszerzanie kompetencji samorządów kolonii. W czasie japońskiej okupacji posiadłości brytyjskich i holenderskich na Dalekim Wschodzie ukształtowały się silne ruchy polityczne, których celem stała się walka o wyzwolenie

---

ŹRÓDŁA I INTERPRETACJE

POCZĄTEK KOŃCA KOLONIALIZMU

Publicysta Ryszard Kapuściński w książce *Heban* przedstawił ogarniętą ruchami wyzwoleńczymi Afrykę z przełomu lat 50. i 60. XX w. Źródeł procesów dekolonizacyjnych oraz emancypacyjnych wśród Afrykanów dopatrywał się w II wojnie światowej.

W momencie, w którym wybuchła II wojna światowa, kolonializm przeżywał apogeum. Jednakże przebieg tej wojny, jej symboliczna wymowa w rzeczywistości zapoczątkowały klęskę i koniec tego systemu. [...] I nagle Afrykanie, których werbowano do armii brytyjskiej i francuskiej, widzą, że w tej wojnie, w której uczestniczą w Europie, Biały bije Białego, że strzelają do siebie, że jedni drugim burzą miasta. Jest to rewolucja, zaskoczenie, szok. Żołnierze afrykańscy w armii francuskiej widzą, że ich władczyni kolonialna – Francja – jest
pokonana i podbita. Żołnierze afrykańscy w armii brytyjskiej widzą, jak stolica imperium – Londyn – jest bombardowana, widzą Białych ogarniętych paniką, Białych, którzy uciekają, o coś proszą, płaczą. Widzą Białych obdartych, głodnych, wołających o chleb. [...] Tych wszystkich kombatantów II wojny, którzy wrócili potem z Europy do Afryki, spotkamy wkrótce w szeregach różnych ruchów i partii walczących o niepodległość swoich krajów.

R. Kapuściński, *Heban*, Warszawa 2008, s. 28–29.

? PRACA ZE ŹRÓDŁAMI

1. Przedstaw argumenty, za pomocą których Ryszard Kapuściński uzasadniał wpływ II wojny światowej na rozwój świadomości politycznej Afrykanów.
2. Oceń rolę afrykańskich weteranów II wojny światowej w walce z kolonializmem.

Armia Indii stanowiła ważną część brytyjskich sił zbrojnych. Jej żołnierze brali udział we wszystkich głównych operacjach przeprowadzonych podczas pierwszej wojny światowej.

▪ *fotografia, Francja, 1914–1915 r.*

narodowe. Japończycy udowodnili, że Europejczyków można pokonać. Po II wojnie światowej rozwój ruchów dążących do uniezależnienia się kolonii w Azji i Afryce od władzy metropolii był już nie do zatrzymania.

■ INDYJSKA DROGA DO NIEPODLEGŁOŚCI

W Indiach, stanowiących ważne ogniwo gospodarki imperium Brytyjczyków, w czasie I wojny światowej nastąpił rozwój ekonomiczny. Ponad 1,5 mln mieszkańców

„perły w koronie brytyjskiej" brało udział w walkach w obronie interesów swojej metropolii. Wpłynęło to w znaczący sposób na rozwój świadomości politycznej oraz narodowej Hindusów – zarówno hinduistów, jak i muzułmanów. Działająca od 1885 r. największa indyjska partia polityczna – **Indyjski Kongres Narodowy** – wykorzystała zaangażowanie Brytyjczyków w wojnę i wysunęła postulat przyznania Indiom niepodległości. Rząd brytyjski nie spełnił tych żądań, a nawet zaostrzył kurs wobec ruchu wyzwoleńczego. Doprowadziło to do licznych wystąpień zbrojnych przeciwko władzy kolonialnej, tłumionych przez wojska brytyjskie.

W takiej napiętej sytuacji aktywność polityczną rozpoczął **Mahatma Gandhi**. Wykorzystał on swoje wcześniejsze zmagania z administracją kolonialną i przeciwstawił zbrojnej konfrontacji taktykę **obywatelskiego nieposłuszeństwa**. Metoda **biernego oporu**, którą z czasem poparła większość Hindusów, była dokuczliwa dla władz kolonialnych. Ze względu na ważną rolę opinii publicznej w Wielkiej Brytanii uniemożliwiała też użycie siły wobec mieszkańców Indii. Jednak długotrwałe stosowanie biernego oporu groziło paraliżem gospodarki (pracownicy hinduscy odmawiali pracy w określonych dniach; ten czas poświęcali na modlitwę i medytację) oraz bezwładem życia samorządowego (absencja podczas wyborów zakłócała sprawne działanie administracji). Uwięzienie Gandhiego nie przyniosło

—— JAWAHARLAL NEHRU ——
1889–1964

Był politykiem indyjskim i pierwszym premierem niepodległych Indii. W młodości studiował w Anglii. Po powrocie do Indii uczestniczył wraz z Mahatmą Gandhim w akcjach obywatelskiego nieposłuszeństwa skierowanych przeciwko panowaniu brytyjskiemu. Za swoją działalność był więziony przez władze kolonialne. W 1929 r. został przewodniczącym Indyjskiego Kongresu Narodowego. W przeciwieństwie do Gandhiego stał w tym czasie na stanowisku radykalnego zerwania więzów z metropolią brytyjską. Z chwilą ogłoszenia niepodległości Indii w 1947 r. został zaprzysiężony na pierwszego premiera tego państwa. Jego ustrój i gospodarkę oparł na wzorach socjalistycznych. W polityce zagranicznej opowiadał się za neutralnością Indii, stał się również inicjatorem powstania ruchu państw niezaangażowanych. Aż do śmierci był uważany za niekwestionowanego przywódcę Hindusów.

—MUHAMMAD ALI JINNAH —
1876–1948

Był indyjskim politykiem muzułmańskim oraz założycielem Pakistanu, w którym nazywa się go „Wielkim Przywódcą" i „Ojcem Narodu". Ukończył studia prawnicze w Londynie. Po powrocie do Indii przez 10 lat pracował jako adwokat, zanim w 1906 r. zaangażował się w politykę i związał z Ligą Muzułmańską. Był muzułmaninem, ale nie należał do fundamentalistów – początkowo dążył do uzyskania niepodległości przez Indie oraz do wzmocnienia poczucia jedności narodowej Hindusów. Jednak sprzeciwiał się podejściu do polityki, jakie prezentował Gandhi. Z czasem uznał, że dobro społeczności muzułmańskiej zależy od utworzenia przez nią osobnego państwa. Obawiał się, że w niepodległych Indiach muzułmanie zostaliby zepchnięci na boczny tor. W 1947 r. został pierwszym gubernatorem Pakistanu. Rok później zmarł na gruźlicę.

■ Indie i Pakistan

Mahatma Gandhi oraz Muhammad Ali Jinnah, przywódca muzułmanów indyjskich, początkowo ściśle ze sobą współpracowali. Obaj opowiadali się za całkowitą niepodległością Indii. Jednak na skutek rosnącego antagonizmu pomiędzy hinduistami skupionymi w Indyjskim Kongresie Narodowym a muzułmanami z Ligi Muzułmańskiej w 1936 r. nastąpił ostateczny rozdział tych dwóch grup religijnych. Jinnah, który w trakcie II wojny światowej lojalnie wspierał Brytyjczyków, był jednym z twórców koncepcji podzielenia jednolitego terytorium indyjskiego na dwa odrębne państwa: hinduistyczne Indie i muzułmański Pakistan. Uzgodniony ostatecznie w 1947 r. rozłam pociągnął za sobą przesiedlenia wielu milionów ludzi. Zamieszkujący strefę muzułmańską wyznawcy hinduizmu zostali zmuszeni do ucieczki na tereny kontrolowane przez Indyjski Kongres Narodowy, muzułmanie zaś musieli wyemigrować do Pakistanu. W trakcie tych przymusowych migracji, które dotknęły łącznie ok. 10 mln ludzi, doszło do licznych pogromów. Liczbę ofiar śmiertelnych szacuje się na 200 tys.

Pomiędzy nowymi państwami od samego początku trwał konflikt graniczny o prowincję Kaszmir. Złożony z dwóch części Pakistan po kolejnej wojnie z Indiami rozpadł się w 1971 r. na dwa odrębne kraje. Na jego wschodnich terenach powstało wówczas nowe państwo – Bangladesz.

Rozmowy na temat podziału Indii były prowadzone przez wicekróla Indii Louisa Mountbattena reprezentującego Wielką Brytanię i przywódcę hinduistów Jawaharlala Nehru oraz lidera muzułmanów Muhammeda Aliego Jinnaha.

▪ *fotografia, Indie, 1947 r.*

[?] Korzystając z dostępnych źródeł, wyjaśnij, w jakich okolicznościach po 1947 r. dochodziło do napięć pomiędzy Indiami a Pakistanem.

zamierzonego skutku. Brytyjczycy musieli zasiąść do rozmów. W obradach tzw. indyjskiego Okrągłego Stołu wzięli udział przedstawiciele władz brytyjskich oraz delegaci dwóch największych społeczności religijnych Indii: hinduistów i muzułmanów. W 1935 r. parlament brytyjski przyjął ustawę o przekształceniu Indii w federację prowincji oraz księstw. Nadał im też szeroką autonomię. Rządy poszczególnych prowincji miały być wyłaniane drogą wyborów i odpowiadać przed lokalnymi izbami ustawodawczymi. Jednak w rękach **gubernatorów** oraz stojącego na czele administracji kolonialnej wicekróla nadal pozostawała silna władza. Przyjęte rozwiązania nie zadowoliły domagających się niepodległości mieszkańców Indii wyznających hinduizm. Budziły również sprzeciw miejscowych muzułmanów, którzy obawiali się zdominowania władz lokalnych przez hinduistów.

W czasie II wojny światowej Hindusi walczyli po stronie aliantów zarówno na frontach Europy, jak i w Afryce Północnej. Szczególnie ciężkie zmagania wojska hinduskie toczyły w Birmie oraz na Malajach. W 1942 r. Indyjski Kongres Narodowy wydał rezolucję wzywającą Brytyjczyków do opuszczenia Indii. Władze kolonialne nie chciały dopuścić do eskalacji niepokojów w niezwykle ciężkim dla Wielkiej Brytanii czasie zmagań z Niemcami i Japończykami, dlatego zdecydowały się wówczas na represje gwałtowniejsze niż przed wojną.

Po zakończeniu II wojny światowej utrzymanie panowania nad Indiami okazało się już niemożliwe. Nie sprzyjały mu zarówno osłabienie wewnętrzne Wielkiej Brytanii, jak i nasilający się antagonizm pomiędzy hinduistami a muzułmanami, w którego efekcie w latach 1946–1947 doszło do licznych pogromów. Brytyjczycy nie byli w stanie powstrzymać rozlewu krwi.

Marsz solny był aktem obywatelskiego nieposłuszeństwa, zorganizowanym przez Gandhiego w 1930 r. w odpowiedzi na nowy podatek, który nałożono na sól. Brytyjczycy mieli w Indiach przynoszący pokaźne zyski monopol na produkcję i dystrybucję soli. W geście protestu Gandhi i jego naśladowcy pokonali blisko 400 km w drodze nad morze, gdzie symbolicznie zebrali sól, łamiąc w ten sposób prawo.

▪ *fotografia, Indie, 1930 r.*

Ostatecznie na mocy trójstronnych porozumień pomiędzy hinduistami, muzułmanami i Brytyjczykami z dotychczasowych posiadłości brytyjskich utworzono dwa państwa: Indie oraz Pakistan (złożony z dwóch części, przedzielonych terytorium indyjskim). **15 sierpnia 1947 r.** proklamowano ich niepodległość. Choć początkowo uzyskały one status **dominiów** brytyjskich, to i ta formalna zależność szybko została zerwana.

■ DEKOLONIZACJA INDOCHIN

Klęskę Francji w wojnie z Niemcami wykorzystali Japończycy. W 1940 r. zajęli oni północną część Indochin Francuskich, a rok później – również południową. Eksploatacja ekonomiczna prowadzona przez nowych okupantów była dla mieszkańców Indochin równie uciążliwa jak wyzysk, którego doświadczali za sprawą dotychczasowych kolonizatorów.

Do największych wystąpień przeciwko okupacji japońskiej doszło w Wietnamie. Dominującą rolę w ruchu narodowowyzwoleńczym odegrali tam komuniści. Pod wodzą **Ho Szi Mina**, członka Francuskiej Partii Komunistycznej, utworzyli oni **Ligę Niepodległości Wietnamu** (**Viet Minh**). Latem 1945 r. wietnamskie oddziały partyzanckie stoczyły zwycięskie walki z osłabionymi siłami Japończyków i wyzwoliły spod ich władzy duże obszary kraju. We wrześniu 1945 r. Ho Szi Min ogłosił powstanie na północy **Demokratycznej Republiki Wietnamu**. Państwa tego nie uznał rząd francuski, który w celu odzyskania dawnych wpływów na Dalekim Wschodzie wysłał do Indochin wojsko. Francuzi zajęli stolicę Wietnamu Północnego – Hanoi, ale nie udało się im rozbić niepodległościowej partyzantki komunistycznej. Wszelkie próby ustabilizowania sytuacji poprzez rozszerzanie autonomii politycznej Laosu i Kambodży oraz rekonstrukcję władzy cesarskiej w Wietnamie nie przyniosły powodzenia. Powstanie antyfrancuskie, wspierane przez ZSRR i komunistyczne Chiny, przybierało na sile. Mimo zaangażowania się w konflikt Amerykanów, obawiających się wzrostu wpływów radzieckich oraz chińskich w tym rejonie świata, w maju **1954 r.** Francuzi ponieśli druzgocącą klęskę w bitwie **pod Dien Bien Phu**. Walczącym o niepodległość Wietnamczykom sprzyjała również międzynarodowa opinia publiczna.

Wojna w Indochinach, stanowiąca duże obciążenie dla budżetu Francji, toczyła się w sposób niekorzystny dla tego państwa i budziła coraz większy sprzeciw jego społeczeństwa. W lipcu 1954 r., podczas zorganizowanej w Genewie konferencji kończącej **I wojnę indochińską**, delegacja francuska zgodziła się na utworzenie na terenie Indochin Francuskich czterech niepodległych państw: Laosu, Kambodży oraz komunistycznego Wietnamu Północnego i prozachodniego Wietnamu Południowego. Podzielony wzdłuż **17. równoleżnika** Wietnam miał zostać zjednoczony po przeprowadzaniu w 1956 r. w pełni demokratycznych wyborów parlamentarnych. Jednak nigdy do nich nie doszło, a miejsce Francuzów, którzy całkowicie wycofali się z Indochin, zajęli Amerykanie, mający gwarantować niepodległość Wietnamu Południowego.

Agresywne zamiary komunistów z północy wobec Wietnamu Południowego oraz obecność militarna Stanów Zjednoczonych w tym rejonie przyczyniły się do wybuchu na początku lat 60. **II wojny indochińskiej**,

I wojna indochińska miała w znacznej mierze charakter partyzancki (taka tradycja istniała w Wietnamie od tysiącleci). Sprzyjał temu trudny dla żołnierzy francuskich teren – górzysty, bagnisty, pokryty dżunglą, uniemożliwiający sprawną komunikację. Taktyka Viet Minh polegała na zastosowaniu sabotażu, kamuflażu, pułapek i zasadzek.

■ *fotografia, Wietnam, 1952 r.*

Ewakuacja dyplomatów amerykańskich i ich najbliższych współpracowników z Sajgonu miała dramatyczny przebieg. Odbywała się w czasie, gdy siły północnowietnamskie zajmowały miasto.

■ *fotografia, Sajgon, 1975 r.*

■ Afryka po I wojnie światowej

Osłabienie europejskich mocarstw kolonialnych po I wojnie światowej nie wpłynęło zasadniczo na zmianę ich polityki wobec posiadłości w Afryce. Potwierdziła to agresja Włoch na Abisynię (dzis. Etiopia) w 1935 r. Mimo protestów opinii międzynarodowej i Ligi Narodów, najeźdźcy włoscy przyłączyli terytorium tego państwa do swoich afrykańskich posiadłości kolonialnych.

W okresie międzywojennym w społecznościach kolonii afrykańskich ukształtowały się nieliczne, ale coraz bardziej aktywne warstwy inteligencji. Ich przedstawiciele piastowali niższe stanowiska urzędnicze, zajmowali się handlem i organizowali oświatę. Zaczęli również tworzyć ruchy polityczne, których celem było zrzucenie zależności kolonialnej.

Podczas II wojny światowej znacznie wzrosło tempo kształtowania się świadomości politycznej mieszkańców kolonii. Zasoby naturalne Czarnego Lądu odgrywały istotną rolę w sprawnym funkcjonowaniu gospodarki wojennej. Pochodzące z Afryki surowce i żywność w dużym stopniu pomogły Brytyjczykom przetrwać napór III Rzeszy, a koalicji antyhitlerowskiej – ostatecznie pokonać Niemcy. Wielu Afrykanów służyło w armiach państw europejskich. W kampanii francuskiej w 1940 r. zginęło 20 tys. czarnoskórych żołnierzy. Panowanie włoskie nad Etiopią zostało zniesione w dużej mierze dzięki wojskom złożonym z ludności afrykańskiej, dowodzonej przez Brytyjczyków. Afrykanie walczący w odległej Birmie z Japończykami stacjonowali w ogarniętych ideami niepodległościowymi Indiach.

Cesarz Haile Selassie I utracił panowanie nad głównymi miastami swojego kraju, ale dysponował licznymi oddziałami partyzanckimi, które udzielały wsparcia siłom brytyjskim podczas walk z okupantami włoskimi.

■ *fotografia, Etiopia, 1936 r.*

? Jaki był wpływ obu wojen światowych na nasilanie się nastrojów niepodległościowych w Afryce?

zwanej **wojną wietnamską**. Krwawe walki trwały do połowy lat 70. Ostatecznie w wyniku nacisku światowej opinii publicznej, poruszonej losem ofiar wśród ludności cywilnej, wojska amerykańskie zostały ewakuowane z Wietnamu. Komuniści z północy pokonali osamotnione siły południowowietnamskie i ogłosili zjednoczenie kraju. W **1976 r.** proklamowali powstanie **Socjalistycznej Republiki Wietnamu**.

■ NIEPODLEGŁOŚĆ AFRYKI

Na sytuację w Afryce istotny wpływ miała rywalizacja ZSRR i USA w trakcie zimnej wojny. Sowieci wspierali tam bowiem wszelkie ruchy rewolucyjne, których celem było uwolnienie kolonii od wpływów państw zachodnioeuropejskich. Amerykanie starali się wprawdzie hamować postępy komunizmu na świecie, ale jednocześnie odnosili się z niechęcią do idei dalszego utrzymywania imperiów kolonialnych przez sojuszników z Europy.

Przystąpienie do Organizacji Narodów Zjednoczonych Indii, Pakistanu i Indonezji, będących do niedawna koloniami państw europejskich, wzmogło nastroje antykolonialne. Zgodnie z celami Narodów Zjednoczonych, u podstaw ładu światowego miało leżeć prawo wszystkich narodów do samostanowienia i równouprawnienia. W ukształtowanej po II wojnie światowej sytuacji geopolitycznej oraz w związku z rosnącymi aspiracjami niepodległościowymi mieszkańców posiadłości zamorskich mocarstwa europejskie musiały zweryfikować swoje relacje z koloniami. Prowadziło to do stopniowej emancypacji tych ostatnich, a także do zrzucenia przez nie dotychczasowych zależności politycznych.

Ciężko jest się pożegnać to karykatura przedstawiająca Europejczyków opuszczających Afrykę na pokładzie statku. Usiłują oni zachować kontrolę nad jej bogactwami naturalnymi – diamentami, ropą, kauczukiem – oraz zasobami kości słoniowej itd.

■ *karykatura, Węgry, 1960 r.*

DEKOLONIZACJA AZJI

W wyniku II wojny światowej proces dekolonizacji Azji uległ przyspieszeniu. Podczas tego konfliktu militarnego część terytoriów podlegających wcześniej Europejczykom zajęły oddziały japońskie. Po wyzwoleniu tych obszarów miejscowa ludność, często wspierana przez komunistów, dążyła do utworzenia niezależnych państw. W niektórych regionach (m.in. w Indiach) ruch niepodległościowy ukształtował się jeszcze wcześniej.

Żołnierz francuski podczas walk w Wietnamie. Trwały one w latach 1946–1954. Zaczęły się po kapitulacji na tym terenie Japończyków i zwycięstwie nad nimi komunistów dowodzonych przez Ho Szi Mina. Ogłosił on powstanie niepodległego państwa wietnamskiego, co spowodowało reakcję francuską i wysłanie oddziałów mających przywrócić dawną zależność. Wojna zakończyła się klęską Francji, w jej efekcie powstały dwa państwa: rządzona przez komunistów Demokratyczna Republika Wietnamu i Wietnam Południowy.
▪ *fotografia, Wietnam, 1954 r.*

Bojownicy pakistańscy przygotowujący się do walk z Hindusami o Kaszmir. Wycofaniu się Brytyjczyków z posiadłości azjatyckich i ogłoszeniu niepodległości przez Indie i Pakistan towarzyszyły krwawe walki pomiędzy muzułmanami a hinduistami.
▪ *fotografia, Pakistan, 1947 r.*

Strajk pracowników indyjskich był jedną z form tzw. biernego oporu, metody, którą propagował w walce o niepodległość Indii Mahatma Gandhi. Polityk zachęcał do prowadzenia bezkrwawej walki, polegającej na odrzuceniu przemocy.

▪ *fotografia, Indie, 1930 r.*

Uzyskanie niepodległości przez Birmę – była zbrojną odpowiedzią koalicji pod przewodnictwem Stanów Zjednoczonych na atak Iraku na Kuwejt – wydarzenie, które zapoczątkowało I wojnę w Zatoce Perskiej. Jej najważniejszy element stanowiła kampania powietrzna. Samoloty zrzuciły na Irak tony bomb i w dużym stopniu zniszczyły tamtejszą infrastrukturę wojskową oraz cywilną.

▪ *fotografia, Birma, 1948 r.*

Protesty przeciwko ograniczaniu demokracji, jakie odbyły się w Hongkongu 1 lipca 1997 r., kiedy nastąpiło przekazanie tego rejonu Chinom przez Wielką Brytanię. W XIX w. doszło do podpisania przez te państwa dwóch umów, których przedmiotem była dzierżawa Hongkongu. Okres ten trwał ponad 100 lat. Obecnie jest to specjalny region administracyjny Władze chińskie zobowiązały się, że do 2047 r. zostanie tam utrzymana duża autonomia.

▪ *fotografia, Hongkong, 1997 r.*

? PRACA Z INFOGRAFIKĄ

1. Przedstaw formy przeprowadzania dekolonizacji w Azji.

2. Wymień skutki wycofania się Europejczyków z kolonii azjatyckich.

DEKOLONIZACJA W AZJI I AFRYCE

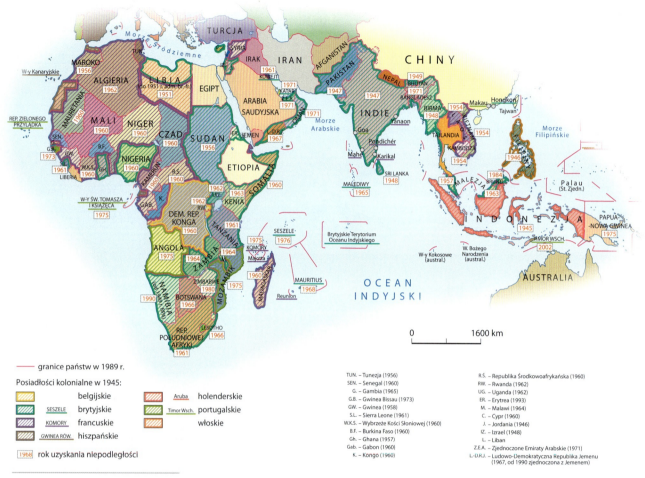

granice państw w 1989 r.

Posiadłości kolonialne w 1945:

	belgijskie	Aruba	holenderskie
SESZELE	brytyjskie	Timor Wsch.	portugalskie
KOMORY	francuskie		włoskie
GWINEA RÓW.	hiszpańskie		

1968 rok uzyskania niepodległości

TUN. – Tunezja (1956)
SEN. – Senegal (1960)
G. – Gambia (1965)
G.B. – Gwinea Bissau (1973)
GW. – Gwinea (1958)
S.L. – Sierra Leone (1961)
W.K.S. – Wybrzeże Kości Słoniowej (1960)
B.F. – Burkina Faso (1960)
Gh. – Ghana (1957)
Gab. – Gabon (1960)
K. – Kongo (1960)

R.Ś. – Republika Środkowoafrykańska (1960)
RW. – Rwanda (1962)
UG. – Uganda (1962)
ER. – Erytrea (1993)
M. – Malawi (1964)
C. – Cypr (1960)
J. – Jordania (1946)
IZ. – Izrael (1948)
L. – Liban
Z.E.A. – Zjednoczone Emiraty Arabskie (1971)
L-D.R.J. – Ludowo-Demokratyczna Republika Jemenu (1967, od 1990 zjednoczona z Jemenem)

? PRACA Z MAPĄ

1. Wskaż wynikające z analizy mapy podobieństwa oraz różnice w procesie dekolonizacji w Azji i Afryce.
2. Wymień nazwy rejonów, w których najpóźniej doszło do dekolonizacji.

Demontaż systemu kolonialnego rozpoczęto w latach 50. XX w. Najwcześniej od zależności uwolniono kraje północnoafrykańskie. Libia, od 1946 r. zarządzana przez ONZ, ogłosiła niepodległość w 1951 r., a protektoraty francuskie – Tunezja i Maroko – w 1956 r. Jednak likwidacja francuskiego imperium kolonialnego w Afryce nie zawsze przebiegała w sposób pokojowy. Algierczycy, zachęceni klęskami Francuzów w Indochinach, w 1954 r. rozpoczęli powstanie narodowe. Do stłumienia tego zrywu Francja skierowała 400 tys. żołnierzy. Wystąpienie mieszkańców tej najsilniej związanej z metropolią kolonii francuskiej przekształciło się w regularną wojnę, trwającą do 1962 r. Kryzys wewnętrzny wywołany wojną algierską doprowadził do upadku IV Republiki Francuskiej i utorował drogę do władzy Charles'owi de Gaulle'owi. Ten pierwszy prezydent V Republiki Francuskiej przeprowadził reformę ustrojową oraz zrzekł się pretensji do Algierii.

Wielka Brytania, która w obrębie Wspólnoty Narodów stopniowo przyznawała koloniom afrykańskim samorząd, najpierw zgodziła się na niepodległość **Ghany** (1957 r.) i **Gwinei** (1958 r.). Jednak pokojowe przejmowanie władzy z rąk kolonizatorów brytyjskich nie stanowiło reguły. Krwawo stłumili oni np. trwające w latach 1952–1955 powstanie w Kenii, ale nie byli w stanie utrzymać władzy nad nią i w **1963 r.** uznali niezależność tego państwa.

W **1960 r.**, nazywanym **rokiem Afryki**, niepodległość uzyskało aż 17 kolonii z tego kontynentu. Większość z nich należała wcześniej do Francji. Po przegranej wojnie w Indochinach Paryż uznał bowiem, że utrzymywanie dotychczasowego stanu posiadania w Afryce jest zbyt kosztowne i ryzykowne. Jednak swoją zgodę na niepodległość kolonii Francuzi uzależnili od przyznania dawnej metropolii szerokich koncesji gospodarczych oraz uprawnień politycznych.

Ruch państw niezaangażowanych i Trzeci Świat

Wyzwalające się spod dominacji europejskiej kraje azjatyckie i afrykańskie często nie chciały jednoznacznie opowiadać się po jednej ze stron konfliktu zimnowojennego. W efekcie w 1955 r. ukształtował się ruch państw niezaangażowanych. W miarę postępu dekolonizacji rosła liczba państw Trzeciego Świata, których mieszkańcy nie angażowali się w zimną wojnę ani po stronie kapitalistycznego bloku zachodniego (Pierwszego Świata), ani komunistycznego bloku wschodniego (Drugiego Świata). Jednak w praktyce tylko część tych krajów konsekwentnie prowadziła samodzielną politykę zagraniczną, a większość skłaniała się ku USA lub ZSRR.

Mobutu Sese Seko zmienił nazwę Konga na Zair i wprowadził kult swojej osoby. Podczas jego długiej prezydentury prawa człowieka były łamane, a gospodarka państwa została doprowadzona do ruiny. Dyktator zgromadził prywatną fortunę dzięki korupcji i eksploatowaniu bogactw kraju. Poparcie, którego udzielał mu Zachód, wynikało z polityki okresu zimnej wojny – USA wykorzystywały Zair jako bazę do operacji w Angoli (wspierały przeciwników prosowieckiego rządu). Na zdjęciu Mobutu Sese Seko żegna się z prezydentem Ronaldem Reaganem po zakończeniu rozmów w Białym Domu.

▪ *fotografia, USA, 1983 r.*

W 1960 r. do grona państw niepodległych dołączyło m.in. Kongo Belgijskie – największa posiadłość kolonialna w Afryce. Rząd belgijski podjął taką decyzję po wybuchu zamieszek skierowanych przeciwko kolonizatorom. Jednak kiedy Belgowie wycofali się z Konga, pogrążyło się ono w długotrwałym konflikcie wewnętrznym. Ostatecznie w wyniku krwawej wojny domowej władzę zdobył tam Mobutu Sese Seko, jeden z dowódców wojskowych. Dzięki poparciu Belgii, Francji i USA sprawował on dyktatorskie rządy przez ponad 30 lat.

◼ DZIEDZICTWO KOLONIZACJI EUROPEJSKIEJ

Do połowy lat 70. XX w. niepodległość uzyskały niemal wszystkie terytoria w Afryce zależne dotąd od krajów europejskich. Granice nowych państw zostały wytyczone zgodnie z podziałami dokonanymi jeszcze w czasach kolonialnych w sposób arbitralny, często bez uwzględnienia uwarunkowań etnicznych i historycznych. Europejczykom nie chodziło bowiem wówczas o poszanowanie miejscowych tradycji czy respektowanie stosunków społecznych oraz gospodarczych, lecz o interesy metropolii.

Społeczeństwa afrykańskie w nowych krajach nie miały ani odpowiednich kadr do zarządzania aparatem państwowym, ani kwalifikacji do uczestnictwa w życiu publicznym zgodnych z normami europejskimi. Próbowały wzorować swój ustrój polityczny na stosunkach panujących w dawnych metropoliach. Tradycyjne, przestrzegające zasad podziałów plemiennych lub rodowych społeczności starano się wtłoczyć w ramy nowoczesnych struktur państwowych. W efekcie takich działań nowe kraje afrykańskie były słabe i niestabilne. Po krótkim okresie rządów demokratycznych władzę przejęli tam dyktatorzy, którzy szukali wsparcia w dawnych metropoliach. W ten sposób mocarstwa europejskie w dalszym ciągu sprawowały kontrolę nad swoimi dawnymi posiadłościami – przede wszystkim uzyskały szerokie koncesje na ich eksploatację ekonomiczną. System ten został nazwany **neokolonializmem**.

Związki gospodarcze dawnych kolonii z ich metropoliami, a także więzi kulturowe i wspólnota językowa stały się przyczynami emigracji ludności afrykańskiej do państw europejskich. Do Wielkiej Brytanii, Francji, Belgii oraz Holandii przeniosły się na stałe miliony mieszkańców dawnych kolonii afrykańskich i azjatyckich, co w istotny sposób wpłynęło na sytuację społeczną w Europie Zachodniej.

ĆWICZENIA

1. Oceń wpływ II wojny światowej na znaczenie europejskich mocarstw kolonialnych.
2. Przedstaw proces wyzwalania się Indii spod dominacji brytyjskiej.
3. Wyjaśnij, czy, Twoim zdaniem, postkolonialne państwa afrykańskie mogą prowadzić całkowicie suwerenną politykę. Uzasadnij swoją odpowiedź.

4 MIĘDZY WOLNYM HANDLEM A PROTEKCJONIZMEM

ZANIM POZNASZ NOWY TEMAT

1. Wymień główne morskie i lądowe szlaki handlowe istniejące w XIX w.
2. Podaj nazwy państw europejskich uczestniczących w ekspansji kolonialnej w XIX w.

■ ZNACZENIE HANDLU ZAGRANICZNEGO

Rewolucja przemysłowa wywarła zasadniczy wpływ na kształt stosunków gospodarczych na świecie. W Europie i Stanach Zjednoczonych, w których postępowały procesy industrializacji oraz urbanizacji, szybko wzrastało zapotrzebowanie na żywność i surowce takie jak węgiel, bawełna czy rudy metali. Rosnący popyt powodował zwiększanie produkcji rolnej i pozyskiwania surowców naturalnych w Europie, Ameryce Północnej oraz innych częściach świata. Czynniki te sprzyjały dynamicznemu rozwojowi najważniejszej formy powiązań gospodarczych między państwami – **handlu międzynarodowego**. Nieustanny wzrost jego bilansu był możliwy dzięki rozbudowie sieci kolejowych, nasileniu komunikacji dalekomorskiej z wykorzystaniem żeglugi parowej oraz upowszechnieniu wynalazków służących do wymiany informacji: telegrafu i telefonu.

Sklep w Wielkiej Brytanii funkcjonujący w epoce wiktoriańskiej został przedstawiony na jednym z rysunków Petera Jacksona. Wśród towarów można zauważyć wiele produktów pochodzących z kolonii.

▪ *ilustracja, Wielka Brytania, XX w.*

Rozkwit handlu międzynarodowego przypadł na okres ekspansji kolonialnej mocarstw europejskich. W efekcie odegrał istotną rolę w ukształtowaniu się podziału świata na kraje uprzemysłowione (Stany Zjednoczone, państwa europejskie) oraz obszary stanowiące ich bazę surowcową i żywnościową (Afryka, Azja, Ameryka Południowa). Rozłam ten w dużej mierze utrzymuje się do dziś.

Od drugiej połowy XIX w. handel międzynarodowy wywiera wpływ na życie codzienne dużej części ludności świata. Mieszkańcy poszczególnych kontynentów uzyskali dzięki niemu dostęp do produktów pochodzących z innych części globu, nawet najbardziej odległych od ich miejsc zamieszkania. Towary takie jak kawa, herbata czy wyroby bawełniane od przeszło 100 lat są dostępne niemal w każdym zakątku kuli ziemskiej.

■ MODELE POLITYKI HANDLOWEJ

W okresie nowożytnym u podstaw polityki gospodarczej państw leżały zasady merkantylizmu. Rządzący wspierali różne przedsięwzięcia ekonomiczne, np. rozwój kompanii handlowych, które obdarzali licznymi przywilejami, a w zamian czerpali z nich dochody podatkowe. Przewóz towarów przez granice państwowe oraz wewnętrzne (regionalne) był możliwy po uiszczeniu wysokich opłat celnych. Z uwagi na korzyści wynikające z rosnącej w XIX w. międzykontynentalnej wymiany handlowej coraz więcej zwolenników zyskiwały zasady **liberalizmu gospodarczego**. Zgodnie z nimi organy państwa nie powinny ingerować w stosunki ekonomiczne. Idee wolnego handlu były szczególnie popularne wśród Brytyjczyków. W ich państwie w XIX w. zrezygnowano z wielu ceł i przepisów ograniczających swobodny przepływ towarów, a także zlikwidowano m.in. Kompanię Wschodnioindyjską. Działania te przyczyniły się do gwałtownego rozwoju gospodarczego Wielkiej Brytanii. To ogromne imperium, dysponujące największą na świecie flotą handlową, stało się czołową potęgą ekonomiczną globu. Promowany przez Brytyjczyków liberalizm sprzyjał ich silnej gospodarce, która umożliwiała wypieranie z rynku słabszej konkurencji. Na przełomie XVIII i XIX w. zarówno Europę, jak i Nowy Świat zalewały towary wytwarzane na Wyspach Brytyjskich. Aby temu przeciwdziałać, Napoleon Bonaparte w 1806 r. wprowadził blokadę kontynentalną – zakaz przywozu produktów powstałych w Wielkiej Brytanii i obrotu nimi w imperium francuskim oraz państwach sojuszniczych. Blokada ta miała służyć ochronie przemysłu i handlu francuskiego. W ten sposób Napoleon starał się roztoczyć protekcję nad gospodarką cesarstwa.

W drugiej połowie XIX w. w większości państw europejskich prowadzono politykę zgodną z zasadami **protekcjonizmu** – ustalano wysokie stawki celne, które miały chronić krajowe rolnictwo i przemysł przed zagraniczną konkurencją. Politykę protekcjonizmu prowadzono m.in. w zjednoczonych Niemczech. Obowiązywały tam wysokie cła importowe na zboża oraz produkty przetworzone. Mimo tego typu działań w drugiej połowie XIX i na początku XX w. w handlu międzynarodowym panowała stosunkowo duża swoboda. Przyczyniło się to do ukształtowania powiązań i współzależności gospodarczych pomiędzy różnymi częściami świata. Oba modele polityki handlowej nierzadko realizowano równocześnie. Przykład może stanowić Niemiecki Związek Celny, utworzony w 1834 r. Pomiędzy jego państwami członkowskimi zniesiono wszelkie bariery celne – kraje te prowadziły swobodną wymianę handlową. Jednocześnie nałożono tam cła na towary przywożone z innych państw. Miało to chronić lokalne gospodarki.

■ WSPÓŁCZESNY HANDEL ŚWIATOWY I JEGO PROBLEMY

I wojna światowa (1914–1918 r.), w której naprzeciwko siebie stanęły mocarstwa przemysłowe, spowodowała osłabienie, a nawet rozpad wielu ukształtowanych wcześniej powiązań ekonomicznych. Podobne następstwa miał wielki kryzys gospodarczy (1929–1933 r.). Aby przeciwdziałać jego skutkom, rządy państw uprzemysłowionych nakładały wysokie cła na towary sprowadzane z zagranicy i starały się wspierać wytwórczość krajową. Taka polityka gospodarcza miała służyć ochronie własnego rynku oraz umożliwiać odbudowę działających na nim przedsiębiorstw (nie były one narażone na zagraniczną konkurencję).

Podczas II wojny światowej (1939–1945 r.) w dużym stopniu zmieniła się struktura międzynarodowej wymiany handlowej. Europejczycy, zaangażowani

w działania wojenne, mieli niewiele do zaoferowania reszcie świata. Pozycja ich krajów w handlu globalnym znacznie osłabła. Głównym eksporterem wszelkich towarów stały się Stany Zjednoczone. Politycy z państw alianckich dostrzegli szansę na poprawę spowodowanej wojną złej sytuacji materialnej społeczeństw europejskich w umacnianiu wzajemnych powiązań handlowych i ekonomicznych między krajami. Miało to przyspieszyć odbudowę Europy ze zniszczeń wojennych, a także zapobiec wybuchowi kolejnego konfliktu. Wspólny rynek państw zachodnioeuropejskich tworzono z zamiarem zwiększenia ich produkcji przemysłowej, to zaś wiązało się bezpośrednio z procesem powojennej odbudowy. Założenia te legły m.in. u podstaw procesu **integracji europejskiej**.

Po zakończeniu II wojny światowej – w związku z nasilającym się zagrożeniem ze strony Związku Radzieckiego – nastąpiło zacieśnienie powiązań ekonomicznych pomiędzy USA a innymi krajami kapitalistycznymi. Liberalizacja handlu miała poprawić sytuację ekonomiczną społeczeństw zachodnich i zniechęcić je do komunizmu. Dzięki licznym wielostronnym układom

■ Kryzys paliwowy

W odpowiedzi na pomoc udzieloną przez Stany Zjednoczone Izraelowi w wojnie z Egiptem i Syrią rządy krajów arabskich w 1973 r. wprowadziły embargo na dostawy ropy do państw, które popierały bliskowschodnią politykę Izraelczyków. Ograniczyły też wydobycie tego surowca. Decyzje te nie tylko doprowadziły do kilkukrotnego wzrostu ceny ropy, lecz także wywołały w świecie zachodnim długotrwały kryzys ekonomiczny, przejawiający się spadkiem produkcji, wzrostem bezrobocia i wysoką inflacją.

Pojazdy konne wyjechały podczas kryzysu naftowego na ulice Stanów Zjednoczonych. W Ameryce i niektórych krajach europejskich wprowadzono wówczas zakaz jazdy samochodami w wybrane dni.

■ *fotografia, USA, 1973 r.*

? Jaki wpływ na rynki światowe ma wskaźnik wydobycia ropy naftowej?

handlowym oraz inwestycjom kapitału amerykańskiego odbudowano i wzmocniono gospodarki krajów zachodnioeuropejskich oraz Japonii. Powstał układ sił gospodarczych zwany **triadą**. W jej skład weszły: Stany Zjednoczone, Europa Zachodnia i Japonia.

Lata 1950–1973 były okresem szybkiego rozwoju gospodarczego krajów uprzemysłowionych i bogacenia się ich społeczeństw. Załamanie się tej koniunktury nastąpiło w 1973 r. w związku z wybuchem **kryzysu paliwowego**. Pogarszająca się sytuacja gospodarcza spowodowała porzucenie w państwach kapitalistycznych dotychczasowego kursu ku liberalizacji na rzecz wzmocnienia ochrony gospodarek narodowych. Jednak nakładanie ceł i ograniczanie swobody handlu nie przyniosły oczekiwanych rezultatów. Na początku lat 80. przywódcy największych potęg ekonomicznych świata, m.in. Ronald Reagan w Stanach Zjednoczonych oraz Margaret Thatcher w Wielkiej Brytanii, powrócili do modelu liberalnego w gospodarce i handlu międzynarodowym. Zapoczątkowany przez Stany Zjednoczone po II wojnie światowej proces uwalniania handlu międzynarodowego mimo licznych komplikacji przyczynił się do wytworzenia silnych powiązań ekonomicznych, spajających wszystkie kontynenty w system **globalnej gospodarki wolnorynkowej**.

Obecnie największe potęgi ekonomiczne świata podejmują działania typowe dla protekcjonizmu. Unia Europejska, w której głosi się zasady liberalizmu w wewnętrznej polityce gospodarczej pomiędzy poszczególnymi państwami członkowskimi, nakłada wysokie cła na wiele importowanych produktów, co ma służyć ochronie działających w niej producentów.

■ POROZUMIENIA MIĘDZYNARODOWE DOTYCZĄCE HANDLU

W lipcu 1944 r. odbyła się wielostronna **konferencja w Bretton Woods** (Stany Zjednoczone), podczas której przedstawiciele państw alianckich podjęli decyzję o utworzeniu Międzynarodowej Organizacji Handlu, koordynującej działania na rzecz liberalizacji wymiany handlowej. Jednak z powodu wielu sprzeciwów (m.in. Kongresu Stanów Zjednoczonych) organizacja ta ostatecznie nie powstała. Dążenia do uregulowania tych kwestii były jednak na tyle silne, że w 1947 r. przedstawiciele 20 państw – głównie z Europy Zachodniej i obu Ameryk – zawarli **Układ Ogólny w sprawie Taryf Celnych i Handlu** (ang. *General Agreement on Tariffs and Trade*; **GATT**). Jego założeniami stały się reguły wolnego handlu międzynarodowego, mającego u podstaw zasady konkurencji i nieskrępowanego ograniczeniami celnymi. Wypracowano podstawowe normy obowiązujące w handlu międzynarodowym (wzajemności, niedyskryminacji) oraz zawarto wiele porozumień dotyczących obniżenia stawek celnych. W 1994 r. podjęto decyzję o zastąpieniu GATT **Światową Organizacją Handlu** (ang. *World Trade Organisation*; **WTO**). Do głównych zadań jej członków należą: czuwanie nad dalszą liberalizacją handlu, rozstrzyganie

---

ŹRÓDŁA I INTERPRETACJE

CELE EUROPEJSKIEJ WSPÓLNOTY GOSPODARCZEJ

Cele EWG zostały określone w jednym z traktatów rzymskich, zawartych 25 marca 1957 r.

Art. 1. – Mocą niniejszego Traktatu Wysokie Układające się Strony ustanawiają pomiędzy sobą Europejską Wspólnotę Gospodarczą.
Art. 2. – Celem Wspólnoty jest, poprzez ustanowienie Wspólnego Rynku i stopniowe zbliżanie polityki ekonomicznej Państw członkowskich, popieranie harmonijnego rozwoju aktywności ekonomicznej w całości Wspólnoty, trwałej i zrównoważonej ekspansji, stałego wzrostu, szybszego podnoszenia się stopy życiowej i zacieśnienia stosunków pomiędzy Państwami, które jednoczy.

Art. 3 Cele wymienione w poprzednim artykule realizowane będą [...] przez działania Wspólnoty polegające na:
a. eliminowaniu pomiędzy państwami członkowskimi ustaw celnych oraz ograniczeń ilościowych w imporcie i eksporcie towarów, jak też innych środków podobnie skutkujących;
b. wprowadzeniu wspólnej taryfy celnej i wspólnej polityki handlowej wobec państw trzecich;
c. usunięciu wśród państw członkowskich przeszkód w wolnym ruchu osobowym i w obiegu usług i kapitałów;
d. prowadzenie wspólnej polityki w dziedzinie rolnictwa

Wiek XX w źródłach, oprac. M. Sobańska-Bondaruk, S.B. Lenard, Warszawa 2002, s. 346.

? PRACA ZE ŹRÓDŁAMI

1. Wymień działania służące liberalizacji handlu między państwami członkowskimi EWG.
2. Podaj nazwę typu ugrupowania integracyjnego, które powstało na mocy wspomnianego traktatu.
   Określ jego cechy charakterystyczne. Skorzystaj z dodatkowych źródeł informacji.

— ROBERT SCHUMAN —
1886–1963

Był politykiem francuskim, dwukrotnym premierem Francji w latach 1947–1948, przewodniczącym Parlamentu Europejskiego i jednym z założycieli Unii Europejskiej. 9 maja 1950 r. doprowadził do podpisania deklaracji między Francją a Niemcami w sprawie wspólnego zarządzania przemysłem stalowym i węglowym (plan Schumana). Co roku 9 maja w krajach członkowskich Unii Europejskiej jest obchodzony Dzień Europy. W 2004 r. Kościół rzymskokatolicki rozpoczął proces beatyfikacyjny Schumana.

Politycy europejscy podczas jednego z pierwszych spotkań EFTA (Europejskiego Stowarzyszenia Wolnego Handlu), które odbyło się w czerwcu 1961 r. w Londynie. Od lewej stoją: minister spraw zewnętrznych Austrii Bruno Kreisky, austriacki minister handlu Fritz Bock, minister spraw zagranicznych Danii Jens O. Krag.

▪ *fotografia, 1961 r.*

sporów pomiędzy państwami członkowskimi oraz regulowanie wzajemnej wymiany handlowej.

Swoboda przepływu towarów i zniesienie barier celnych stały się także jednymi z fundamentów **integracji europejskiej**. W 1957 r. Belgia, Francja, Włochy, Luksemburg, Holandia oraz Republika Federalna Niemiec zawarły tzw. traktaty rzymskie. Na ich podstawie utworzono **Europejską Wspólnotę Gospodarczą** (**EWG**) i **Europejską Wspólnotę Energii Atomowej** (**Euratom**). W ich obrębie postępował proces integracji ekonomicznej oraz politycznej krajów Starego Kontynentu, który doprowadził do powstania w 1993 r. **Unii Europejskiej**.

Przez pewien czas organizacją konkurencyjną wobec EWG było **Europejskie Stowarzyszenie Wolnego Handlu** (ang. *European Free Trade Association*; **EFTA**), utworzone w 1960 r. przez Wielką Brytanię, Austrię, Danię, Norwegię, Portugalię, Szwecję i Szwajcarię (później dołączyły do niego Finlandia, Islandia oraz Liechtenstein). Państwa tworzące EFTA zniosły cła i inne ograniczenia we wzajemnej wymianie handlowej. Z czasem organizacja ta zaczęła jednak tracić znaczenie. Wiązało się to z przechodzeniem kolejnych krajów do EWG. W 1992 r. państwa EFTA i EWG zawarły układ o integracji gospodarczej.

Po II wojnie światowej regionalne ugrupowania ekonomiczne dążące do liberalizacji handlu powstawały także w innych częściach świata. W 1960 r. utworzono Stowarzyszenie Wolnego Handlu Ameryki Łacińskiej, które po 20 latach przekształcono w Stowarzyszenie Integracji Ameryki Łacińskiej. W 1992 r. Stany Zjednoczone, Kanada oraz Meksyk powołały do istnienia **Północnoamerykańską Strefę Wolnego Handlu** (ang. *North American Free Trade Agreement*; **NAFTA**). Podobne struktury powstały także w Azji i Afryce.

WARTO WIEDZIEĆ

Początki integracji europejskiej

Zanim zawarto tzw. traktaty rzymskie w sprawie utworzenia EWG i Euratomu, w 1951 r. te same państwa zostały sygnatariuszami traktatu paryskiego, na mocy którego powstała Europejska Wspólnota Węgla i Stali. Utworzono ją w celu koordynacji współpracy w dziedzinie wydobycia węgla kamiennego i produkcji stali oraz zniesienia ograniczeń w wymianie handlowej. Pomysłodawcami jej powstania byli dwaj politycy francuscy: Jean Monnet i Robert Schuman.

ĆWICZENIA

1. Wyjaśnij, na czym polegają: polityka wolnego handlu oraz polityka protekcjonizmu.
2. Przeanalizuj sytuację geopolityczną panującą w latach 50. XX w., a następnie wymień przyczyny integracji gospodarczej państw Europy Zachodniej.
3. Zorganizujcie w klasie debatę oksfordzką na temat: „Należy znieść wszystkie ograniczenia w wymianie handlowej w skali całego świata".

5 GLOBALIZACJA – SZANSE I ZAGROŻENIA

ZANIM POZNASZ NOWY TEMAT

1. Omów powiązania gospodarcze między kontynentami w XIX w.
2. Podaj przyczyny liberalizacji handlu międzynarodowego po II wojnie światowej.

■ CZYM JEST GLOBALIZACJA

Po II wojnie światowej nasiliły się dążenia do liberalizacji międzynarodowych stosunków gospodarczych. Oznaką tego było powstanie licznych układów i organizacji regionalnych (np. UE, NAFTA). Zbiegło się ono w czasie z przyspieszeniem postępu technologicznego, określanym mianem **rewolucji naukowo-technicznej**. Nastąpiły wtedy automatyzacja produkcji, rozwój technologii telekomunikacyjnych oraz komputeryzacji. Prymat w tych dziedzinach należał do USA, krajów Europy Zachodniej i Japonii. Upadek komunizmu w Europie, do którego doszło na przełomie lat 80. i 90. XX w., wpłynął na intensyfikację tego procesu. Przełom technologiczny przyczynił się do zasadniczych przemian kulturowych, ponieważ rozwój nowoczesnych środków telekomunikacji (telewizji, telefonii i – przede wszystkim – internetu) doprowadził do znacznego skrócenia czasu oraz kosztów wymiany informacji. Postęp w dziedzinie transportu (kontenerowce dalekomorskie, lotnictwo) umożliwił przyspieszenie przewożenia towarów oraz zmniejszenie niedogodności związanych z podróżowaniem. Czynniki te oddziaływały bezpośrednio na życie codzienne i wzajemne kontakty ludzi. Dokonane wówczas przemiany kulturowe miały wpływ na powiązania ekonomiczne pomiędzy nimi – o wymiarze ponadpaństwowym, a nawet ponadkontynentalnym. Ta wieloaspektowa integracja ludności świata, zachodząca we wszystkich aspektach życia społecznego i gospodarczego, nosi nazwę **globalizacji**.

■ PRZEJAWY GLOBALIZACJI

Do ważnych elementów globalizacji należy **ujednolicanie się stylu życia** mieszkańców wszystkich kontynentów i związanych z nim modeli konsumpcji. Prowadzi ono do kształtowania się **jednolitego wzorca kulturowego**, czyli standaryzacji codziennych zachowań oraz

Cosplay oznacza przebieranie się za postaci fikcyjne. Jego miłośnicy szczególnie chętnie czerpią inspiracje z komiksów japońskich (manga) i filmów animowanych (anime), które cieszą się ogromną popularnością na całym świecie. Konwenty poświęcone tematyce anime gromadzą tysiące fanów. Oprócz zabawy w *cosplay* poznają oni kulturę japońską.

■ *fotografia współczesna, USA*

Boysbandy południowokoreańskie stanowią przykłady towarzyszącej globalizacji uniformizacji kultury. Są to grupy wokalne składające się z młodych mężczyzn, które kierują swoją twórczość do młodzieży. Moda na tego typu zespoły muzyczne została zapoczątkowana w latach 80. w USA i rozprzestrzeniła się w innych krajach.

■ *fotografia współczesna, Chiny*

■ Korporacje międzynarodowe

Większość korporacji międzynarodowych powstała w Stanach Zjednoczonych, krajach zachodnioeuropejskich i dalekowschodnich (przede wszystkim Japonii oraz Korei Południowej). Przedsiębiorstwo tego rodzaju zwykle składa się z ulokowanej w jednym z państw wysoko rozwiniętych centrali, podporządkowanych jej oddziałów zagranicznych (filii) oraz zakładów produkcyjnych. Może też mieć sieć podwykonawców, rozsianych po całym globie. Najważniejsze decyzje zapadają w centrali, produkcję zaś najczęściej lokuje się w krajach, w których koszty pracy lub surowców są niskie (państwach Azji, Afryki, Europy Wschodniej). Pod koniec lat 60. XX w. na świecie działało ok. 7 tys. takich przedsiębiorstw, a na początku XXI w. – już ponad 65 tys. Obecnie korporacje wytwarzają ok. 25% światowej produkcji i generują blisko 75% wymiany handlowej. Wiele z nich ma większy potencjał ekonomiczny niż niektóre państwa.

Port w Szanghaju od 2005 r. obsługuje największy na świecie tonaż towarów. Ma to związek z gospodarką chińską, której wytwory znajdują odbiorców na całym świecie. Za ich produkcję w największym stopniu odpowiadają korporacje międzynarodowe.

▪ *fotografia współczesna, Chiny*

Biurowce w São Paulo, stolicy Brazylii, są siedzibami korporacji międzynarodowych. Powstają w specjalnie wyodrębnionych dzielnicach ekonomicznych. Działają tam zazwyczaj różne instytucje finansowe oraz firmy.

▪ *fotografia współczesna, Brazylia*

 Jaki wpływ na gospodarkę światową mają korporacje międzynarodowe?

potrzeb ludzi – bez względu na ich miejsce zamieszkania i środowisko, z którego pochodzą. Zasadniczy wpływ na to zjawisko ma **popkultura**. Jej nośnikami są wynalazki rewolucji naukowo-technicznej, przede wszystkim telewizja satelitarna oraz internet.

Przejawem globalizacji jest też **dominacja języka angielskiego**. Ułatwia ona komunikację pomiędzy ludźmi nauki, kultury, interesów oraz show-biznesu pochodzącymi z różnych części świata.

Upowszechnienie i obniżenie kosztów transportu przyczyniło się do zwiększenia mobilności członków społeczeństw, m.in. w zakresie podróży międzykontynentalnych. Łączy się to z popularyzacją informacji na temat świata poprzez telewizję, radio oraz internet. W efekcie znacznie **poszerza się wiedza ludzi**. Sytuacja ta nie ma precedensu w dotychczasowej historii ludzkości.

Chiny są największym producentem obuwia na świecie i największym centrum produkcji w ogóle. Pochodzi z nich piąta część wszystkich wytwarzanych dóbr. Jest to najludniejszy kraj świata, dysponujący ogromnymi zasobami taniej siły roboczej – zarówno niewykwalifikowanej, jak i wysoko wykwalifikowanej. Z tego powodu zachodnie korporacje – przede wszystkim amerykańskie – organizują tam swoje linie produkcyjne.

▪ *fotografia, Chiny, 2005 r.*

Makdonaldyzacja

Proces ujednolicania się w skali globalnej ludzkich potrzeb w odniesieniu do pewnych towarów i usług (np. żywności, organizowania wolnego czasu) jest nazywany makdonaldyzacją. Określenie to pochodzi od nazwy sieci barów szybkiej obsługi McDonald's, oferujących podobne menu w placówkach na całym świecie.

Coca-cola może być uznawana za symbol globalizacji. Należy do najlepiej rozpoznawanych marek na świecie. Jest dostępna niemal wszędzie i stanowi przykład makdonaldyzacji. Obecnie jedynie w dwóch krajach – w Korei Północnej i na Kubie – obowiązuje zakaz sprzedaży i kupowania tego napoju.

▪ *fotografia, Egipt, 2003 r.*

Równolegle z zachodzeniem społecznych i kulturowych procesów globalizacyjnych powstawały **metropolie multikulturowe**, np. Londyn, Paryż, Nowy Jork, Los Angeles. Do tych ośrodków ściągają ludzie z całego globu, poszukujący pracy oraz możliwości samorealizacji.

Rozwój mediów telekomunikacyjnych – przede wszystkim przełomowy dla historii cywilizacji wynalazek internetu – doprowadził do przemian w bezpośrednich kontaktach międzyludzkich. Zniknęła bariera przestrzeni. Jednak negatywnymi skutkami tego zjawiska stały się ograniczanie rzeczywistych spotkań i coraz częstsze poprzestawanie na relacjach wirtualnych. Ponadto służby państwowe oraz – w rosnącym stopniu – instytucje komercyjne łatwiej sprawują teraz kontrolę i mogą infiltrować życie prywatne ludzi.

Jednym z głównych przejawów globalizacji gospodarki wynikających bezpośrednio z przełomu technologicznego w drugiej połowie XX w. jest powstawanie **korporacji międzynarodowych** – dużych firm o rozbudowanej strukturze, które prowadzą działalność w wielu państwach. Globalizacja wpłynęła też na ukształtowanie się światowego rynku finansowego. Największe giełdy papierów wartościowych – w Londynie, Nowym Jorku, Paryżu, Frankfurcie, Hongkongu czy Tokio – pozostają w ścisłych związkach ze sobą i wywierają ogromny wpływ na sytuację na mniejszych rynkach (np. w Polsce). Dzięki temu możliwa stała się spekulacja papierami wartościowymi w skali globalnej. Chociaż rynki finansowe były ze sobą powiązane już wcześniej (pod koniec XIX w. i w okresie międzywojennym), to jeszcze nigdy skala tych zależności nie osiągnęła takich rozmiarów. Przykładem może tu być światowy kryzys gospodarczy, który wybuchł w 2008 r. Rozpoczął się od załamania na rynku nieruchomości w USA, a jedną z jego konsekwencji stało się bankructwo Islandii.

■ SKUTKI GLOBALIZACJI

Przenoszenie przez korporacje międzynarodowe produkcji do krajów słabiej rozwiniętych, oferujących tanią siłę roboczą, umożliwiło tym ostatnim pokonanie zapóźnień cywilizacyjnych. Przykładami mogą być Chiny, Indie czy państwa Europy Wschodniej. Inwestycje korporacji często pozwalają ograniczyć skalę bezrobocia oraz przyczyniają się do obniżenia cen produktów. Powoduje to rozszerzanie się tzw. strefy dobrobytu, której mieszkańcy mogą korzystać z najnowszych osiągnięć technologicznych i funkcjonować bez większych obaw

Masowe protesty w Seattle jesienią 1999 r., które zakłóciły przebieg szczytu Światowej Organizacji Handlu, są często uznawane za początki ruchu antyglobalistycznego.

▪ *fotografia, Seattle, 1999 r.*

o swoją egzystencję. Najwyższe dochody z takiego podziału pracy czerpią jednak zarządy wielkich firm, działające z reguły w państwach zachodnich.

W poszczególnych częściach świata globalizacja przebiega w różnym tempie, ma zróżnicowany zakres i skutki. Jej największe nasilenie obserwuje się w państwach zachodnioeuropejskich, znacznej części Azji (m.in. Chinach, Indiach), Ameryce Północnej, powiązanych kulturowo z Zachodem Australii i Nowej Zelandii oraz bogatych w złoża ropy naftowej krajach arabskich. Ogromne obszary Afryki, Ameryki Południowej czy Azji Środkowej pozostają na obrzeżach tego procesu. Prowadzi to do powstawania jeszcze większych różnic

w poziomie bogactwa i pogłębiania się podziału na „bogatą Północ" oraz „biedne Południe". Taka sytuacja jest przyczyną upowszechniania się radykalnych ideologii i ruchów politycznych, na czele z międzynarodowym terroryzmem. Postęp technologiczny w dziedzinie transportu oraz telekomunikacji ułatwia rozwój ponadnarodowej przestępczości zorganizowanej, np. handlu narkotykami czy bronią.

W zglobalizowanym świecie coraz mniejszą rolę odgrywa państwo. Z jednej strony powstają struktury o charakterze ponadpaństwowym (np. Unia Europejska), które ograniczają swobodę podejmowania decyzji przez władze krajowe, z drugiej zaś politycy – zarówno

■ Zagrożenia związane z globalizacją

Globalizacja wiąże się z wieloma zagrożeniami, ułatwia bowiem rozwój ponadnarodowej przestępczości zorganizowanej. Pod pojęciem tym rozumie się nielegalny biznes, przekraczający granice geograficzne, językowe, kulturowe i społeczne, w którym nie obowiązują żadne zasady. Do jego gałęzi należą: tzw. pranie brudnych pieniędzy, podrabianie towarów, przemyt migrantów oraz handel narkotykami, bronią, ludźmi, trofeami myśliwskimi i dziełami sztuki. Ponadnarodowa przestępczość zorganizowana – to stale zmieniający się przemysł, który dostosowuje się do rynków i tworzy nowe formy przestępczości, np. w przestrzeni wirtualnej. Działalność ta codziennie prowadzi do śmierci wielu osób, skutkuje szerzeniem się problemów zdrowotnych i eskalacją przemocy. Rocznie przynosi zyski szacowane na 870 mld dol.

Kłusownictwo i nielegalny handel trofeami myśliwskimi mogą doprowadzić do zupełnego wytępienia zagrożonych gatunków zwierząt. Obecnie istnieją nawet strony internetowe, dzięki którym można zorganizować nielegalne polowanie na słonie, tygrysy czy niedźwiedzie w dowolnym miejscu na świecie.

▪ *fotografia współczesna, Chiny*

Handel ludźmi jest współczesną formą niewolnictwa. Skalę tego haniebnego procederu trudno określić. Szacuje się, że rocznie niewolnikami zostaje ok. 4 mln osób. Do niewoli trafiają zarówno dorośli, jak i dzieci. Pozbawieni podstawowych praw, wykonują bezpłatnie wyczerpujące prace, często w warunkach szkodliwych dla zdrowia. Część z nich jest zmuszana do prostytucji lub żebractwa.

▪ *fotografia współczesna, Kambodża*

Nielegalny handel bronią oraz jej przemyt rozwijają się przede wszystkim w regionach, w których trwają konflikty zbrojne i polityczne. W efekcie pistolety i karabiny trafiają w ręce kryminalistów oraz gangsterów.

▪ *fotografia współczesna, Meksyk*

? Jakie zagrożenia dla współczesnego świata są związane z globalizacją?

ŹRÓDŁA I INTERPRETACJE

JEDNOSTKA WOBEC GLOBALIZACJI

Ryszard Kapuściński w swoich publikacjach poruszał m.in. problematykę globalizacji.

Mamy do czynienia z czymś, co się określa postzimnowojenną globalizacją. Zniesione zostały wszelkie bariery i w ich miejsce powstaje wielka epoka globalizacji, epoka wymiany i dynamicznego ruchu. I teraz: kto się odnajdzie w tym ruchu, kto go zrozumie, kto weźmie udział w transformacji, ten po prostu wygra i będzie miał szansę dalej się rozwijać. Kto nie *skorzysta z tej okazji, ten znajdzie się w tyle, a ponieważ postęp jest niezwykle szybki, więc każda stracona chwila odsunie go jeszcze bardziej od czołówki pędzącego świata. [...] Obecne tempo rozwoju może mieć takie same następstwa dla całych społeczeństw.*

R. Kapuściński, *Lapidaria I–III*, Warszawa 2008, s. 247–248.

? PRACA ZE ŹRÓDŁAMI

1. Wymień cechy globalizacji z przełomu XX i XXI w. wskazane w tekście.
2. Wyjaśnij, jakie wyzwania – zdaniem autora – stawia globalizacja przed współczesnym człowiekiem.

---

w krajach demokratycznych, jak i rządzonych w sposób autorytarny – stają się podatni na wpływy coraz potężniejszych korporacji międzynarodowych.

Globalizacja prowadzi także do koncentracji kapitału w rękach właścicieli oraz zarządców wielkich koncernów, co powoduje wypieranie z rynków małych i średnich przedsiębiorstw. Neguje to podstawową zasadę kapitalizmu – wolną konkurencję.

■ KRYTYCY GLOBALIZACJI

Postępująca w skali globu unifikacja kulturowo-społeczna i gospodarcza powoduje liczne protesty oraz reakcje obronne na całym świecie. Uczestnicy tego ruchu są nazywani **antyglobalistami**. Część z nich określa siebie mianem alterglobalistów. W ten sposób akcentuje odrzucanie globalizacji w jej obecnym, neoliberalnym kształcie.

Największy sprzeciw antyglobalistów budzą nierównomierny podział zysków i pogłębiające się zróżnicowanie regionów świata pod względem zamożności. Zdaniem zwolenników tych poglądów globalizacja mająca u podstaw zasady liberalne przynosi korzyści przede wszystkim Stanom Zjednoczonym oraz innym bogatym państwom. Antyglobaliści z niechęcią przyjmują także dominację w światowej gospodarce wielkich korporacji, którym zarzucają wyzysk pracowników i prowadzenie rabunkowej gospodarki zasobami oraz surowcami, przede wszystkim w państwach słabo rozwiniętych. Uważają, że szczególne niebezpieczeństwo dla przyszłości ludzkości wiąże się z eksploatacją

dżungli amazońskiej. Pogoń za zyskiem prowadzi do nieodwracalnego wyniszczenia tych lasów, niezbędnych do funkcjonowania ekosystemów na naszej planecie. W niektórych kręgach antyglobalistów szczególny opór budzi zanikanie różnorodności kulturowej świata oraz tradycyjnych więzi społecznych i rodzinnych.

NAOMI KLEIN
ur. 1970

Jest dziennikarką i pisarką kanadyjską, jedną z czołowych postaci ruchu antyglobalistycznego. Jej najbardziej znaną książkę, *No Logo*, uznaje się za manifest tego ruchu. Klein skrytykowała w niej działalność korporacji międzynarodowych. Stwierdziła, że zagrażają one demokracji i wywierają negatywny wpływ na społeczeństwo oraz kulturę. Przedstawiła także negatywne skutki działań wielkich korporacji dla krajów rozwijających się, w których są zlokalizowane fabryki. W innej głośnej publikacji, zatytułowanej *Doktryna szoku*, opisała sposób, w jaki międzynarodowe organizacje finansowe wykorzystują klęski żywiołowe oraz wystąpienia społeczne do dokonywania korzystnych dla siebie przekształceń ekonomicznych, prawnych i ustrojowych. Jako jeden z przykładów takich przemian podała reformy gospodarcze wprowadzone w Polsce po 1989 r.

■ Internet

Pod koniec lat 60. XX w. armia amerykańska złożyła zamówienie na stworzenie sieci informatycznej, która mogłaby działać nawet po zniszczeniu niektórych jej elementów. Pierwszą taką instalację zbudowano w 1969 r. Połączono wówczas ze sobą cztery komputery. W ten sposób położono podwaliny pod powstanie najbardziej dynamicznego i wszechogarniającego środka masowego przekazu końca XX oraz początków XXI w. Internet trudno porównać ze znanymi wcześniej przekaźnikami informacji. Jego cechami charakterystycznymi są decentralizacja i ograniczone możliwości odgórnej kontroli. Dla funkcjonowania tradycyjnych środków masowego przekazu: prasy, radia czy telewizji konieczne jest działanie stałych ośrodków nadawczych lub redakcji. Tymczasem internet to sieć wzajemnie uzupełniających się i niezależnych od siebie elementów. Poza tym medium to ma charakter interaktywny – jego odbiorca może decydować o doborze pozyskiwanych przez siebie wiadomości, a także samodzielnie tworzyć lub przesyłać informacje.

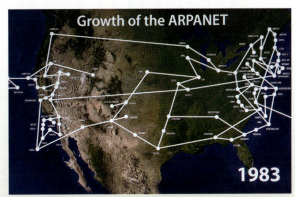

Sieć ARPANet, stworzona dla sił zbrojnych Stanów Zjednoczonych, miała zapewnić łączność pomiędzy poszczególnymi centrami dowodzenia nawet w razie ataku nuklearnego ZSRR i zniszczenia części ośrodków strategicznych. W latach 70. i 80. XX w. była systematycznie rozbudowywana. Wzorowane na niej sieci zaczęły łączyć ośrodki cywilne – przede wszystkim szkoły wyższe i inne instytucje naukowe. W ten sposób powstał internet.

■ *grafika komputerowa, USA, XX w.*

? Jakie cechy internetu zapewniły mu niezawodność i niezwykłą popularność?

■ POLSKA W ZGLOBALIZOWANYM ŚWIECIE

Upadek komunizmu w Europie Środkowej umożliwił odbudowę w Polsce gospodarki mającej u podstaw zasady wolnorynkowe. Przeobrażenia te zbiegły się w czasie z rozwojem procesów globalizacyjnych. Jednym z głównych założeń reform społeczno-gospodarczych po 1989 r. była prywatyzacja przedsiębiorstw państwowych. Często stawały się one własnością korporacji międzynarodowych. Firmy zagraniczne zaczęły otwierać w Polsce nowe zakłady produkcyjne, handlowe i usługowe. Dają one ludziom zatrudnienie oraz stwarzają możliwości kariery zawodowej.

Inwestycje dokonywane przez koncerny międzynarodowe przyczyniły się do modernizacji polskiej gospodarki, co pociągnęło za sobą poprawę jej konkurencyjności na rynku światowym. Jednak powstające przedsiębiorstwa są w większości jedynie filiami. Ich centrale znajdują się poza granicami Polski. Korporacje kierują się własnym interesem ekonomicznym, nie zawsze zbieżnym z potrzebami społecznymi w kraju. Jeśli w centrali uznaje się np., że produkcja w Polsce staje się mało opłacalna, można zdecydować o jej przeniesieniu do innego państwa. W konsekwencji zakład pracy działający do tej pory w naszym kraju zostaje zlikwidowany, a jego pracownicy tracą zatrudnienie.

Polska aktywnie uczestniczy w procesach globalizacyjnych także dzięki przystąpieniu do Unii Europejskiej (UE), w skład której wchodzi 28 państw. Jedną z podstawowych zasad funkcjonowania UE stanowi swoboda przepływu osób, kapitału, towarów i usług, charakterystyczna również dla globalizacji w jej obecnym kształcie. Dzięki temu możliwa stała się emigracja ponad 2 mln Polaków w poszukiwaniu pracy oraz lepszych warunków życia. Emigracja z jednej strony powoduje zmniejszenie bezrobocia w kraju, z drugiej zaś pociąga za sobą poważne zagrożenia społeczne, związane z brakiem zastępowalności pokoleniowej i zrywaniem tradycyjnych więzi społecznych (m.in. kryzys rodziny).

Globalizacja jest procesem niezakończonym, który będzie się pogłębiał. Polska, silnie powiązana z gospodarkami i społeczeństwami innych krajów europejskich, należy do jego aktywnych uczestników.

ĆWICZENIA

1. Przedstaw przyczyny i przejawy globalizacji.
2. Podaj przykłady zagrożeń gospodarczych, społecznych, politycznych i ekologicznych, które wynikają z globalizacji.
3. Wymień nazwy kilku firm międzynarodowych, z których działalnością stykasz się w codziennych sytuacjach.

NA DRODZE DO GLOBALIZACJI

Rozwój technologiczny w XIX w. umożliwił migracje milionów ludzi i wpłynął na rozkwit Stanów Zjednoczonych. Państwo to miało ustrój demokratyczny. W stosunkach gospodarczych USA dominowała wolnorynkowa konkurencja. Napływ milionów imigrantów europejskich pobudził do rozwoju gospodarkę kapitalistyczną i doprowadził do ukształtowania się nowego społeczeństwa – narodu amerykańskiego, złożonego z przedstawicieli różnych narodowości oraz grup etnicznych.

U progu XX w. Amerykanie odrzucili dotychczasowy izolacjonizm. Ich ekspansja była spowodowana nie tyle chęcią podboju nowych terytoriów, ile planem wywalczenia swobód umożliwiających prowadzenie działalności handlowej.

W latach I wojny światowej doszło do poważnego osłabienia Europy. Rozpadły się Austro-Węgry oraz carska Rosja, a pokonane Niemcy utraciły swoje kolonie. Dla zwycięskich Wielkiej Brytanii i Francji ważną konsekwencją tego konfliktu stały się problemy społeczne, które nasilały się w posiadłościach zamorskich. Podbite narody domagały się nadania lub rozszerzenia swobód, a także wolności. Wojna wzmocniła za to – gospodarczo i politycznie – Stany Zjednoczone. Stały się one wierzycielem krajów ententy, a ich gospodarka dzięki zamówieniom wojennym przechodziła wtedy kolejny etap rozkwitu. Wpłynęło to na wzrost znaczenia USA w sferze politycznej – ich prezydent został współtwórcą ładu wersalskiego.

Wiek XIX to również okres liberalizacji w handlu międzykontynentalnym. Zlikwidowano wówczas różne instytucje i zarzucono rozwiązania stosowane we wcześniejszych epokach. Istnieć przestały m.in. wielkie kompanie handlowe. Pomimo wprowadzania przez państwa ceł oraz innych ograniczeń wymiana towarowa nieustannie rosła. Jej załamanie przyniosły dopiero wojny światowe oraz lata pomiędzy nimi – okres kryzysu ekonomicznego. Działania militarne z lat 1914–1918 i 1939–1945 utrudniały prowadzenie swobodnego handlu. Zostały wtedy zerwane kontakty pomiędzy państwami centralnymi (I wojna światowa) oraz państwami osi (II wojna światowa) a resztą świata. Krwawe zmagania podczas drugiego z tych konfliktów, wyniszczające przede wszystkim Europę, wpłynęły na dalszy rozwój gospodarki amerykańskiej. Prześcignęła ona wówczas wszystkich swoich konkurentów w produkcji i postępie technologicznym. Zaangażowanie ekonomiki amerykańskiej przechyliło w dużej mierze szalę zwycięstwa w wojnie na stronę aliantów.

Stany Zjednoczone zyskały status supermocarstwa, lecz krótko po wojnie ich konkurentem stał się ZSRR. USA obwołały się wówczas „obrońcą demokracji". Amerykanie usiłowali wypierać wpływy komunistyczne poprzez wspieranie odbudowy pogrążonych w powojennym kryzysie państw europejskich i daleko posuniętą liberalizację handlu międzynarodowego. Dzięki ich pomocy (plan Marshalla) kraje Europy Zachodniej, m.in. pokonane Niemcy (RFN), odbudowywano ze zniszczeń. Jednocześnie politycy europejscy rozwijali koncepcję integracji ekonomicznej i politycznej regionu, aktywnie realizowaną od lat 50. XX w. do czasów obecnych. Amerykanie zaangażowali się także w odbudowę gospodarki Japonii – jednego z najważniejszych elementów systemu ekonomicznego współczesnego świata.

Rywalizacja pomiędzy dwoma blokami polityczno-militarnymi miała wpływ na procesy wyzwalania się dotychczasowych kolonii spod władzy metropolii europejskich. Droga do niepodległości wiodła przez negocjacje (np. w Indiach) albo walkę zbrojną (np. w Indochinach, Algierii). Nowe państwa, określane jako Trzeci Świat, nie były zaangażowane w zimną wojnę, ale stanowiły obiekty rywalizacji – na Zachodzie chciano je włączyć do systemu wzajemnych powiązań gospodarczych, w ZSRR zaś popierano istniejące na ich terenach ruchy lewicujące. Nierzadko dochodziło do otwartego konfliktu (np. w Wietnamie), a czasem eskalacja napięcia groziła wybuchem III wojny światowej (np. kryzys kubański).

Upadek komunizmu, rozpad ZSRR i przekształcenia gospodarcze w Chinach przyspieszyły rozwój gospodarki globalnej. Wzajemne powiązania ekonomiczne, a także dynamiczny postęp w dziedzinie środków transportu oraz telekomunikacji (internet) umożliwiają wzrost produkcji i obrotów handlowych na niespotykaną dotąd skalę. Korzyści z globalizacji czerpią zarówno mieszkańcy bogatych obszarów kuli ziemskiej (Ameryki Północnej, Europy Zachodniej), jak i tych stosunkowo ubogich (Indii, Wietnamu). Jednak duże obszary świata, zamieszkane przez większość ludzkości, nie uczestniczą w tym procesie, co prowadzi do podziału na strefy biedy i bogactwa. W przyszłości może on stać się źródłem poważnych konfliktów.

Ćwiczenia podsumowujące

1. Omów relacje pomiędzy Europą a USA w ostatnich dwóch stuleciach.
2. Wymień konsekwencje wojen światowych dla Europy.
3. Oceń znaczenie dekolonizacji. W odpowiedzi porusz kwestie polityczne, społeczne, gospodarcze i kulturowe.
4. Poszukaj w dostępnych źródłach informacji na temat obecnych relacji byłych kolonii brytyjskich z Wielką Brytanią.
5. Wskaż pozytywne i negatywne – Twoim zdaniem – konsekwencje współczesnego handlu międzynarodowego.
6. Przedstaw swoją opinię na temat integracji europejskiej w kontekście relacji Europejczyków z mieszkańcami innych części świata.

WYZWANIA XXI WIEKU

Ryszard Kapuściński opisywał otaczający go świat oraz przedstawiał opinie
dotyczące jego rozwoju w XXI w.

Do upadku systemu komunistycznego stosunki te [między Północą a Południem] *znajdowały się na dalszym planie, przeniknięte i zdominowane przez główny konflikt między Wschodem a Zachodem.* [...] *koniec trwającej przez całą drugą połowę XX w. konfrontacji między Wschodem a Zachodem odsłonił nowy front konfliktu, który będzie charakteryzował świat XXI. W uproszczeniu nazywa go się Północ-Południe, ale można mówić inaczej: „bogaci-biedni".*

R. Kapuściński, cyt. za: M.W. Solarz, *Północ-Południe. Krytyczna analiza podziału świata na kraje wysoko i słabo rozwinięte*, Warszawa 2009, s. 81.

Kapuściński wypowiedział się również na temat przyszłości państw basenu Oceanu Spokojnego.

Aktualnie najwięcej kapitału koncentruje się w środkowo-wschodniej Azji, w nowej, rodzącej się cywilizacji dwudziestego pierwszego wieku – cywilizacji Pacyfiku. Tam przesuwa się najbardziej dynamiczne centrum gospodarki światowej. [...] *Ze względu na bariery komunikacyjne nigdy wcześniej nie śniło się nikomu, by skupić kultury basenu Pacyfiku. Dziś, dzięki rewolucji elektronicznej i technologicznej, cywilizacja ta będzie się wreszcie mogła zorganizować. Ma ona ogromny potencjał, bo skupia podstawowe ośrodki myśli technologicznej: Kalifornię, kanadyjską Kolumbię Brytyjską, zachodnie wybrzeże Ameryki Łacińskiej, wyspy Pacyfiku, Australię, Nową Zelandię, Tasmanię, Indonezję, Chiny, Japonię i wreszcie wschodnie krańce Rosji.*

R. Kapuściński, *Rwący nurt historii. Zapiski o XX i XXI wieku*, Kraków 2008, s. 194–195.

? PRACA ZE ŹRÓDŁAMI

1. Rozważ, czy zgadzasz się z opinią Ryszarda Kapuścińskiego, który twierdził, że w XXI w. dojdzie do konfliktu pomiędzy mieszkańcami „bogatej Północy" i „biednego Południa".
2. Omów potencjał cywilizacji Pacyfiku.
3. Określ, jaki wpływ na Europę może mieć rozwój regionu Oceanu Spokojnego opisany przez Kapuścińskiego.

PLAN MARSHALLA WEDŁUG CZESKIEJ PROPAGANDY KOMUNISTYCZNEJ

Po II wojnie światowej Amerykanie realizowali program pomocy dla mieszkańców państw europejskich. Opracował go George Marshall, pełniący funkcję sekretarza stanu USA. Założenia tego projektu ogłoszono w 1947 r., a jego rozpoczęta w kolejnym roku realizacja trwała cztery lata. Łącznie do państw europejskich trafiła pomoc wyceniana na ok. 14 mln dol. Kraje komunistyczne nie wzięły udziału w planie Marshalla.

? PRACA Z ILUSTRACJĄ

1. Wyjaśnij, na czym – zdaniem komunistów – polegał plan Marshalla. Odnieś się do poszczególnych elementów ilustracji.
2. Określ na podstawie rysunku pozycję Europy wobec Stanów Zjednoczonych. Przedstaw swoją opinię na ten temat i poprzyj ją przykładami.

INDEKS OSÓB I POJĘĆ